HUMANITIES AND SOCIETY

# 自由主义与荣誉

*Sharon R. Krause*

[美国] 莎伦·R.克劳斯 著 林垚 译

译林出版社

图书在版编目（CIP）数据

自由主义与荣誉/（美）克劳斯（Krause, S.）著；林垚译．—南京：译林出版社，2015.7（2019.9 重印）

（人文与社会译丛/刘东主编）

书名原文：Liberalism with Honor

ISBN 978-7-5447-5498-9

I.①自… II.①克… ②林… III.①自由主义－研究 IV.①D091.5

中国版本图书馆 CIP 数据核字（2015）第 113890 号

*Liberalism with Honor* by Sharon R. Krause


著作权合同登记号　图字：10-2011-70 号

**自由主义与荣誉［美国］莎伦·R.克劳斯 / 著　林　垚 / 译**

责任编辑　陶泽慧
装帧设计　胡　苨
校　　对　张　萍
责任印制　单　莉

原文出版　Havard University Press, 2002
出版发行　译林出版社
地　　址　南京市湖南路 1 号 A 楼
邮　　箱　yilin@yilin.com
网　　址　www.yilin.com
市场热线　025-86633278
排　　版　南京展望文化发展有限公司
印　　刷　江苏凤凰通达印刷有限公司
开　　本　880 毫米 × 1230 毫米 1/32
印　　张　10
版　　次　2015 年 7 月第 1 版　2019 年 9 月第 3 次印刷
书　　号　ISBN 978-7-5447-5498-9
定　　价　62.00 元

# 主编的话

刘东

总算不负几年来的苦心——该为这套书写篇短序了。

此项翻译工程的缘起，先要追溯到自己内心的某些变化。虽说越来越惯于乡间的生活，每天只打一两通电话，但这种离群索居并不意味着我已修炼到了出家遁世的地步。毋宁说，坚守沉默少语的状态，倒是为了咬定问题不放，而且在当下的世道中，若还有哪路学说能引我出神，就不能只是玄妙得叫人着魔，还要有助于思入所属的社群。如此嘈嘈切切鼓荡难平的心气，或不免受了世事的恶刺激，不过也恰是这道底线，帮我部分摆脱了中西"精神分裂症"——至少我可以倚仗着中国文化的本根，去参验外缘的社会学说了，既然儒学作为一种本真的心向，正是要从对现世生活的终极肯定出发，把人间问题当成全部灵感的源头。

不宁惟是，这种从人文思入社会的诉求，还同国际学界的发展不期相合。擅长把捉非确定性问题的哲学，看来有点走出自我囿闭的低潮，而这又跟它把焦点对准了社会不无关系。现行通则的加速崩解和相互证伪，使得就算今后仍有普适的基准可言，也要有待于更加透辟的思力，正是在文明的此一根基处，批判的事业又有了用武之地。由此就决定了，尽管同在关注世俗的事务与规则，但跟既定框架内的策论不同，真正体现出人文关怀的社会学说，决不会是医头医脚式的小修小补，而必须以激进亢奋的姿态，去怀疑、颠覆和重估全部的价值预设。有意思的是，也许再没有哪个时代，会有这么多书生想要焕发制度智慧,这既凸显了文明的深层危机,又表达了超越的不竭潜力。

于是自然就想到翻译——把这些制度智慧引进汉语世界来。需要说明的是,尽管此类翻译向称严肃的学业,无论编者、译者还是读者,都会因其理论色彩和语言风格而备尝艰涩,但该工程却绝非寻常意义上的“纯学术”。此中辩谈的话题和学理,将会贴近我们的伦常日用,渗入我们的表象世界,改铸我们的公民文化,根本不容任何学院人垄断。同样,尽管这些选题大多分量厚重,且多为国外学府指定的必读书,也不必将其标榜为“新经典”。此类方生方成的思想实验,仍要应付尖刻的批判围攻,保持着知识创化时的紧张度,尚没有资格被当成享受保护的“老残遗产”。所以说白了:除非来此对话者早已功力尽失,这里就只有激活思想的马刺。

主持此类工程之烦难,足以让任何聪明人望而却步,大约也惟有愚钝如我者,才会在十年苦熬之余再作冯妇。然则晨钟暮鼓黄卷青灯中,毕竟尚有历代的高僧暗中相伴,他们和我声应气求,不甘心被宿命贬低为人类的亚种,遂把逐译工作当成了日常功课,要以艰难的咀嚼咬穿文化的篱笆。师法着这些先烈,当初酝酿这套丛书时,我曾在哈佛费正清中心放胆讲道:“在作者、编者和读者间初步形成的这种‘良性循环’景象,作为整个社会多元分化进程的缩影,偏巧正跟我们的国运连在一起,如果我们至少眼下尚无理由否认,今后中国历史的主要变因之一,仍然在于大陆知识阶层的一念之中,那么我们就总还有权想象,在孔老夫子的故乡,中华民族其实就靠这么写着读着,而默默修持着自己的心念,而默默挑战着自身的极限!”惟愿认同此道者日众,则华夏一族虽历经劫难,终不致因我辈而沦为文化小国。

一九九九年六月于京郊溪翁庄

致我的父母,心怀感激与崇敬

# 目　录

# 前　言

在每一本政治理论著作背后都有一个“首恶元凶”（summum malum），也就是作者在政治生活中最恐惧或最蔑视的那种东西。本书的写作动力便来自对多数暴政的恐惧；尽管民主的人民在其他时候都是行为得体的，但他们对多数暴政的诱惑的偶尔屈服，却由来已久。任何人只要曾经站在多数人的意见、身份认同，或生活方式的对立面，都会感觉到宪政民主制中用以保护个体自由的，被詹姆斯·麦迪逊称作“纸上藩篱”的那些东西，是多么地脆弱，从而也都会感觉到（即便是仅仅作为阴影掠过的）多数暴政的可能性。政治理论家可以有许多不同的方式切入多数暴政问题；就我而言，对这一问题的关切引发了我对政治能动性的兴趣，因为对走向暴政的多数人的抵抗，其可能性正是源于能动性之中。在本研究中，“个体能动性”被用于指称进行有意的、自我发起的行动的能力。它超越于这个举动本身，而深入到在背后支持这一举动的道德心理学。能动性意味着对自身**作为**能动者的一种觉悟，对自己有能力去行动，而不只是做出反应；有能力去塑造生活中的事件和环境，而不只是对其加以忍受的信心。近年来政治理论家相对而言不太探讨能动性的主题，尤其是能动性的来源，或者支持能动性的动机形式。而荣誉正是这种来源之一。

荣誉是什么，以及它如何鼓舞着个体能动性，乃是本书的主题。今天的美国人在能动性的可能性上抱着矛盾的心态。一方面，我们对个体的选择能力（从而对能动性）大加赞美并努力包容。在人类过去的历史里，从来没有哪个时期像现在这样在方方面面（从健保计划、退休账户、速冻晚餐，到宗教、工作、爱情）给人们提供如此琳琅满目的选择。科学技术近来的进展使得连对生命本身加以改造的力量都唾手可得，
ix 这似乎让我们变得比命运更像命运的主宰。另一方面，我们已经受到一整代理论家的教育，知道在建构我们的身份认同并决定我们的行动方面，环境有着莫大的威力。有时候我们会把成功与失败完全归咎于种族、阶级、性别。在这些因素之外，还有全球经济以及利益团体政治的“铁三角”[1]等等非人格的力量，都使个体能动性的能力显得不过是痴心妄想。在面对能动性问题时，我们的头脑在对无限选择的应许与看似不可阻挡的环境力量之间被撕裂成两半。

情况甚至有可能是这样的：我们如今之所以如此大张旗鼓地谈论着“选择”，恰恰是因为我们如此强烈地感受到莫名的约束——我们其实是希冀着这些话说得多了就能成真，而不是把这种话语作为对我们经验的准确反映。近年来激增的专门适用于个别群体的（病人的、受害者的、父母的、孩子的，现在甚至还冒出飞机乘客的）各种“权利法案”，与其说是关于新的自由，不如说是体现了一种无力感，以及在超越个体掌控的力量面前获得保护的那种需求。我们对个体能动性信仰的丧失同样还反映在我们的法律诉讼的性质上。一个把热咖啡洒在自己膝盖上的人居然能够打赢起诉卖咖啡的那家快餐连锁店的官司，这表明我们对个人责任的不认同已经到了何种地步，而这恰恰是因为我们并不全心全意相信个体能动性的缘故所致。对烟草公司（没有人将其视为英雄）的处理同样体现了我们在这方面集体性的矛盾心理。我们迟疑

① 指美国政治中国会、官僚行政部门、利益团体三者之间的紧密关联。——译注

于对烟草业的监管或是禁止其产品的销售，因为这么做会侵犯到个人的选择，从而侵犯能动性。但是我们又因为烟民们自愿、知情的选择所导致的后果而去起诉同一些公司。通过否认烟民们在这些案子中的责任，我们也就暗中否认了他们能动性的能力。我们仿佛在说，这些烟民并非他们个人生活史中的能动者，而只不过是棋盘上的小卒，那些烟草公司才是操纵他们命运的棋手。我们拒绝监管烟草业，因为我们不愿意限制我们能动性的力量；我们起诉烟草公司，因为我们并不信任我们能动性的力量。这恰恰标识着我们的矛盾心理。我们对自己的能动者身份并不完全信服，但我们又十分地渴望着自由。

因此，这本关于荣誉的书同样也是一本关于个体能动性的书。近年的一些政治理论试图从公民的源头为自由民主制注入活力，本书便属于这种努力的一部分；但本书也为这种努力带来了新的目的与新的资源。与已有的理论贡献不同，本书加入这场争论主要并不是为了改善美国公民的道德风尚，或者是以参与性本身为目的而让美国民主变 x
得更加具有参与性，而是为了重新振作个体能动性。为了实现这一目的，本书在荣誉的形式上引入了一个新的资源（或者说第一次提醒我们去关注某个旧的资源）。近来那些为美国民主的公民复兴找寻源泉，或为一般性的自由主义找寻动机支持的努力，无不以对他人的责任为中心。无论是公民德性（civic virtue）、自由主义德性（liberal virtues）、罗尔斯所说的那种正义感，还是斯坎伦的“同意动机”（agreement motive），这些形式的支持都强调我们对别人或者对整个政治体的责任。这些责任无疑是重要的，但它们并非全部（甚至并非主要的）那些激励着对个体自由危险而艰难的捍卫行动的因素。并且由于对他人的责任要求利他主义，它们同现代自由主义社会中占主导地位的自利总是存在着冲突。相反，荣誉依赖于对一个人自身的义务感。由于荣誉从未放弃对自我的关切，所以它并不要求利他主义，因此与自由主义的生活方式有一种天然的（即使是片面的）亲近。但是，尽管荣誉服务于自我，它却并不限于最低等的自利形式。荣誉超越了自我中心主义的利益动机对人类行动施加的天然限制。正因如此,它才能激发更冒险、更艰难的行动,甚至是可能牺牲性命的行动。荣誉比对他人的利他主义责任更可靠,而又比自利更勇敢。这两方面品质的结合使得荣誉成为个体能动性的有力源头,尤其在行动的风险甚高而其效益又不甚明确(比如当一个人为了捍卫个体自由,挺身而出直面侵蚀性的政治权力或者多数暴政威胁)的时候。然而,尽管荣誉是美国政治中公民复兴的有力源泉,它却几乎完全地被当代的政治理论家们所忽视。

这种忽视的一个理由是荣誉与贵族制的联系。荣誉的话语让人联想到特权和排斥,固定的社会角色和轻浮愚蠢的决斗。如今它似乎早已过时,属于那个在18世纪末就被推翻,被"人的权利"取代的旧世界。诚然不可否认,在荣誉与现代民主之间存在某种紧张关系,但旧制度的虚饰并不意味着荣誉的全部。荣誉同样蕴含着个体能动性深刻而永恒的特征。它只是部分地植根于随政体而变更的社会与政治习俗。法国大革命并未消灭荣誉的可能性,因为它并没有从根本上改变人性。而
xi 且由于如麦迪逊所言,政治权力具有一种根深蒂固的侵蚀趋势,我们仍然需要抵抗侵蚀性的权力以捍卫个体自由,我们对这种举动的偶尔需求从未全然消失。法国大革命并未让这种抵抗行动变得过时。荣誉为现代民主制所需要,也能在现代民主制中获得,尽管是以修正后的形式。

新政体中对荣誉的修正并未触动荣誉作为性格品质的关键特征,至少并未触动荣誉对自身的义务感,它是能动性的一个如此有力的来源。此外,尽管大多数时间里自由民主制仅仅靠"好公民"就能正常运作,但在少数情况下它的维持却需要"伟大公民"的出现。位于荣誉核心的各种英雄主义品质(高昂而有原则的野心、勇气、骄傲,以及对自尊和出人头地的强烈欲望)恰恰对应了这种需求。这些品质的结合并非某个社会阶级的特征,但也并非普遍地被人们拥有。它是自然贵族

们的标志，这一小部分人在受到压力时，会无视风险挺身而出，捍卫他们的原则与自由。通过聚焦于荣誉，本书唤起人们对一个受忽视但十分重要的动机的关注，从而为当今政治理论在道德心理学领域的片面性提供了一种纠正。本书将能动性问题摆上台面，探索个体能动性的结构与来源，并敦促进一步的研究。如果本书成功地将对能动性的研究推近政治理论的中心，那么它可以算完成了其终极目标之一，即以哲学之光照亮当代美国公共生活的一个黑暗角落，从而为长久以来一个深刻的，甚至使人丧失力量的困扰带来新的澄清。

对在本书的研究与写作过程中给予支持的老师、同事、朋友、家庭、基金会，以及研究机构，我深表谢意。首先要提到的必然是 Harvey Mansfield，是他引领我走进了政治哲学的研究。他的启迪、指导、质疑、分歧、慷慨，体现了自由主义教育中（以及朋友身上的）最好的一面。Michael Sandel 与 Peter Berkowitz 同样作为教师与导师提供了无价的指导与支持。数位朋友与同事，包括 Barbara Allen, Ben Berger, Peter Cannavo, Paul Carrese, David Carrithers, Robert Eden, Jill Frank, Istvan Hont, David Kim, Steve Lenzner, Don Moon, Peter Myers, Paul Rahe, Nancy Schwartz, 以及 Delba Winthrop，分别在我写作的不同阶段阅读了部分草稿并进行了大有裨益的评论与探讨。我尤其要感谢 Michael xii
Mosher 与 Andy Sabl，他们阅读了全部草稿，并给出了一针见血而又学识渊博的批评。在哈佛大学出版社，我要感谢 Michael Aronson 明智的编辑建议，以及 Elizabeth Gilbert 细心而内行的编辑工作。本书最终得以面世，离不开我的家庭一直以来的支持，尤其是我的伴侣 Tayhas，其爱意、忠诚与冒险的心，让一切变得皆有可能。

本研究自始至终得到梅隆基金会、肯尼迪法国研究基金会、哈佛大学、埃尔哈特基金会、卫斯理女子学院，以及约翰·奥林基金会的资金支持。我要特别感谢卫斯理大学，由其管理的奥林基金会向我提供的奖教金支持了本书的完成；以及哈佛大学，其批准我告假以完成本书。第二章的早期版本曾以《卓异与不服从的政治：孟德斯鸠笔下的荣誉及对自由的捍卫》（“The Politics of Distinction and Disobedience：Honor and the Defense of Liberty in Montesquieu”）为题，发表于 *Polity* 第 31 卷第 3 号（1999 年春），第 469—499 页。我十分感谢该刊物的编辑允许
xiii 我将该文修改后使用于此。

# 第一章

# 对自由主义的鼓舞

为什么有时候人们会甘冒断头流血的风险去捍卫他们的自由？说到这种情况，我们或许会先想到与外敌抗争、保卫集体自由的士兵们。但在自由民主制中，个体自由有时同样需要捍卫，以使其免遭内部的而非外来的侵犯——想想马丁·路德·金对黑人民权的捍卫，或者伊丽莎白·凯蒂·斯坦顿对女性选举权的捍卫。尽管有这样那样的优点，民主制一个特别的问题却是容易遭遇多数暴政。因此民主制下的人民，在保卫集体自由免遭外敌侵犯的同时，也必须同时关注政治体内部个体自由的捍卫。这两类防卫都依赖于强有力地发挥个体的能动性，即进行有意的、自我发起的行动的能力。士兵们以及金、斯坦顿等活动家们这种能动性的能力何以维持？是什么鼓舞着对自由的热忱捍卫，尤其是在风险巨大，而收益并不明确的时候？

人们一度用荣誉来解释对自由的热忱捍卫，譬如美国的开国者们就曾经发誓用“我们的生命、我们的财富，以及我们神圣的荣誉”去捍卫他们的独立[①]。但现在我们已很少再谈荣誉。在法国大革命之后，荣誉的话语伴随扑粉的假发、男式紧身束膝绸裤一道过时了。如今荣誉一

① 《独立宣言》。

词似乎古旧、落伍，甚至可笑，并且让我们隐约地感觉可疑[1]。当然，对荣誉的观感向来是毁誉参半的，它可以同时唤起敬慕、嫉妒以及蔑视，以至于今天获得荣誉的人也永远笼罩于明天就被流放出城的危险之下[2]。
1 而现代民主派则比其他人更有理由不信任荣誉，因为荣誉带来的人与人的区分似乎与民主的平等背道而驰。

荣誉是一种多面的现象，它包括（1）以外在认可形式呈现的**诸种公共荣誉**（public honors）；（2）**荣誉的准则**（codes of honor）；（3）作为一种**性格品质**的荣誉心，一种极力遵循其行为准则，并希望因这样做而获得公共认可的勃勃雄心。尽管在当代遭受着不信任，荣誉的各个面向仍旧在美国民主中扮演着角色，甚至时不时占据舞台的中央。举例来说，一份报纸的头条用“彰耀富兰克林·罗斯福”（honoring F. D. R.）来描述最近一座新的总统纪念碑的落成。类似地，我们有一张“纪念”（honors）罗莎·帕克斯的邮票；而如果某个孩子评上了优秀学生，其家长有时会在汽车后窗贴上“我的孩子是中部初级中学的优秀学生（Honor Student）”的保险杠贴纸加以炫耀。我们对用修纪念碑、发奖品、贴保险杠贴纸等方式来认可特别成就的举动并不陌生。公共荣誉是奖赏优秀者的。它们令（在世的）受誉者感到愉悦，并且对其他人也有好处，向他们展示更高的标准并提供追求高标准的动力。并且公共荣誉试图通过吸引而非强制的方法使我们去追求其奖赏的高标准；它使得困难的成就变得具有可欲性，但并无强迫性。公共荣誉实实在在是**鼓**

① 见 Peter Berger, “On the Obsolescence of the Concept of Honor,” 载 *Liberalism and Its Critics*, ed. Michael J. Sandel (New York: New York University Press, 1984), 149—158。

② 关于将优秀的个体流放出城的实践，可参考亚里士多德对民主制中陶片放逐法之运用的讨论，见其 *Politics,* trans. Carnes Lord (Chicago: University of Chicago Press, 1984), 1284al17—34。对古希腊民主城邦运用陶片放逐法的历史研究，见 H. D. F. Kitto, *The Greeks* (Baltimore: Penguin, 1966), 116; and *Aristotle and Xenophon on Democracy and Oligarchy,* trans. with commentary by J. M. Moore (Berkeley: University of California Press, 1975), esp. 241—244。

**舞性的**,它们唤醒我们心中的热忱,撩动驱使我们做出非凡努力的勃勃雄心。从这种意义上说,公共荣誉提供了一种真正的自由主义形式的教育:它们教导我们,但并不命令我们。

如果说各种公共荣誉取悦了我们自由主义式的对自由的爱慕,那么它们同我们民主主义式的对平等的热爱则不那么友好了。公共荣誉总是以不平等的方式分配的。不是每个家长都有资格在私车后窗贴上炫耀自家孩子当选优秀学生的保险杆贴纸;不是每个总统都能享受到树碑纪念的待遇。大多数时候,大多数人都会接受这类不平等的分配。我们知道把公共荣誉平摊要么导致强制,要么使其失去意义。要么我们就得强迫每个人都达到比大多数人所能达到或愿意努力达到的高得多的标准,要么我们就得把成就的标准降低到每个人都能自动满足的地步。但是如果公共荣誉是能自动获得的,那么它们的激励作用和教育意义就跟我们的社会保障号码没什么两样了。只有不平等地加以分配,公共荣誉才能使我们受到鼓舞。

以外在认可形式呈现的公共荣誉并非我们今天熟悉的唯一的荣 2
誉形式。我们也在其他意义上使用这个词,比如大学里的考试偶尔是以“荣誉准则”为基础来管理的。荣誉准则是一种责任而非奖赏,并阐明了一定的行为规则。在大学考试的情景中,遵循荣誉准则意味着抵抗作弊的诱惑。这种用法同时也意味着某种性格方面的品质:遵循荣誉准则的学生具有某种可以引以为荣的品格,或者说具有我们所谓的荣誉心。相比于公共荣誉,作为性格品质的荣誉乃是一种内在的现象。一个人不必因遵循荣誉准则而获得公共荣誉。事实上,通常正是在监督、认可我们行动的权威缺席的情况下,我们才会用荣誉准则来自我约束,以便免受诱惑。毕竟在有考官检查准考证、提醒时间、纠察偷看者的时候,自然不需要靠什么荣誉准则来维持考场秩序。只有当监考官不在场,学生必须自我监督的时候,才需要诉诸荣誉准则。她必须负责确保是**她自己**完成考试而非雇佣枪手代考,负责确保准时交卷,负责确保不从课本上抄答案，等等。有荣誉心的学生之所以遵循荣誉准则，乃是出于自尊，而非出于害怕遭到惩罚或者出于贪图公共赞扬。向这些标准看齐是她为了她自己而该做的；倘不如此，便是纵容自己堕落。她得到的奖赏是内心的满足，是在抵制了古格斯的隐身戒指带来的诱惑之后的愉悦。

为其自尊而抵制这类诱惑的学生展现了一种特别的独立性。她表明能够对自我有所控制，而非受其低级冲动、他人的意见、恐惧所役使。她的独立性标识了个体能动性，即行动（而非仅仅被驱动）的能力。这或许让人联想到康德的“自主性”（autonomy）概念，但其和自主性并不等同，部分原因是一个遵循荣誉准则的人是将其标准（“不作弊”）作为给定的东西而加以接受的。她令自己的意志服膺于某个外在于其意志的标准的权威，因此她并未像康德的自主性所要求的那样成为这一准则的订立者。但是，由于她的行为是在隐形斗篷遮蔽之下做出的，因此她必须自己来监督施行这一标准。她必须成为自身的权威人物，而非依赖于其他什么人来监督自己做出正确的行动。作为性格品质的荣
3 誉意味着自我控制（self-command）。

如果说这种形式的荣誉与自主性存在（有限的）类似，那么它与德性（virtue）同样有着相似之处。与德性一样，荣誉也部分地是一种性格品质，以及卓越（excellence）的一种形式。荣誉心激励一个学生遵循荣誉准则，因为这种行为会带来自尊的愉悦。“存在某种愉悦（自尊），它高于靠不正当手段获得的高分带来的快感”，这种看法让人想到亚里士多德在《尼各马可伦理学》中对不同层级的幸福的论述[①]。亚里士多德认为德性行为给我们带来某种愉悦，这种愉悦比肉体的愉悦更完备、更高贵，不过仍旧不如沉思的愉悦那么完美。德性带来的愉悦使德性显得可欲，从而激发我们行动，并且是好的行动。荣誉在这方面与德性类

---

① Aristotle, *Nicomachean Ethics,* trans. Hippocrates G. Apostle (Grinnell, Iowa: Peripatetic Press, 1984), 1095b15f.

似而与康德式的自主性不同，它也在“奖赏我们某种形式的愉悦”的意义上是可欲的，并且利用我们对愉悦的欲望来激发我们的行动。与德性带来的愉悦一样，荣誉带来的愉悦超越于仅由嗜欲（appetites）的满足而获得的愉悦。正是由于荣誉向我们许诺了超出嗜欲的愉悦，它才能时不时地抛开自利，追求更有原则的目的。

荣誉与德性之间的相似性使人不禁要问：为什么我们常说“荣誉的准则”，却从不说“德性的准则”。实际上“德性的准则”这种提法几乎是荒谬的，因为一个“准则”必须阐明行为的一般规则，而德性则指向某种特殊的性格卓越。正是在此基础上我们才将道德与政治责任的理论区分为古代“以德性为中心”的理论和现代“以规则为中心”的理论[①]。规则是从外部强加的指令或一般责任；而性格卓越则是来自内在的、特定的正当欲望。荣誉的准则所蕴含的荣誉形式无法轻易地纳入这两个范畴的其中之一，因为它同时具有两者的特征。荣誉既是一种性格品质，又受到规则管束。它是一种令人想要遵循特定行为规则的性格品质，是一种践行某个一般责任的欲望。此外，规则告诉我们该如何行动，而德性则阐明存在的方式。诚然，德性所要求的存在方式同样对行动有所要求。荣誉与德性在对行动与能动性的强调上是相通的。但是，若想成为有德性的人，我们需要去研习最好的人该如何面对各种个别的情境，而不是去服从一系列确定的、一般性的原则规范。相反，要成为一个有荣誉心的学生，我们只需要遵循一般性的、普遍适用（或至少普遍适用于所有学生）的准则即可。因此，在遵循荣誉准则上并无“中道”可言。 4
荣誉具有一种绝对性：要么你就遵循这些规则，要么你就是个作弊者。并且这些规则以同样的方式适用于参加考试的每一个人，不像德性（构成某个德性的“中道”在某种程度上是相对于个人以及环境的[②]）。而

① 见 Charles Larmore, “The Right and the Good,” 载 *The Morals of Modernity* (Cambridge: Cambridge University Press, 1996), 19—40。

② 在“针对事物本身时，‘中道’（代表）两端之间的中分点，这个中点只有一个，并

从课本上抄答案，在任何环境下都是对荣誉准则的违背。荣誉多于德性，因为前者将某种性格品质、特定的正当欲望，与行为的一般规则相结合，因而不能简单地纳入德性的范畴中[①]。

荣誉准则所涉及的荣誉形式立基于对自我的责任，而非对他人的义务，这一点使其区别于当代的“公民德性”观念。当今的政治理论家们常常谈到的公民德性，强调的是公民相互间的义务及其对共同体的义务，而非对公民自身的义务。如此理解下，公民德性意味着为了整体的缘故而将自我放在一边，为了共同善而牺牲自己的个人利益，或至少将共同善认同为自己的利益所在。相反，人们受到荣誉准则的约束的首要理由并非为了他人，而是为了自己：公平地参加考试，面对挑战并克服之，这是一个人为了自己而该做的。若在公民德性方面有失，其伤害是对他人、对共同体的，而倘若违背荣誉准则，则是**自我**的失败。作弊者也许会拉高分数线，从而不利于其他考生，但违背荣誉准则带来的真正伤害，还是对作弊者本身——他们将因此而失去自我尊重的余地。诚然，有荣誉感的学生诚实答卷得到的分数也许会比作弊能得到的分数低，从而遭受某种切实的损失。但她只是牺牲了自认为较低级的好处，而换来了较高级的好处。有荣誉感的学生考虑的出发点还是自己得到的好处，尽管失去了考试的高分，但她最后还是觉得自己是赢家，因为她获得了自尊这种好东西。就总体而言，如果每个人都遵守荣誉准则，那么每个人都会受益，但是遵守荣誉准则背后的动机却并非别人的利益或者共同善，而是自身所得的好处，即自尊的好处。即便荣誉准

---

且对所有人都是一样的；……当涉及到我们自身时，它既不超出又不少于（对我们来说恰当的程度），因此它并非只有一个，而且也并非对每个人都相同。” Aristotle, *Nicomachean Ethics,* 1106a32—33. 举例来说，“慷慨不仅依赖于给予的数量，而且依赖于给予者的习惯，这种习惯要考虑到手头财物的多少。” *Nicomachean Ethics,* 1120b8—10.

① 如果说荣誉在某些方面多于德性，那么我们也可以说它在另一些方面少于德性，而这恰恰是因为与德性不同，荣誉的确依赖于一般性的规则。德性不需要这样的指导。它的本质就在于自我控制，在这个意义上它比荣誉更接近自主性。

则蕴含着共同的标准，服务于共同的目的，驱使人们遵循它的动机还是为自我服务的，其直接目的是个体主义的，是个体对自尊的欲求①。

当然，在各种德性中，也存在不涉及当代公民德性式的集体主义，5
而关注于对自我的义务的德性形式。亚里士多德所举德性中的“伟岸”（magnanimity）就是一例，被其定义为指向自我的“完备的德性”②。一个伟岸的人为了他自身而培养各种道德德性，因为他认识到，变得伟岸是一种更完备从而更可欲的生活方式。他是为自己而这么做。我们为其品格上的完备而仰慕他，因为在他身上我们看到了所有形式的道德卓越性在熠熠生辉。相反，我们并不是为其品格上的完备，而是为其品格上的坚强，而仰慕一个有荣誉心的学生；不是因为她展现了所有的德性，而是因为她展现了自我控制。无论后果如何，她都不会受到作弊冲动的驱使，因为她不会成为其自身利益的奴隶。遵循荣誉准则的学生热爱原则胜过自身利益，或者说她让其利益服从于原则的指导。她是在行动，而不是仅仅对环境压力做出条件反射。她也许不慷慨、不温和、不友善、不聪慧、不真诚、不乐善好施，或者不在其他任何方面有德性，但她是她自身的推动者。与伟岸不同，荣誉心导致自我做主，而非灵魂的完善。

荣誉的确预设了某种目的论，至少是部分的目的论。它蕴含着高级与低级的区分，尤其是“通过自我控制的力量，或通过对个体能动力的发挥而自由地生活”与“作为他人意志、自身必然性，或非人格的环

① 在大学荣誉准则的例子里，追根究底还是存在着一种对正义的关切，这些准则本身的正当性很大程度上来自它们能够阻止对他人的不公平。但是对准则正当性的辩护不必等于遵循这些准则的动机。除了正义这种对集体的好处之外，荣誉准则还促进了问心无愧的成就与自尊等等对个体的好处，而这些对个体的好处才是促成遵循准则的关键所在。

② 亚里士多德将伟岸（指向自我的完备德性）与正义（指向他人的完备德性）相对比。见 *Nicomachean Ethics*, 1129b27—1130a11。更一般地，我们可以说亚里士多德理论中的所有德性都是涉己的，因为它们都依赖于某种自爱。

境力量的工具而行为”之间的区分。在极力践行原则性的行为准则的勃勃雄心中，在原则性基础上对自尊的寻求中，在履行个人所理解的对自身的重要义务的不懈努力中，有着某种天然值得仰慕的东西。比起对嗜欲的不加反思的追求，作为性格品质的荣誉更多地涉及那些将人类与其他生物区分开来的复杂能力。具有荣誉的能力是人类区别于自然其余部分的因素之一，而符合荣誉的个体行为又将一小部分人类与其他人区别开来。当然，作恶的能力也是人类特有的。它同样涉及低等动物所未知的复杂能力。恶意比无心的漠视更充分地体现人性。因此，说一个行为比另一个行为“更充分地体现人性”，充其量只是对其道德价值的不完备的说明。任何一种具体的荣誉形式，其善与正义都必
6 然依赖于该荣誉准则的道德内容。但当其准则是善的、正义的之时，荣誉就不仅仅是善的、正义的了：它同时还是高贵的。正是在此意义上，荣誉蕴含的目的论只是部分的目的论。荣誉预设了自我控制优于其对立面，但它并不预设对人类善或对灵魂完善的全面知识。荣誉的目的论将“自我控制”摆在“卑躬屈膝”之上，但其本身并不界定自我控制的能动者所追求的目的。或许因为荣誉并不标识着完善，所以我们只对光荣的个体表达尊敬（一如我们在访问林肯纪念堂或华盛顿纪念碑时所做的那样），然而我们并不向他们祈祷。类似地，“荣誉奖”值得关注，却并非最高奖励；当一支队伍打进季后赛时，我们也认为他们可以引以为荣，即便他们未能一路走到最后。由于荣誉既支持个体的能动性，又不许诺或要求灵魂的完善，因此它与自由主义的形式、目的、特征是完全兼容的。

然而个别荣誉准则的实质内容并不总是包含着与自由主义兼容的原则。荣誉既可以服务于自由主义的理念，也可以服务于反自由主义的理念，一如本书第四章所探讨的美国南方奴隶制下荣誉观的案例所示。更一般而言，说荣誉与自由主义目的、自由主义特征相容，并不是说自由主义思想家一直都以友好的姿态对待荣誉。早期自由主义者（以

及准自由主义者）譬如霍布斯与洛克认为对荣誉的热爱加剧了自然状态下人性的病征，因为它使得人们变成堂吉诃德那样不切实际的理想主义者，甚至变得好战。对成为英雄的向往可能转化为屠龙的希冀，或转化为孜孜不倦地寻求（甚至制造）机会以展示英雄主义的行径。因此并不只有民主主义者才有理由反对荣誉。但是，如我们将看到的，自由主义准则指导下的现代荣誉形式，不仅与自由主义以及民主都兼容，而且在自由民主政治中起着不可替代的作用。

如果说我们如今已经很少谈论荣誉，而且即便谈论起来也觉得不舒坦，那么我们有理由对此重新加以思考，因为美国的个体能动性亟须对自由主义的鼓舞。纵使在当前的繁荣下，我们仍旧广泛地感觉到，现今的美国人正在对支配他们生活的力量失去控制[①]。我们在能动性上感到的这种困扰横跨种族、阶级、性别这些常见的裂痕。老城区的穷人们 7
或许会感到尤其被边缘化，但他们绝非唯一体验到无力感的群体。面对全球化的经济、财团政治、日益加剧的环境危机、种族间根深蒂固的紧张与对立、普遍的性别不平等，以及公共教育令人警惕的恶化，居住城郊的中产阶级同样自认为受到自身无法掌控的力量的摆布。看起来，无论是富人还是穷人，白人还是黑人，男人还是女人，我们如今全都是自身环境的受害者。

或者毋宁说，我们仅仅**看起来**是自身环境的受害者。我们已经丧失了对自己作为自身命运主宰者的信仰。也许这可以部分地解释美国在过去一代人里信仰共同体（尤其是原教旨主义宗教派别）的急剧兴起[②]。信仰共同体的兴起反映了，至少部分反映了，对个体能动性信仰

---

① Michael J. Sandel, *Democracy's Discontent: America in Search of a Public Philosophy* (Cambridge: Harvard University Press, 1996), 1.

② 关于基督教原教旨主义在美国的兴起，譬如见 Mark A. Shibley, Resurgent Evangelicalism in the United States (Columbia: University of South Carolina Press, 1996); Martin A. Bradley et al., Churches and Church Membership in the United States (Atlanta: Glenmary Research Center, 1992); Wade Clark Roof and William McKinney, American

的丧失，以及尝试通过宗教资源对其加以恢复的努力。要重新振作对我们能动性能力的信仰（这种信仰乃是宪政民主与个体自由的先决条件），我们亟须新的鼓舞。而且我们不能仅仅依赖于宗教的鼓舞，因为这将会威胁到作为自由民主制基石的宽容、多元性，以及个体自由，尤其当这种鼓舞来源于原教旨主义时更是如此。要重塑对强大的、能够支持美国自由民主制的那种能动性能力的信仰，美国人需要对自由主义的鼓舞。

## 政治能动性与对鼓舞的需求

强大的能动性能力之所以对自由民主制至关重要，是因为正如詹姆斯·麦迪逊所说，政治权力"具有一种侵蚀性"[①]。美国国父们认同孟德斯鸠的看法："每个人，只要拥有任何一点权力，就会倾向于滥用它。如此这般，直到他发现某种限制。"[②] 如今我们有水门事件、伊朗门事件、白水门事件、独立顾问委员会、国会伦理委员会，诸如此类，提醒着我们政治权力这一无法消除的特征。并且在现代自由民主制中，权力的侵蚀性问题比在孟德斯鸠所熟知的旧制度下更加复杂。因为在自由民主制中，正如麦迪逊所说，"不仅必须保护整个社会使其免遭统治者的压迫，还必须保护社会的一部分使其免遭另一部分的不公正对待。"[③] 多数暴政的幽灵永远困扰着立基于人民主权原则的政府。我们不能总把希

Mainline Religion: Its Changing Shape and Future (New Brunswick, N.J.: Rutgers University Press, 1987); and Robert C. Liebman and Robert Wuthnow, eds., The New Christian Right (New York: Aldine, 1983)。

① Alexander Hamilton, James Madison, and John Jay, *The Federalist Papers*, ed. Clinton Rossiter (New York: Mentor, 1961), no. 48.

② 孟德斯鸠，《论法的精神》，第十一章，第四节。本书对它的引用都来自 *Oeuvres complètes de Montesquieu,* ed. Roger Caillois (Paris: Pléiade, 1949—1951), vol. II，采用的是我本人的翻译。

③ *The Federalist*, no. 51.

望寄托于大包大揽的行政部门与不讲原则的立法代表，而要靠我们自 8
己来抵制针对黑人的吉姆·克罗法案，或针对同性恋者的科罗拉多第二修正案，以及诸如此类的社会中一部分人限制另一部分人个体自由的企图。在美国，一部分权的宪法、联邦制、权利法案，全都对多数意志以及政府权力施加了形式上的限制。但我们宪法中所规定的这些形式限制仅仅是一些“纸上藩篱”[①]，而缺少推动其运作的个体能动性的发条：美国人的自由需要热忱的守卫者。

只有当存在一个对其加以运用并加以捍卫的意志时，形式上的自由才是有效的。但这种意志的特征又是怎样呢？是什么刺激着对个体自由的热忱捍卫，尤其在面对显著风险与不明朗的收益之时？近年来的政治理论很大程度上忽略了这一问题，而把焦点放到极力辨明正义与政治合法性的涵义上去了。至于那些对动机问题有所关注的当代理论家们，则要么是理性选择理论的鼓吹者，强调自利的动机，要么就捍卫某种形式的对他人的责任。后一类理论家内部又存在重大差异[②]，既包括强调公民德性的社群主义者与公民共和主义者，也包括诉诸“自由主义德性”、罗尔斯式的“正义感”、斯坎伦的“同意动机”等概念的自由主义者们。根据公民共和主义的观点，推动公民在政治上有所作为的

① *The Federalist*, no. 48.

② 前一类理论家内部同样存在差异。尤其在理性选择理论家中间，对于是否所有行动都是狭隘利己主义的，有着不小的分歧。见 Jeffrey Friedman, ed., *The Rational Choice Controversy* (New Haven: Yale University Press, 1996)。那些试图将利益与更高、更广泛的目的相联系（从而打通自利与自我牺牲）的理性选择理论家们和我对荣誉的研究有着某些共同之处。比如下书作者在理性选择的框架下论证道，在看似充满公共精神的集体行动背后，往往有着与荣誉相联系的对名誉的关切。Chong, *Collective Action and the Civil Rights Movement* (Chicago: University of Chicago Press, 1991), 9. 而安德鲁·萨波尔尽管并非一名理性选择理论家，同样在其 *Ruling Passions: Political Offices and Democratic Ethics* (Princeton: Princeton University Press, 2002) 中采纳了一种更广义的利益观。更一般而言，在荣誉与利益之间有着许多重要的重叠点，其中之一就是二者同样涉及自我关切。但是二者之间也存在许多不同，简单地把荣誉当作利益的一种是不对的。下文中将会详细阐发这一点。

力量乃是对共同善的热爱，或是一种公民义务感[①]。因此，要保证个体遵守善法、抵制恶法，就必须培养公民的德性。这意味着政府必须参与到公民性格的塑造之中。治国术（statecraft）即是灵魂工程（soulcraft），或者至少也要是“自我工程”（selfcraft）[②]。然而正如经常被人注意到的，社群主义与公民共和主义的德性理论的一大问题是导致了个别身份被集体身份淹没的风险，并且要求国家在德性培养上扮演过强的塑造性角色。这将威胁到自由民主制赖以存在的多元性以及个体自由。而且尽管公民德性可以用来解释那些对参与性民主有所支持的共享习惯、共同身份、集体愿景，其蕴含的集体主义却无法轻易地接纳个体的野心，或者在个体自由悖逆于集体（或多数）意志时，支持对个体自由的热忱捍卫。

9 为避免社群主义与公民共和主义德性带来的风险，一些自由主义者试图提出他们自己的“自由主义德性”理论[③]。自由主义德性是能够在多元社会中维持一种底限以上的文明性（civility），并能够支持自由主义政府的制度程序的那些性格品质。其中常被提及的包括宽容、自我克制，以及对人的尊重。这些自由主义德性很大程度上避免了社群主义与公民共和主义德性观所导致的排斥与强制的问题。但尽管它们

① 譬如见 Alasdair MacIntyre, *After Virtue* (Notre Dame, Ind.: University of Notre Dame Press, 1984); Amitai Etzioni, *The Spirit of Community: Rights, Responsibilities, and the Communitarian Agenda* (New York: Crown, 1993); Robert Bellah et al., *Habits of the Heart: Idealism and Commitment in American Public Life* (Berkeley: University of California Press, 1985); George F. Will, *Statecraft as Soulcraft* (New York: Simon and Schuster, 1983); and Michael J. Sandel, *Liberalism and the Limits of Justice* (Cambridge: Cambridge University Press, 1982)。

② Peter Digeser, *Our Politics, Our Selves?* (Princeton: Princeton University Press, 1995).

③ 譬如见 Stephen Macedo, *Liberal Virtues: Citizenship, Virtue, and Community in Liberal Constitutionalism* (Oxford: Clarendon Press, 1991); William Galston, *Liberal Purposes: Goods, Virtues, and Diversity in the Liberal State* (Cambridge: Cambridge University Press, 1991); and Peter Berkowitz, *Virtue and the Making of Modern Liberalism* (Princeton: Princeton University Press, 1999)。

对自由民主政府相当重要，这些自由主义德性仍旧是不完备的。举例而言，宽容与自我克制无法解释罗莎·帕克斯的举动；它们无法说明那些冒险的、显示了超乎寻常雄心的行动背后的动机。它们不够茁壮，无法解释个体能动性的大力施展。

尽管存在种种不同，尽管各有其面临的问题，公民共和主义德性与自由主义德性在一点上相似：它们都是对他人的义务。就这一方面而言，自由主义的"正义感"与"同意动机"也并无不同。约翰·罗尔斯将正义感定义为"愿意……在与他人的关系中遵照能够得到公共背书的条款而行动"。[①] 类似地，同意动机促使我们去实现"我们应当为他人做的事情"，而我们应当为他人做的事情，即是与他们在没有人能够合理地拒绝的条款下共同生活[②]。这些动机各以不同的方式遭到排他性问题与可靠性问题的困扰[③]，但对我们现在所讨论的事情而言，最主要的一点是，自由主义的正义感与同意动机都是对他人的责任，因而与通常所理解的公民共和主义德性、自由主义德性一样具有涉他导向（other-regarding orientation）。当然，正常人都不会否认对他人的责任在自由民主制或其他任何制度中的重要性。对他人的义务感为自利的潜在狭隘性与利己主义提供了关键的纠正机制，若无这种纠正，共同生活将变得十分困难，政治生活经常要求的大范围集体项目也将变得不可能。但是，正义感与同意动机所蕴藏的对他人的责任依赖于某种程度的利他主义，这与现代自由主义以自我为中心的气质是有冲突的[④]。并且利

① John Rawls, *Political Liberalism* (New York: Columbia University Press, 1993), 19. 另见同书 49—50，注 2："作为公平的正义依赖于斯坎伦视为基本的那种动机。"

② 见 T. M. Scanlon, *What We Owe to Each Other* (Cambridge: Harvard University Press, 1998), 156。布莱恩·巴里的自由主义正义理论同样严重依赖于同意动机。见其 *Justice as Impartiality* (New York: Oxford University Press, 1995)。

③ 对同意动机中的排他性与可靠性问题的讨论，可见 Sharon Krause, "Partial Justice," *Political Theory*, 29, no. 3 (June 2001): 316—336。

④ 当代的自由主义理论家对正义的讨论并不试图依赖于利他主义。他们试图提出某些程序，只要一个道德命题之为正当的理由被视为等同于支持这一道德命题的动机，

他主义在政治上的不可靠也是出了名的。在公共领域的非个人场合中，我们所“应当为其做特定事情”的“他人”主要是陌生人，因此很大程度上缺乏那些用以在其他场合中维持利他主义的特殊纽带，诸如爱、友谊、团结等等。在这些特殊的关爱关系之外，整体上看，我们应当为他人做的事情相比于我们应当（或以为我们应当）为自己做的事情来说比
10 较不太能激发行动。当然，利他主义完全是可能的；我们大多数人对此都有第一手的经验。但利他主义是不可依赖的。这一为人熟知的事实正是现代人（包括从马基雅维里，到霍布斯，到孟德斯鸠，到康德，再到麦迪逊，这些在其他观点上无不存在巨大分歧的现代人）拒绝那些需要靠利他主义才能维持下去的政治制度的原因之一。

自利与对他人的责任感之间的冲突加剧了政治理论中一项日益两极化的争论，争论的一方是试图仅仅以自利为基础来解释行为的、鼓吹理性选择理论的“现实主义者”，另一方则是社群主义者、公民共和主义者，以及强调各种对他人的义务的重要性的那些自由主义者。在自利的动机与对他人的义务之间加以严格区分，是当代思想的熟悉特征，但并不是一个特别有帮助的区分。我们今天对道德心理学问题的思考经常陷入这种二分范畴的限制：这种二分法认为，我们为自己而追求的是利益，我们应当为他人做的事情则是责任。但是，我们为自己做的事并不应当局限于我们的利益，而我们应当为他人做的事情也无法涵盖我们的所有责任。当代的二分法忽略了基于对自身的义务感的一整类动机，其中就包括荣誉。尽管荣誉有时要求牺牲某些利益，但作为一种对自身的义务，它从不否定自我关切。因此它并不依赖于利他主义，因而

那么这些程序就能够确保人们有做正确的事情的动机。但是暂且不谈理论，只说作为实践事务，尽管各种形式的同意动机可能在许多“常态”政治的情况下有效（因为这些情况下的确存在对相关事务的广泛同意），但是它既不能够在存在深刻分歧的情况下特别可靠地促进对正义规范的遵循，也不能有效地支持对非习俗的道德真理的遵循。对这些问题更深入的讨论见 Krause, “Partial Justice”。

它与自由主义生活方式也更加兼容。同时，荣誉还能激发自利（至少是通常所理解的自利）原则绝不允许我们做出的那些行动，包括那些为了某些原则性的目的而危及自己身家性命的行动。荣誉既比利他主义可靠，又是热忱而勇敢的，因此乃是个体能动性的有力来源。

当代政治理论在道德心理学问题上的不完备性并不局限于其在“对自我的责任”方面的关注缺失。同样缺失的还有对“自由民主制需要英雄主义的性格品质”这一点的认识——就算自由民主制需要的仅仅是偶尔在少数人身上表现出这种品质。当今政治理论家最常提到的动机立基于被认为（即便只有对其加以鼓吹的理论家们如是想）很普通的那些品质。公民德性、自由主义德性、正义感、同意动机，都是平等主义的，即便它们依赖于利他主义。它们虽然因为与自利相冲突而显得要求过高，但它们对我们所有人平等地要求过高、以同样的方式要求过高。非凡的品质与超常的努力不被认为是必须的；人们不必成为英雄 11
方能拥有公民德性或正义感。这些责任表现了全社会范围的理念，只有当它们能够惯常地激励所有公民，或至少在大多数时候激励大多数公民的情况下，这些责任所服务的政体方能成功运作。因此，在一个良序的公民共和政体中，一个有德性的公民并没有任何特别之处，而在罗尔斯式的自由民主政体中，一个有正义感的公民也没有什么超出别人的地方。这样的公民与人们对其的期待相比，既不更好，也不更坏。

但是，即便在良序的政治体中，政治权力的侵蚀性也意味着事情总有出错的时候。更何况美国的自由民主制乃是一个杂交的政体，个体自由与人民主权这样潜在地相互冲突的原则与实践在此政体中相互平衡。由于有着成文的、广受尊重的宪法的支持，这种平衡并非完全不堪一击；但它同样也不是完全牢不可破的。一旦事情出了什么差错（事实上这种差错时不时地发生着）而个体自由受到威胁，那么就要求公民们，或其中一部分人，表现出比通常所期待的更多的东西。在这种时候，就得呼唤对个体能动性超乎寻常的发挥。所以，即便一般情况下仅仅由好公民甚至平庸的公民就能将自由民主制维持下去，但在少数时候其维系有赖于伟大的人物。而内在于荣誉的特定性格组合恰恰能够支持英雄主义的行动：高亢而有原则的野心、勇气、骄傲，以及对自尊以及公共声誉的渴望。这种品质组合既不必要也不可能被所有人普遍具有。而且不论自由民主制多么需要伟大的公民，它并不需要所有公民都那么伟大；确实，过多英雄主义人物的存在对任何政治体而言最好也只能是喜忧参半[1]。再者，尽管大多数美国公民都是体面人，但我们之中只有很少一部分才能追上林肯、华盛顿、弗雷德里克·道格拉斯或者伊丽莎白·凯蒂·斯坦顿的光辉榜样。这些非凡的公民保护并服务于我们的自由，并且坚定了我们对于个体能动性的信仰。这些榜样让我们这些普通公民记得，我们不必被动地做我们所处环境的受害者。如果说我们中的绝大多数永远无法完全地实现这些个体所示范的超乎寻常的能动性能力，那么我们至少可以往这个方向努力。他们鼓舞着我们去尝试把握那常常看似遥不可及的能动性运用，在如此尝试把握的过程中，
12 我们或许会（与什么都不做相比）更加完全地成为我们的命运的操纵者，成为我们的自由的捍卫者[2]。在这个意义上说，荣誉贯穿于所有民主公民的生活，但与其他品格（譬如平等主义的公民德性）不同，荣誉这种特征不大可能由所有公民同等程度地具备，即便在现代民主制中它是向所有人开放的。

如果只从不被普遍具有这个意义上说的话，内在于荣誉、有时会激

① 见 Michael Walzer, *Obligations* (Cambridge: Harvard University Press, 1970), 200。

② 毫无疑问，有的人会不同意这种描述。比如戴维·加罗在其为马丁·路德·金所作的传记中认为，我们一旦把我们所尊敬的人给偶像化了，就无法看到我们自己其实也能够做出类似的事情。见 David J. Garrow, *Bearing the Cross* (New York: Quill, 1986), 625。出于这个原因，加罗试图对马丁·路德·金"去神话化"，还原他作为"普通"人或"凡"人的一面。不过尽管说加罗的担忧是合理的、可敬的，但"马丁·路德·金不过是个凡人、我们都能做出类似的事情"这种看法本身，和过度的偶像化一样也不过是个神话而已。我们必须找到一种方式，既能够受到这样的人物鼓舞，又不因为对其的过度偶像化而被吓唬得毫无作为。

发能动性的大力施展的那些品格，就具有不可消泯的贵族性，尽管任何人都可以具有这些品格，而且在民主社会中，所有人都可以朝之努力。自由民主制对伟大公民的偶尔需求构成了对"'现代人'不需要贵族性的荣誉，至少是这种意义上的贵族性荣誉"这一迷思加以拒斥的一个理由。人们通常以为，在法国大革命之后，新造就的"现代人"用其荣誉换来了民主尊严的普遍地位，并且再不回头[①]。不可否认，进入现代后，我们对人的身份的理解发生了重大的变化。前现代的文化与政治体将个体等同于其社会角色与制度地位，而现代政治则将剥离角色与地位后得到的"孤独的自我"视为个人认同的终极基础，至少在政治情境中如此[②]。正如某位评论者所写到的，"现代人是灵床上的堂吉诃德，脱去了生前包裹着自我与感官的那些五颜六色的纹章。"[③] 在旧制度中，荣誉很大程度上是对外在地位、对一个人在传统社会固定等级秩序中所处位置的表达，一个人的荣誉感构成性地维系于其所世袭的特殊社会角色。与此相反，现代社会中的个体并不等同于任何特殊的社会角色，尤其是世袭的角色。至少，原则上说，我们不会在政治上等同于这些角色。诚然，社会角色以及与其相联系的期望如今仍对个体发挥着重要的影响。但我们大多数人的角色是选择的而非世袭的，而我们的政治地位更是独立于所有这些，立基于内在人性尊严的理念，这一理念普遍地适用于所有人，并在人与人之间建立了大致的平等。由于这一现代理念抽身脱离了那些被社会所强加的、在旧制度下为荣誉赋予内容的角色和规范，因此有人以为这一理念及其所服务的新境况导致了"荣誉的完

① Charles Taylor, "The Politics of Recognition," 载 *Multiculturalism,* ed. Amy Gutmann (Princeton: Princeton University Press, 1994), 27。另见 Berger, "On the Obsolescence," 152—154。不过伯杰还是假想道："在现代社会未来的发展中，对荣誉的重新发现，既是经验上可能的，又是道德上可欲的。"

② 这条规律当然也存在显著的例外，正如现代历史中女性、少数种族、无产者在政治上受到的排斥所表明的那样。

③ Berger, "On the Obsolescence," 152.

全肃清”。[①]荣誉的唯一位置,被认为只存在于如今已遭唾弃的“不变的、
13 稳定的制度,其中个体的身份与社会指派给他们的制度角色之间存在
着特定的、为该个体所占据的关联”。[②]

的确,比起法国革命以前,现代民主制中荣誉扮演的戏份大受删减。荣誉不是现代民主制的**唯一**推动力,不像在旧世界中,如孟德斯鸠所说,是使政治体的所有部分都得以运作的那种激情。在新政治制度下,荣誉必须与其他许多动机相竞争,而与荣誉相比,其中某些动机更加一贯地得到民主制度与实践的支持。但是如今荣誉愈发稀缺这一事实并不能消减其重要性,因为就算荣誉只体现于极少数的事例,其存在也有着广泛而持久的影响。而自由民主制有时候必须倚靠它未能常规化的动机,这一点也没有什么好奇怪的。更重要的是,“荣誉遭弃”这一迷思建立在对什么是荣誉的不完备的理解上。它反映了托克维尔在《论美国的民主》中所指出的那种错误,即将某一类荣誉(旧制度或封建的荣誉)等同于全部荣誉,而未能看到荣誉的变易性,其对不同政体及其各自倡导的个人身份认同加以适应并为之服务的能力。现代对世袭制社会角色以及固定等级地位的抛弃肃清了一种形式的荣誉,但并不意味着荣誉的完全消解。个人身份认同的来源如今发生了变化,将民主尊严的理念纳入其中,但荣誉在现代世界中也部分地融合了这种变化,而绝非完全被其抛弃。

荣誉之所以能融合个人身份认同的变化,是因为荣誉在人性中有着更深刻的根基。人性不仅仅是个人身份认同,还包括勇气、骄傲、高亢而有原则的野心,对自我的义务感,以及对自尊和出人头地的渴望等等诸种能力。这些能力是作为性格品质的荣誉的核心特征,并且能够经受住塑造个人身份认同的文化因素中的变化。作为性格品质的荣誉有一部分是习俗性的,因为它与个人身份认同中的习俗方面相互影

① Berger, “On the Obsolescence,” 152.

② 出处同上,156。

响，但荣誉同样依赖于人性中超越习俗的那些特征。剥离了社会角色与制度地位，现代人的个人身份认同不但不会摧毁荣誉，反而会支持其自身的荣誉形式，正如美国国父们不断强调地那样。事实上，国父们恰恰将旧制度下固定的社会角色与政治不平等视为对他们所说的“人类这个种族的荣誉”的冒犯[①]。他们将荣誉直接与个体尊严及其所维护的 14
民主自治相联系。在他们看来，美国体系“维护了人类这个种族的荣誉”[②]——不是靠墨守与某些特定社会角色相联系的标准，而是靠展示自决（self-determination）这一普遍存在的人类能力。通过表明人类并非仅仅是其环境与习俗身份的附属品，美国试验维护了人类种族的荣誉。在此过程中，它显示了荣誉绝不仅仅是制度角色和社会地位。

荣誉的内涵多于角色和地位，作为性格品质它涉及基本的人类能力，这一事实将荣誉与被认为已经取代了荣誉概念的内在尊严理念区分了开来。查尔斯·泰勒将这一理念描述为“现代的荣誉观，如今在一种普遍主义与平等主义的意义上使用，比如当我们提及内在的‘人类尊严’时”，其隐含的前提是“每个人都享有这种尊严”。[③] 仅举一例：这一理念是联合国《世界人权宣言》的奠基原则[④]。这种意义上的尊严是给定的，而不是一种成就。它是附着于所有人的固定地位。每个人都有尊严，而且都以同样的方式内在地拥有它，也就是说对尊严的享有独立于一个人的具体状况和行动。这样理解下的尊严是不可能丧失的。一个人不需要靠做什么出众的事情来保持或主张其尊严：事实上根本不必有任何行动，因为作为内在地位的尊严与行动之间不存在必然联系。

---

① 在这一点上可参考 David F. Epstein, *The Political Theory of "The Federalist"* (Chicago: University of Chicago Press, 1984), 121。

② *The Federalist*, no. 11.

③ Taylor, "The Politics of Recognition," 27.

④ Universal Declaration of Human Rights, (1948) U.N.G.A. Res. 217A (III), 3(1) U.N. GAOR Res. 71, U.N. Doc. A/810 (1948)：“鉴于对人类家庭所有成员的固有尊严及其平等的和不移的权利的承认，乃是世界自由、正义与和平的基础……”

不论是勇敢还是懦弱，是野心勃勃还是死气沉沉，甚至是醒着还是睡着，一个人都占有其作为人类个体的内在价值，或者说其平等的尊严。

由上面的描述可以清楚地看到，作为性格品质的荣誉与内在尊严的理念是两种根本不同的现象，把两者相提并论就像把苹果和网球拍相提并论一样。而荣誉遭到遗弃的论断恰恰是建立在这样一个错误的前提基础上：一种性格品质居然可以与一个具有固定地位的理念相比较并被后者取代。这种错误是可以理解的，因为除了作为性格品质之外，荣誉一词也可以指涉各种公共荣誉，而公共荣誉与地位有关，自然可以和作为地位形式的尊严的理念相类比，并且在旧制度下，荣誉作为
15 地位的外在面的确倾向于压制其作为性格品质的一面。但是尽管这种错误可以理解，其误导性却不小。尊严并不能简单地取代荣誉，因为两者并非等同的术语；两者之差包括勇气、骄傲、高亢而有原则的野心，以及其余所有构成作为性格品质的荣誉的因素。

内在尊严的观念为平等的政治权利以及普世人权提供了极有价值的辩护，也为评判各个政府的法律和公共政策的合理性提供了标准。就此而言它是无可取代的，并且在自由民主制中，民主尊严所设定的标准也绝不应该被遗忘。但有时候这一标准又必须被超越，因为对平等尊严原则本身的捍卫有时需要超乎寻常热忱的行动形式。毕竟就算一个人的内在尊严永远不会丧失，它却未必会一直受到尊重。人类的内在尊严有时必须得到维护，而对内在尊严这一普遍理念的维护恰恰依赖于绝不仅仅是内在的，而且绝不可能是普遍的那些性格品质的涌现。内在人类尊严的理念无力维护自身，因为内在尊严与个体能动性之间并不存在必然联系。尊严的理念是一个规范标准，但不是一种动机，或性格品质，或能动性的源泉。挺身而出捍卫理念的有尊严的行动，比起与内在尊严的理念本身，反倒与作为性格品质的荣誉有更多共同点。

对超越平等尊严原则所设标准的需求同样反映在如今对“尊严”一词的另一种通常用法之中。我们如今常常把“有尊严的”（dignified）

行动和个体与“无尊严的”（undignified）行动和个体相区分。我们会把我们仰慕的某个人称为“具有无比尊严”的人。这种意义上的尊严既不是普遍的也不是平等的。它可以丧失或被剥夺，并且存在程度上的差别。它标志着杰出，而非某种每个人都内在继承的东西。当尊严一词以这种方式使用时，它便不过是“荣誉”在民主制下的委婉表述，因为它是与杰出的行动、高卓的标准，以及非凡的品格相联系的。要成为一个具有无比尊严的人，就必须做一件或者许多件不同寻常的事情，因此这种形式的尊严是要靠拼搏努力才能得到的。类似地，我们有时候会钦慕地提起鼓舞着伟大行为的那种“尊严感”。马丁·路德·金的《伯明翰市狱中来信》就提到尊严感乃是黑人民权活动家们的一个重要动机[①]。但这种尊严感并非某种平等分配的东西，即便原则上每个人 16
都平等地享有尊严。尊严感超越了作为普遍地位的内在尊严。某些人比另一些人具有更强烈的尊严感，一如他们不同的行动所体现的那样。比如我们之中就很少有人能够具备鼓舞罗莎·帕克斯在公交车上坚持不让座的那样强烈的尊严感。尊严感不是民主式的而是贵族式的，正如荣誉是贵族式的那样。尊严感绝非自动具有的，它不常见，甚至难得一见，因此它只属于少数人，尽管每个人都可以通过努力而获得之。所以尽管所有人都有资格得到对其平等尊严的尊重，但并非每个人都有资格被称为“有尊严的”人，也并非每个人都具备能够鼓舞危险行动的强烈尊严感。内在尊严的理念无法取代荣誉，因为荣誉的一些特征是民主尊严所不能囊括的，也是自由民主派所不应当忽视的。的确，如果缺少了能够在必要时刻挺身而出对内在尊严的民主理念加以捍卫的那种贵族式的尊严感或荣誉品格，那么这一民主理念也必不能持久存在。

用较民主的委婉说法来表现贵族式的品格，这其实是对美国的民

---

① Martin Luther King, Jr., “Letter from Birmingham City Jail,” 载 *Testament of Hope: The Essential Writings and Speeches of Martin Luther King, Jr.,* ed. James M. Washington (New York: HarperCollins, 1986), 302。

主帮倒忙。诚然，内在尊严的民主理念在我们的政体中占据重要位置，而把"尊严"这一话语用于这一理念也是完全合理的。但是平等尊严的话语却经常被不加反思地滥用于描述那些完全不平等的性格品质（譬如尊严感）。当这种情况发生时，这些品质的非凡特征便被掩盖了。这就导致了一种模糊而误导的印象：因为我们在原则上全都享有着内在尊严的平等地位，所以我们同样内在地拥有那些用以维护这一原则的超凡品格，并且可以坐等这些品格自动地替我们维护这一原则。实则"荣誉"的话语才更适用于这些品格，因为它提醒着我们，内在尊严的民主理念并非自动运行的，而是依赖于贵族式的（亦即非同一般的）支持。

民主式的委婉表述不仅让那些非凡的品格显得平淡无奇，还让我们以为只有平凡或普通的品格才是我们所能拥有的。只有把荣誉称为荣誉，而不是用民主式的委婉词去表述它，才会让我们意识到在"现代人"兴起之后，我们体内仍然存留着的那些贵族式的品格或能力[①]。就算
17 法国大革命粉碎了旧制度，它也并没有在根本上改变人性。何况就连旧制度本身也只是大部分被推翻，而非完全被抹杀。至少从托克维尔那时候起，历史学家们就不断在政治社会中找到旧制度被推翻后存续下来的痕迹。事实上，现代自由民主制的某些核心特征（包括个体权利，公民社会的自愿结社，权力分立）都可以追溯到贵族制的源头[②]。旧世界与新世界的分界线有时比我们所想的更加模糊。这有一部分是因为现

---

① 人性中存在着贵族式的品质或能力，它们在古代世界与现代世界的断裂中存留下来，使得"旧的东西深深地埋藏在我们的灵魂中，必须得到更严肃的对待"。这个观点在 Andreas A. M. Kinneging, 载 *Aristocracy, Antiquity, and History* (New Brunswick, N.J.: Transactions, 1997), xi，及其全书中得到了发展。

② 托克维尔，《论美国的民主》，下卷，第四部分，第四章。本书所有对《论美国的民主》的引用都来自 *Oeuvres complètes d'Alexis de Tocqueville,* ed. J. P. Mayer, 13 vols. (Paris: Gallimard, 1951), vol I。采用的都是我自己的翻译。关于自由民主制所承袭的贵族遗产的更多讨论，可见 David D. Bien, "Old Regime Origins of Democratic Liberty," 载 *The French Idea of Freedom: The Old Regime and the Declaration of the Rights of 1789,* ed. Dale Van Kley (Stanford: Stanford University Press, 1994)。

代民主制的某些基础依赖于贵族社会的遗绪，还有一部分是因为人性中某些永恒不变的方面。如果我们不去正视我们自身的贵族式能力和自由民主制的贵族制元素，我们就否定了自身潜在的、个体能动性的有力源泉，从而放弃了对个体自由的关键性支持。

罗尔斯的“自许”（self-esteem）观念为这种危险提供了一个活生生的例子。罗尔斯注意到个体若要成为有力的行动者，必须对自身所视甚高；他同样认识到，那些自视过低之人往往容易在政治中屈服。若没有自尊（self-respect），他说，任何事情看起来都会不值一做，而人们也会失去行动的意志[1]。公民们只有有了自尊，才会“关心他们的基本自由与机会”，才会运用和捍卫他们的自由[2]。正因如此，罗尔斯才把自尊的社会基础，亦即他所谓的“自许”，纳入分配正义的“首要益品”（primary goods）之中。自许是最重要的首要益品，罗尔斯说，因为它使个体得以对其他益品加以运用[3]。因此在罗尔斯看来，自许是一种有待分配的益品，而且在一个正义的社会中，它将会被平等地分配。他甚至认为只要正义原则被恰当地执行，自许就有了保障。如其所言，“在一个平等自由的框架中，通过以互惠获利的方式对不平等加以调整，并通过放弃利用自然与社会环境的偶然性进行剥削，人们……就可以确保拥有其自许”[4]。罗尔斯的自许概念通过将其平等地应用于所有人，而将内在于荣誉的那种骄傲的自尊给民主化了。自许甚至可以被作为平等分配的对象而保证让所有人获得，因为对一个人的自许而言，唯一重要的就是其努力得到周边众人的“肯定”，而其成就的绝对水平则是无关紧要的。对自许而言，所需的仅仅是别人的认可，而（在一个正义的社会中）别人恰恰有义务提供这种认可。 18

---

① Rawls, *Political Liberalism,* 318.

② 出处同上，76f. and 318f。

③ John Rawls, *A Theory of Justice* (Cambridge: Harvard University Press, 1971), 440.

④ 出处同上，179。

然而在“应得”（desert）概念与一个人的自身价值感之间存在的鸿沟却无意间削弱了自许作为政治能动性来源的效力，尤其在面临危险而困难的行动形式的情况下。在实践中，一个人所获得的信心是与其在掌握某项技能或掌控某种局势等方面的成就成比例的；当一个人的能力增加时，其信心也随之增加。而通过将能力与自许切割，罗尔斯却把自信变成了一个断言，而非一种成就。或许你仅仅通过自我断言或通过别人对你的断言，就能鼓起自己的信心，而不需要具有任何真正的能力或成就。但这显然是一种虚假的信心，只会让你头脑发热，一遇到真正的挑战和压力，这种信心马上就会崩溃。维持捍卫个体自由的冒险而困难的行动（想想诸如马丁·路德·金的所作所为）所需要的信心不能是空中楼阁，也不能只出自善良的意愿。完成这样的冒险必须要有那种得到自身成就的经验支持的信心，只有这样的信心才能迎面接受挑战。自尊不能仅仅靠断言或分配而获得；自尊是要赢取的，如果说它想要在最艰难的情况下经受得住挑战、能够支持个体能动性的尽力施展的话。而且假如一个人不管做了什么都仍能够认许自我，那么我们还有什么动机像为了捍卫自由有时（如果不是所有时候）所要求的那样去冒险、去努力呢？如果说自尊是能动性的必要条件，那么对自尊的保障必将以削弱能动性为代价。我们必须要有足够的自尊，才能够具有对自尊的欲求，但如果我们有了太多的自尊，就不再需要努力去赢得它。罗尔斯试图通过将自尊以平等“自许”的形式民主化从而支持能动性，但他这么做事实上反倒削弱了能动性。

如果说内在尊严的民主理念和对自许的民主分配都不能取代荣誉，那么互惠认可（reciprocal recognition）的实践同样也做不到，尽管人们有时认为它已经替代了荣誉。从现代民主的立场看，正是荣誉所蕴含的认可的不平等性使得荣誉令人反感[①]。比如根据泰勒的说法，这

① Taylor, “The Politics of Recognition,” 27.

类不平等与内在尊严的原则相抵牾，因此在民主社会中，荣誉必须被与“平等尊严的政治”相伴随的互惠认可所取代[1]。但泰勒关于互惠认可能够取代荣誉的预设，正如他对尊严的论述一样，都是立足于对荣誉的不完备的刻划。他只看到荣誉的外在维度，亦即荣誉对差别的追求，却 19
没能认识到它的内在维度，亦即作为性格品质、使人立志于向有原则的行为准则看齐的荣誉心。或者不如说就像卢梭一样，泰勒把荣誉的两个维度拼凑在了一块，仅仅把荣誉视为使人立志获得认可的一种性格品质。但荣誉绝不仅止于此。一个有荣誉心的人会想要成为那种遵循其行为准则生活的人。她同样可能想要被**看作**那种遵循其行为准则生活的人，但她对表象的关注并不能抹煞其对一系列独立原则以及对内在自尊欲望的忠实。

正如泰勒对荣誉的刻划忽略了其内在维度一样，他所推荐的取代方式同样如此。毕竟“认可”并非一种性格品质。正如泰勒所言，认可的唯一基础乃是公共舆论或国家，因为想要获得认可，一个人只需要（而且必须要）被别人认可。诚然，公共荣誉能够鼓舞有荣誉心的行动，从而支持能令人引以为荣的品格。但有荣誉心的行动（比如在填写带回家作答的卷子时仍然遵循荣誉准则）有时未必会得到认可，因为得到认可的前提条件是该行动被人注意到并且被人欣赏。用泰勒的认可来替代荣誉，其问题在于前者过分依赖公共舆论与政治权威。相反，荣誉对行为准则以及有原则的自尊的遵循，为其赋予了一定程度的独立性。即便在不受公众欢迎或者未得官方认可的情况下，一个人仍然可以捍卫其原则从而尊重其自身。这使得荣誉成为一个更加有力的个体能动性源泉，尤其对泰勒本人最为关注的边缘群体与少数族群的成员来说更是如此，因为这些人最不可能赢得公共舆论以及分配认可的政治权威的支持。

[1] Taylor, “The Politics of Recognition,” 64f.

荣誉的民主替代品，诸如认可、自许或内在尊严的理念，都无法取代荣誉成为个体能动性的源泉。事实上，它们反而可能通过割裂自尊与成就、尊严与行动的关系，并通过使自尊与尊严过分依赖公共舆论与国家，而导致能动性的消弭。自由主义公民必须能够偶尔挺身反抗公共舆论与政治权威。因此所谓的荣誉过时只不过是一种迷思。其中诚
20 然有部分真相，因为旧制度下的那种荣誉确实已经衰落了；并且从某些角度说这的确是件很好的事情。但作为性格品质的荣誉，其支持个体能动性的持久特征却并未过时。现代生活中能动性的性质与来源比当代政治理论所允许的要复杂得多。只有通过理解“现代人”灵魂中贵族元素与民主元素的混合，政治理论才有望在当代民主生活中重新树立已经失落的对个体能动性的信仰。政治理论并非美国当前弥漫的对能动性的困扰感的罪魁祸首，但由于政治理论对能动性在理解上的局限，其所提供的补救措施却是不完备的。荣誉概念促使我们对能动性更广泛地加以思考，并更深入地探索激发荣誉的道德心理学。

## 发掘荣誉

本书中我将探讨自由主义宪政政府语境下荣誉的含义，及其鼓舞个体能动性的能力。这一研究本质上是哲学性的。其他人已经运用现代社会学与人类学工具，从经验层面考察过荣誉[1]。他们的工作展示了托克维尔已经涉及的荣誉的多样性，并在与旧制度欧洲（我们如今最经常将其与荣誉相联系）大为不同的各个社会中鉴别出了荣誉的实例。历史学家同样记录了荣誉，并展示了不同国家、不同时代荣誉的变迁与

① 譬如见 J. G. Peristiany, ed., *Honor and Shame* (Chicago: University of Chicago Press, 1966); Frank Henderson Stewart, *Honor* (Chicago: University of Chicago Press, 1994); and Lyman L. Johnson and Sonya Lipsett-Rivera, *The Faces of Honor: Sex, Shame, and Violence in Colonial Latin America* (Albuquerque: University of New Mexico Press, 1998)。

连续性[①]。从政治哲学的角度考察荣誉，我并不将其视为特殊文化与特殊时代的产物，而是视为一个透镜，透过它可以看到人性与政治的根本特征，尤其是个体能动性的性质与来源。这一哲学研究的结果原则上应该与其他研究领域的发现相一致，但并不旨在复制这些发现。

我的分析主要依赖于现代的哲学与政治文献，并主要在自由主义宪政体制的语境下考察荣誉。刺激我进行这项工作的是个体能动性在当前美国自由民主制中的困境；而在寻求哲学文献以便应对这一困境上，本项工作更关注那些相对而言更晚近的、与自由主义或现代民主制的目的及制度有着明确关联的荣誉概念。孟德斯鸠的荣誉概念是本书 21
分析的起始点，其在荣誉与政府分权的观念、“用野心制衡野心”的想法、公民不服从，以及对个体自由的捍卫之间建立了直接的联系。类似的，托克维尔对贵族式性格品质的捍卫也旨在服务于现代的民主政体。当然，古代文献中就荣誉这一主题也有着丰富的讨论，我在书中也会偶尔涉及，但不会花大力气去考察。我的工作并不企图对全部哲学史中各种各样关于荣誉的讨论提供一份面面俱到的编目，而是试图阐明荣誉与自由主义之间的特殊关系。

本书对荣誉的考察集中于那些相对晚近的文献，但绝非只是当代的文献。诚然，我们在当前的美国公共生活中可以看到荣誉的若干显现，而且我也说过，作为现代人与民主人，我们仍然具备着荣誉的可能性。但是要想对荣誉及其与个体能动性的联系有个清晰的理解，我们

---

① Guy Chaussinand-Nogaret, *La nobles au XVIIIe siècle: De la féodalité aux lumières* (Paris: Librairie Hachette, 1976); Jean Meyer, *La noblesse françise à l'époque moderne (XVIe—XVIIIe siècle)* (Paris: Presses Universitaires de France, 1991); Léopold Genicot, *La noblesse dans l'Occident médiéval* (London: Variorum Reprints, 1982); Jonathan Dewald, *The European Nobility,1400—1800* (Cambridge: Cambridge University Press, 1996); M. L. Bush, *Noble Privilege* (Manchester: Manchester University Press, 1983); and Jean-Pierre Labatut, *Les noblesses européennes de la fin du XVe siècle à la fin du XVIIIe siècle* (Paris: Presses Universitaires de France, 1978).

就必须把眼光放到当代美国民主之外。之所以如此，是因为在当今的美国，荣誉经常是在民主尊严的话语掩盖之下运作的，其对民主自由的服务也因此遭到模糊。与旧制度下的“士君子”（honnêtes hommes）不同，那些奋起对抗权力侵蚀、捍卫个体自由的有荣誉心的美国人更可能提及的是其人类尊严，而非其个人荣誉，而且他们几乎从不声称具有更优越的身份或特殊的才能。就大部分情况而言，他们为其同胞追求的东西也正是为自己追求的东西，在这个意义上他们的目标是平等主义的而非排斥性的[1]。但他们的行动本身却将自己与我们其他人区别了开来，并展现了他们并不会去声称具有的那种优越性。驱使他们捍卫其尊严（并顺带捍卫了我们其他人的尊严）的那些非凡的性格品质，使得他们在这方面并不完全与我们其他人平等，而且这些品质更接近于荣誉，而非其他任何一种动机。

当今对荣誉的掩盖更多是习惯性的，而非有意为之。孟德斯鸠曾经指出，“作为易变的造物，人……在社会中总是使自己适应于其他人的思想与印象”，由此导致“当将其本性展示于他时，人完全有能力知道自身的本性；可一旦将其从他眼前撤去，他便会丧失对他本性的任何感
22 觉。”[2] 我们已经丧失了对我们本性中贵族元素的感觉。不仅如此，我们如此完全地接受了“自利”与“自我牺牲”之间的截然二分，以至于忘记了如何在自身以及他人身上看到那些将个人野心与有原则的高贵目的相结合的动机。本书中的研究，其目的之一就是揭示这些元素，展示当代以不同方式显现的荣誉，剥去民主式委婉表述对它的层层掩盖，从而阐明个体能动性的贵族基础及其中常常隐含的混合动机，所有这些都是我们一直依赖却久未看到的。而恰恰因为我们倾向于把最切近的荣誉事例掩盖起来，所以对荣誉的考察必须从稍远些的地方开始。

我们首先转向孟德斯鸠，他对捍卫自由的冒险行动所需的那种强

① 见 Bruce Miroff, *Icons of Democracy* (Lawrence: University Press of Kansas, 2000), 2。

② 孟德斯鸠，《论法的精神 · 序言》。

烈的能动感有着深刻的理解。尽管他对革命甚至突然的变革并无好感，他还是认为对滥用权力的热忱抵抗是个体自由的关键所在，并认为荣誉是这种抵抗的驱动力[①]。本书第二章解释了孟德斯鸠的荣誉观，表明对出人头地的那种野心勃勃但又有原则的欲求是如何激发了对侵蚀性政治权力的拒不服从。这一分析可以作为更一般性地对荣誉与自由主义加以研究的出发点。本章详细阐述了作为性格品质的荣誉的四个特征：其高亢的野心；对敬畏（reverence）与反身性（reflexivity）的平衡；片面性（partiality）；以及对认可（recognition）与抵抗（resistance）的混合。荣誉准则的实质内容也许在不同政治社会中会有所不同，正如分配公共荣誉的体系会有所不同一样。但本章所阐述的、作为性格品质的荣誉的形式特征，却是更加恒定的。荣誉心的这些方面在不同的情

① 尽管孟德斯鸠并不把个体自由等同于平等的政治权利，但他确实是在个体人身安全的意义上理解自由。也就是说，他并不把自由定义为公民参与或集体自决，或者是把它等同于灵魂的完善。只要荣誉服务于分割政治权力、从而限制政治权力，那么荣誉就捍卫了诸如宗教自由、出版自由、良心自由、私有财产等等各种个体自由，保护了人们免受折磨与酷刑，并且捍卫了公共领域与私人领域之间的划分。（关于将自由理解为安全，见《论法的精神》第十一章，第六节；第十二章，第五、十二、二十三节；第十三章，第七节，以及第十九章，第六节。）在这个方面，孟德斯鸠的研究者之间对其自由主义的自由观有着广泛的共识。譬如见 Norman Hampson, *Will and Circumstance: Montesquieu, Rousseau, and the French Revolution* (London: Duckworth, 1983), 10; Phillip Knee, “La question de l’appartenance: Montesquieu, Rousseau, et la Révolution française,” *Canadian Journal of Political Science,* 22, no. 2 ( June 1989): 303; and Franklin Ford, *Robe and Sword: The Regrouping of the French Aristocracy after Louis XIV* (Cambridge: Harvard University Press, 1953), 20。基奥恩同样认为尽管孟德斯鸠“相当仰慕使得自治得以可能的非凡德性与爱国主义，但他并不相当仰慕自治本身”，因为“对孟德斯鸠来说，对政治责任的实践本身并不是好的生活的一部分”。见 Nannerl O. Keohane, *Philosophy and the State in France* (Princeton: Princeton University Press, 1980), 418。另见其“Virtuous Republics and Glorious Monarchies: Two Models in Montesquieu’s Political Thought,” *Political Studies,* 20, no. 4 (December 1972): 392。荣誉服务于对个体自由的捍卫，尽管对孟德斯鸠来说，它并不服务于对每个人平等享有的个体自由的捍卫。这是当代自由民主对荣誉的重新加以利用之所以不同于孟德斯鸠的荣誉观的原因之一。自由民主的荣誉形式所服务的个体自由是在平等基础上对所有公民开放的。下文将会讨论这一问题。

境中保持相对稳定。它们同样在更一般的意义上说明了政治能动性的性质与条件。

如孟德斯鸠所述,荣誉是一种“人类激情”(passion),是一种欲望(desire),而非一种认知。但荣誉并不局限于最低等形式的欲望,因为尽管荣誉是自我服务的,它却绝不仅仅是自利;它是欲望,但绝不仅仅是嗜欲(appetite)。孟德斯鸠试图通过荣誉的概念重新确立更高级的欲望,正是这些高级欲望使古代的德性得以成为强有力的动机形式以及人类能动性的丰富源泉。但他在重新确立这种动机力量时,还力图抛弃古代德性所依赖的形而上学预设与目的论的目标,因为他认为这两者不但在哲学上令人怀疑,在政治上也不值得信任。因此与柏拉图
23 和亚里士多德相反,孟德斯鸠认可“虚假荣誉”,或者说与道德德性相分离的荣誉,至少在宪政君主制的政体中如此。他认为在这种情境中,对出人头地的孜孜追求、骄傲,以及对自尊的欲望能够刺激王权与贵族之间的对抗,造成对政治权力的限制,从而服务于自由。就制度层面而言,他的荣誉概念关注的是其工具性价值,而不在于其是否缺乏道德价值。为了强调这一点,孟德斯鸠提醒人们注意“虚假荣誉”令人厌恶的、很容易堕落为廷臣阶级的“虚荣”(vanities)的那些方面。但当他在讲述良心拒绝的一个早期案例(奥尔特子爵如何以一己之力抗拒其滥用权力的国王)时,孟德斯鸠显然试图让我们不仅仰慕荣誉的工具性价值,而且仰慕其道德内容。荣誉与道德德性之间关系的模糊性贯穿于孟德斯鸠的分析,因为正如我们将看到的,这种模糊性内在于荣誉本身。荣誉与德性紧密相关,但与德性并不等同。

第三章透过托克维尔的《论美国的民主》来考察荣誉。托克维尔展示了民主的后果所导致的对荣誉的抵制,但他同样指出了为什么民主需要荣誉,以及在美国社会中对荣誉的支持能够来自何处。为帮助个体自由对抗多数暴政与“温和专制”的双重危险,托克维尔试图在民主性格中鼓舞起那些与贵族风尚相关联、与旧制度荣誉相联系的品质。

勇气、骄傲、高亢而有原则的野心、对出人头地与自尊的欲求、对自我的义务感，以及对作为目的本身的对自由的热爱，这些在托克维尔看来都是支持民主自由的关键因素。今天的我们常常忽略了托克维尔对这些品质的兴趣，而倾向于关注他的公民德性概念中更平等主义、集体主义的方面[①]。但托克维尔对美国民主的描绘却指向这一无可回避的结论：同我们今天如此广受捍卫的、作为平等主义与集体主义的公民德性相比，与荣誉相联系的那些贵族品质对民主自由而言至少具有同等的重要性。对托克维尔而言，自由的核心是个体抵抗的精神，而不仅仅是参与或博爱[②]。要维持自由，所需的绝不只是公民德性，而是与传统荣誉紧密联系的品质[③]。而且尽管托克维尔强调，在美国，荣誉与民主的关系远不和谐，他还是鉴别出了一种特别“美国”的荣誉形式，并明确指出，许多与传统荣誉相联系的品质都能在美国找到，即便它们并非新政体下 24
占主导地位的动机。

① 托克维尔对与荣誉相联系的优秀品质的兴趣偶尔也有人注意到，但从未得到全面的阐述。见 Delba Winthrop, “Rights: A Point of Honor,” 载 *Interpreting Tocqueville's “Democracy in America,”* ed. Ken Masugi (Lanham, Md.: Rowman & Littlefield, 1991); Paul O. Carrese, “Judicial Statesmanship, the Jurisprudence of Individualism, and Tocqueville's Common Law Spirit,” *Review of Politics,* 60, no. 3 (Summer 1998): 465—496; Peter Augustine Lawler, *The Restless Mind* (Lanham, Md.: Rowman & Littlefield, 1993); James F. Pontuso, “Tocqueville on Courage,” 载 *Tocqueville's Defense of Human Liberty,* ed. Peter Augustine Lawler and Joseph Alulis (New York: Garland, 1993); and James Ceaser, “Alexis de Tocqueville on Political Science, Political Culture, and the Role of the Intellectual,” *American Political Science Review,* 79, no. 3 (September 1985): 656—672。

② Jean-Claude Lamberti, *Tocqueville and the Two Democracies*, trans. Arthur Goldhammer (Cambridge: Harvard University Press, 1989), 8f.

③ 因此尽管兰贝蒂认为托克维尔反对传统的封建荣誉，但他也认为托克维尔的著作整体上旨在将贵族式的价值注入民主。Lamberti, *Tocqueville and the Two Democracies*, 56. 相同观点见 Roger Boesche, *The Strange Liberalism of Alexis de Tocqueville* (Ithaca, N.Y.: Cornell University Press, 1987), 172; Joseph Alulis, “The Promise of Democracy and the Problem of Liberty,” 载 *Tocqueville's Defense of Human Liberty,* ed. Lawler and Alulis, 55; and Pontuso, “Tocqueville on Courage,” 97。

托克维尔所为之辩护的、与荣誉相联系的许多传统贵族品质，的确在事实上从一开始就帮助维护了美国的民主，正如第四章与第五章所要展示的那样。第四章考察了美国建国时期荣誉的意义与角色，并探究了南北战争前美国南方的荣誉的性质。正如我们已经注意到的，美国国父们在《独立宣言》中引入了荣誉这一概念，而且这个词在他们的言谈著述中出现得相当频繁。1830 年的托克维尔在第一代美国人中发现了比后面几代更多的荣誉[①]。我们将首先在他找到荣誉的地方对此加以考察，从华盛顿、杰弗逊、麦迪逊、汉密尔顿、约翰·亚当斯这些人的言行举止着手，思考他们如何看待荣誉以及他们在自身行动中让荣誉扮演怎样的角色。我们同样会考察荣誉的近亲，"对名望的热爱"，即汉密尔顿称为"统治着最高贵的心灵的那种激情"。"热爱名望"是荣誉在民主制下的另一种委婉表述，或者说对其一部分的委婉表述。它试图捕捉荣誉中包含的勃勃野心以及对出人头地的追求，而在清除了根深蒂固的等级制与旧世界贵族的外在诱惑之后，这种野心与追求便成为了政治能动性的强大引擎。本章将透过《联邦论》来考察国父们是如何看待荣誉及其热爱名望这一表亲在美国的新体系中将要扮演的制度角色。

虽说建国那代人的荣誉与《独立宣言》所阐述的自由及平等的原则有着明确的联系，荣誉在内战前的南方却是以对这些原则的拒绝为基础的。南方的荣誉在许多方面更接近于旧制度下的封建荣誉：归属性的社会地位、根深蒂固的等级制、对家系与血缘的强调、决斗，以及将控制他人视为自我控制的条件。它同时还深深卷入奴隶制之中。通过考察这种荣誉形式，我们可以看到荣誉的黑暗面，以及它的一些最严重的危险。南方的荣誉尤其展示了，当作为性格品质的荣誉服务于蕴含着深刻的不公正的荣誉准则时，以及与不受制衡的权力相结合时，其后

① 托克维尔，《论美国的民主》，上卷，第一部分，第八章；第二部分，第七章。

果将何其可怕。南方的荣誉让我们看清，荣誉并不总是值得仰慕的或者公正的，更不必然是自由主义式的。

或许因为它与旧制度、与军方的关联，荣誉如今在政治上带有某种保守的、甚至反动的味道。第五章展示了这些人们熟知的关联的局限 25
性。就连国父们的荣誉都是更具有创新性而非反动性的。事实上，建国一代人的荣誉还不仅仅是创新性的，而是革命性的，而且是在革命一词的最强意义上，因为这种荣誉是为捍卫一种全新形式的、“人类社会前所未见的”政治秩序而服务的，正如《联邦论》所言。美国式荣誉从一开始就（尽管并不总是）被用来捍卫改革与进步，因此我们绝不应该将它拱手让给政治反动派。荣誉在美国同样展现了一种更加一般的转变：从荣誉仅仅与作战中的英勇（或武艺的高超）相关，转向荣誉与通常会导致改革的那种政治上的勇气，或对信念的勇敢坚持之间的新关系。我们将通过考察美国的几位改革家（包括亚伯拉罕·林肯与弗雷德里克·道格拉斯、伊丽莎白·凯蒂·斯坦顿与苏珊·布朗内尔·安东尼，以及马丁·路德·金）所展示的荣誉的关键特征，来探索荣誉对美国民主改革的贡献。

本章中涌现出的荣誉是与伊丽莎白·凯蒂·斯坦顿所说的“自我主权”（self-sovereignty）相联系的，后者是对一个人自我管理（而非屈从于外在统治）的能力的骄傲断言，而这种外在统治可能来自另一个人，来自滥用权力的政治权威，来自一个人自身未加反思的嗜欲，甚或是来自自然与历史的非人格力量。荣誉在此激发了政治行动主义、改革、良心拒绝，以及公民不服从——与孟德斯鸠笔下反叛的贵族、托克维尔笔下独立的贵族一脉相承。那些有荣誉心的人在根本上拒绝相信他们是其环境的受害者。就这一点而言，荣誉带有某种程度的自夸，因为它比乍看之下其实更加依赖于环境或者说运气。举例而言，为捍卫自由而对能动性的非凡施展主要只在危机时刻才能涌现，因此其施展依赖于运气为其提供机遇的舞台[①]。而且因为荣誉涉及公共认可,因此它也在某种程度上(虽然说并不是完全地)依赖于同时代人的配合,以及后代人的回忆[②]。此外,荣誉还需要相应的配套条件,也正因为如此,孟德斯鸠才特别强调贵族阶层在结构上与经济上独立于王权这一点的重要性。虽然我关注的是荣誉的道德心理学,但政治与社会学因素同
26 样会对荣誉(以及个体能动性)造成影响。美国式的荣誉依赖于以如下形式存在的配套条件:公民权利与政治权利、自由主义政治制度、接受教育的渠道、社会认可,以及出人头地的机会。这里存在着循环,但并非恶性循环。作为性格品质的荣誉,与使其得以可能的诸种条件,两者之间是相互促进的。但荣誉对配套条件的需求也揭示出,它对自我控制的骄傲断言在某种程度上是夸大其辞的。荣誉依赖于自吹自擂式的对自身条件的遗忘,以及对其独立于环境的力量的程度之夸张。尽管如此,对人类独立性的夸张仍然是对环境真正力量的光荣回应,因为只有如此,对环境的抵抗才变得可以想象,由此能动性才变得可以想象,最后自治和个体自由也才变得可以想象。

此处所列出的例子当然并未穷尽荣誉在美国的各种显现,但它们无疑展示了其多样性与连续性,并且说明即便对于现代的民主公民而言,荣誉仍然是政治能动性潜在的强有力的发条。那些体现了美国式荣誉的伟大举动,在某些方面类似于孟德斯鸠笔下“士君子”的行动和托克维尔笔下“爱自由的贵族”的行动,但在别的方面则与其存在差别,并且自身内部也存在重大的多样性。美国式荣誉与其旧制度滥觞之间的一大差别与各自荣誉准则的特征有关。《独立宣言》所阐述的

---

① Peter McNamara, “Alexander Hamilton,” 载 *The Noblest Minds: Fame, Honor, and the American Founding,* ed. Peter McNamara (Lanham, Md.: Rowman & Littlefield, 1999), 157; C. Bradley Thompson, “John Adams and the Quest for Fame,” 载 *The Noblest Minds,* ed. McNamara, 91; and Paul Rahe, *Republics Ancient and Modern* (Chapel Hill: University of North Carolina Press, 1992), 566。

② McNamara, “Alexander Hamilton,” 151.

自由与平等的原则已经在美国构成了一种共同的荣誉准则的核心。与旧制度的荣誉准则相反,这种荣誉准则基于抽象权利的普遍原则,而非分别指导各个特殊行为层域的具体规定;并且它与一种共享的国家政治身份认同相关联,而非如旧制度下那般,系于超政治的、中介性的荣誉团体。这并非美国荣誉的唯一形式,但它是其一种重要的形式。如第六章所示,在美国公民社会的许多中介性团体中也可以找到其他较为片面的、与更特殊的准则相关联的荣誉形式,但与《独立宣言》相关联的那种荣誉形式却对美国的民主改革尤为重要,并为本研究提供了一个特别的关注点。这种荣誉形式本身也存在一定的变化。举例而言,尽管《独立宣言》为第四、五章中考察的大多数美国人提供了共同的行为准则,但内战前南方种植园阶级自我宣称的荣誉却是基于对《独立
宣言》原则明确的拒斥。19世纪中期的民主改革者同样挑战了美国荣 27
誉准则的意义,但不是通过否定其原则,而是通过声称《独立宣言》对自由与平等的承诺不止适用于白人男性有产者,而且应当同样适用于黑人男性,以及所有女性。这些挑战代表了荣誉的意义在美国的变化,尽管它们也反映了这些变化之下的连续性。它们同样显示了,尽管是与一个共享的准则相关联,但荣誉也常常与占据主流的道德共识或其中某些元素相斗争;事实上,荣誉作为民主改革源头的力量恰恰直接产生于这些斗争。

新荣誉与旧荣誉的差别还在于,尽管美国式荣誉依赖于贵族式的性格品质,但它并不像旧制度的荣誉那样依赖于政治上的不平等或世袭制的社会秩序。在美国,公共荣誉是要靠努力赢得的,而不是靠世袭获得,而且就算一个人赢得了公共荣誉,也并不因此有资格多投一票,或者是获赠一个政治职位。荣誉的民主形式与政治平等,以及社会中机会的大致平等是共存的[1]。公共荣誉分配上的这种差别,通过强调个

① 或者托克维尔所谓的“条件的平等”,意思是不存在一个固定的、世袭的等级制。

体行动与良心甚于地位，而影响到作为性格品质的荣誉；相比于旧制度下的荣誉，这些特征在美国式荣誉中体现得更为显著。当公共认可特别不可靠的时候，比如对于边缘化群体的成员而言，这种差别就更加突出了，结果使得荣誉中与良心相关的方面，尤其是对自我的义务感和对自尊的欲求，在这些章节所考察的女性与黑人改革家身上起了绝对主导作用。

尽管有着这些差别，但作为性格品质的荣誉，其关键特征仍保持着相对的恒定，不论是在从旧制度到新政体的转型中，还是在美国体制内部的变化过程中。首先，荣誉一直将个人野心与有原则的行为准则相互结合。这些准则的具体内容可能有所变化，但荣誉的一个界定特征是，对一系列独立于意志或嗜欲的原则的敬畏，总是限制着、指导着、升华着追求出人头地的勃勃野心。不过，尽管荣誉是种有原则的动机，但它也不能简单等同于对不偏不倚的理性的运用。荣誉准则也许会服从于不偏不倚的理性的审查，但荣誉本身从来不是真正不偏不倚的，因为它永远是既与个人的出人头地相关，又与一系列特殊的原则相关。而
28 且不论一个人的准则中所包含的原则多么具有普遍性，作为性格品质的荣誉总还在更深的意义上保有某种不可还原的片面性，即它将对一个人的原则的捍卫视为此人自身自尊的条件。对自尊的片面欲望反映了位于荣誉核心处的自我关切，正是这一点将荣誉与利他主义区分开来，无论荣誉的准则可以多么具有一般性。

荣誉的第二个不变特征是勇气的元素，尤其是对侵蚀性权力的勇敢抵抗。在孟德斯鸠笔下，荣誉的这个方面主要与贵族阶级为其政治特权而对王权的抵抗相联系。托克维尔对现代民主的阐释在这方面明确依赖于荣誉的遗产，强调对民主权利的捍卫需要与荣誉相联系的、贵族式或英雄式的勇气，以抵抗多数意见的暴政和温和专制的幽灵。美国式荣誉保留了骄傲，而骄傲则是旧贵族得以支持勇气的那种自我重要感的遗绪。在民主式荣誉中，骄傲容易被低估，被掩盖在美国式的光

荣公民的常常是谦卑的起点与平等主义的目的之下，并被他们经常表现出的对其同胞意见的"认真倾听"所冲淡。不过，尽管有荣誉心的美国人的举止往往比旧制度的"士君子"更加谦逊，但他们的行动仍旧反映了托克维尔认为对民主自由的保全如此重要的"对自身以及对人性的高度评价"。尽管固定社会阶层的排他性特权早已荡然无存，但荣誉仍然只属于一小部分人，属于个体中能够在危机来临之际焕发出非凡的勇气对原则加以捍卫的那些自然贵族们。

荣誉的第三个不变特征在于它强调对自身的义务感。有荣誉感的行动只有通过义务或责任，而非利益，才能得以理解，尽管在荣誉与利益之间存在重要的联系。举例而言，两者都是以自我为导向的，并且都对个体关切和个体判断赋予了优先地位。两者都不直接追随公共意志或者集体善。但两者之间同样存在着重要的差别。荣誉感在某些方面具有绝对性，而不仅仅是工具性。作为原则问题，有些事情是有荣誉感的人无论如何都不会去做（或者无论如何都必须做），不管这些事情的后果如何。相反，无论我们把利益的动机解释得多么广泛，它在根底上永远是毫不含糊的工具主义。而尽管荣誉的某些维度（比如对自尊的 29
欲望，以及对因为践行自身的准则而得到公共认可的欲望）可以从工具性的角度加以解释，但荣誉的这些方面却和其非工具性的、绝对性的意义（践行自身的准则是一个人**必须**做的事情）是不可分割的。而这也表明了荣誉与利益的另一个重要区别：与利益不同，荣誉内在地蕴含了对原则的附着。利益和原则或许会有联系，但这种联系并非必须；然而没有原则的荣誉却不再成为荣誉。

尽管如此，荣誉（与利益一样）仍然总是更多地与一个人应当为自己做的事情相关，而不是与他应当为他人做的事情相关。这也是其与许多当代责任理论中隐含的利他主义有所区别的原因所在。此外，尽管与良心或正直之间有某种家族相似性，但荣誉却包涵着一种独特的公共人格：它受到公共的行为准则（而不仅仅是内心关于正确的标准）

的指导，寻求公共的认可，并且尤其以公共行动为指向。诚然，随着荣誉在从旧制度到新政体的转型中变得越来越民主，其内在与外在维度的相对比重也在发生变化。更一般地说，荣誉的民主化及其对良心的愈发强调，使得荣誉越来越靠近于正直和道德德性，尤其是在体现政治勇气或信仰勇气的荣誉案例中。但即便在这些案例中，荣誉也不能简单等同于德性。荣誉的独特性，部分是因为与德性相比，荣誉是与行为的一般规则相联系的；部分是因为荣誉从未完全地超越个人野心和对外在公共名誉的关注；还有部分则是因为它从不意味着灵魂的完美。

此处分辨出的美国荣誉的诸种形式结合了旧制度与新制度的方方面面。它们超越了孳生出“现代人”的大革命所引入的巨大分野。或者说它们部分地超越了这种分野。美国式荣誉是**美国式**的，在这个意义上，它是独一无二的，不同于旧制度荣誉；但美国式荣誉同样仍旧是**荣誉**，因而在许多关键方面保持着一贯性与可分辨性。本书各章中所探讨的荣誉同样超越了当代美国政治中左派和右派之间的党争分野。由于荣誉既需要配套条件，又呼唤英雄品格，因此荣誉概念有助于我们以特定的方式看待政治能动性，这些方式避免了某位论者所说的“右
30 派的巨大弱点（未能相信制度与社会条件真正影响到我们的选择与生活机遇），以及左派的相应失败（不能想象在巨大逆境与压迫的条件下生活的人们如何能够创造一个自由的空间并在此之中行动以改变其人生）”。[①] 荣誉动摇了左派与右派各自的期望。荣誉以托克维尔的方式超越党派，后者试图在现代民主中注入某些贵族品质——不是为了消解民主，而是为了维持民主。荣誉提醒我们想起自身拥有的、在现代人兴起后仍旧留存下来的贵族品质，并召唤我们面对自由民主制对这些品质的需求。它还同样超越了另一个分野，即当代在自利与自我牺牲之间的二分。荣誉对当今的我们尤其具有启发性，因为它将个人野心

① Richard H. King, *Civil Rights and the Idea of Freedom* (New York: Oxford University Press, 1992), 124.

与有原则的高贵目的相联系，从而使正确的行动变得可欲。它因此将一大类动机引入了我们的视野，为当下关于道德心理学和政治能动性的思考添加了深度与复杂性。但是，如果说此处提供的荣誉概念超越了许多分野，它作为一个对能动性的说明，却仍然是片面的。对于当今美国弥漫的对能动性的低靡感，荣誉并不声称能够提供全面的解决方案。它无法取代诸如自利、公民德性、团结、信仰、友谊、爱等等各种动机，或者人类能动性的其他许多源泉中的任何一种。荣誉不能取代它们，但可以为它们添砖加瓦。而它所添加的在哲学上与政治上都具有重要性，因为它呼唤我们回到我们自身以及我们政治体中早已被遗忘或者不再得到理解的那些方面，那些我们的自由无法不依赖的品质。 31

# 第二章

# 旧制度中的荣誉以及对自由的捍卫

荣誉与旧制度的联系导致许多人认为它没有资格参与到新世界的民主政治之中。但是如果说法国大革命极大地摧毁了旧的秩序,它却并没有改变人性,或者扭转政治权力的侵蚀性质。正因为能动性与权力的根本性质都未曾改变,所以尽管孟德斯鸠的荣誉概念植根于18世纪法国的君主宪政制度,但在如今却仍旧具有启发意义。诚然,旧制度与新制度之间,除了存在连续性,也切切实实存在着差异性,而荣誉也不可能不受这些变化的影响。但是这些连续性毕竟相当重大,而且我们对其的熟悉程度远远不如我们对差异性的熟悉。我们几乎完全是以与革命前的政体形式相对立的方式来界定现代民主政制(以及现代民主灵魂),这种做法忽略并最终掩盖了某位作者所说的民主制中“残留的贵族特征”[①]。这些贵族特征乃是现代民主的重要资源,事实上,它们重要到倘若缺少这些特征,民主就将陷入无法自我维持的地步。正如个体权利、公民社会的中介性团体,以及权力的分立一样,荣誉也是自由民主制须臾不可离的贵族制遗产的一部分。

本章将阐释孟德斯鸠的荣誉观,以此说明出人头地的野心如何刺

① Andreas A. M. Kinneging, *Aristocracy, Antiquity, and History* (New Brunswick, N.J.: Transactions, 1997), esp. 319.

激着对侵蚀性政治权力的有原则的不服从。他对荣誉的理解与第一章中所阐述的三分图式相一致，包括了诸种公共荣誉、荣誉的准则，以及作为一种性格品质的荣誉。尽管孟德斯鸠对革命甚至急遽的改革并无 32
好感[①]，他还是认为对权力滥用的热忱抵抗对个体自由而言至关重要，并将荣誉视为这种抵抗的驱动力。基于这一理由，孟德斯鸠笔下的荣誉曾被人称为“对权威的公开反叛”[②]、某种形式的“有调控的不服从”[③]、“干涉”[④]，甚至“无政府”[⑤]。孟德斯鸠笔下的荣誉之人通过其不服从而将自身与其他人区分开来，而人与人的区分以及不服从的政治正是温和君主制的特征，分割并从而限制了政治权力。对孟德斯鸠而言，对权力的限制是自由的本质，也是对个体安全的最佳保障。一位阐释者曾说孟德斯鸠“在对待荣誉上态度优柔寡断”，这恰恰反映了荣誉模棱两可的道德特征，因为即便在最闪光的案例中，荣誉也展现着混合的动机[⑥]。如果说孟德斯鸠笔下的荣誉在某些时候近乎亚里士多德所谓的伟岸

① “在启蒙时代，人们即便在行最大的善举时也是战战兢兢。我们感受到旧时代的弊端，同时也看到了纠正这些弊端的做法；但我们同样看到了这种纠正本身的弊端。若我们害怕发生更糟糕的事情，就该容忍原有的弊端；若我们对更好的事情抱有怀疑，就该认可原有的好处。”（《论法的精神·序言》）

② Michael A. Mosher, “The Particulars of a Universal Politics: Hegel’s Adaptation of Montesquieu’s Typology,” *American Political Science Review,* 78, no. 1 (March 1984): 180; Corrado Rosso, *Montesquieu moraliste* (Bordeaux: Ducros, 1971), 100; and David Carrithers, “Montesquieu’s Philosophy of History,” *Journal of the History of Ideas,* 47, no. 1 (1986): 76.

③ Louis Althusser, *Politics and History: Montesquieu, Rousseau, Marx,* trans. Ben Brewster (London: Verso, 1982), 80; Mark Hulliung, *Montesquieu and the Old Regime* (Berkeley: University of California Press, 1976), 179; Lawrence M. Levin, *The Political Doctrine of Montesquieu’s Esprit des Lois: Its Classical Background* (New York: Columbia University Press, 1936), 104.

④ Ford, *Robe and Sword,* 20.

⑤ Rosso, *Montesquieu moraliste,* 100.

⑥ Levin, *The Political Doctrine,* 103f. 关于在判定孟德斯鸠是否认可荣誉这一问题上的困难，亦可见 Paul Vernière, *Montesquieu et L’esprit de lois ou la raison impure* (Paris: Société d’édition d’Enseignement Supérieur, 1977), 68。

( magnanimity )[1],那么在另一些时候它又好像只不过是“为了能够瞧不起别人”而已[2]。这种复杂性使得荣誉难以刻划。它无法简单还原为自利,即便是充分理解的自利。部分因为荣誉可以激励一个人牺牲自己最根本的利益,部分也因为荣誉具有原则性与绝对性的品质。与此同时,孟德斯鸠笔下的荣誉也不可与当代的公民德性相混淆,因为虽然荣誉有时涉及个人的牺牲,但与公民德性不同,其目的并不直接指向公共善。与公民德性相反,而与利益相似,荣誉首先是服务于自我的。此外,在孟德斯鸠看来,荣誉的功能并非激励作为目的本身的政治参与,而是唤起对权力滥用的抵制。

人们对孟德斯鸠的荣誉概念一直缺少持续系统的关注[3]。这种忽略一方面反映了在当前的概念框架基础上对荣誉加以归类的难度,另一方面也体现了民主对于看似具有贵族性质的概念的不满。故而荣誉一直被掩盖于孟德斯鸠关于共和主义德性( republican virtue )的陈述之下,因为后者似乎正是卢梭“公意”( general will )观念之滥觞,从而似乎更直接地面向当今的民主公民陈说。然而在孟德斯鸠的理论中,制约侵蚀性的政治权力、从而为个体自由服务的,其实是荣誉,而不是共和主义德性。由于荣誉能够分割政治权力,甚至支持一种新生的分立
33 权力形式,荣誉概念对孟德斯鸠的自由主义整体上的重要性,比先前研究者所认识到的要大得多。荣誉既反映了他“有限政府的制度需要热忱捍卫”的信念,也反映了他对将这一任务指派给德性的迟疑。

① Anne M. Cohler, *Montesquieu's Comparative Politics and the Spirit of American Constitutionalism* (Lawrence: University Press of Kansas, 1988), 91.

② Hulliung, *Montesquieu and the Old Regime,* 30.

③ 几乎每位讨论孟德斯鸠的人都提到过荣誉,但大多数都只是一笔带过。一个例外是迈克尔·莫舍,他就孟德斯鸠的荣誉概念本身做过有趣的探讨,见“The Judgmental Gaze of EuropeanWomen: Gender, Sexuality, and the Critique of Republican Rule,” *Political Theory,* 22, no. 1 (February 1994), esp. 38—40, 以及其“Monarchy's Paradox: Honor in the Face of Sovereign Power,” 载 *Montesquieu's Science of Politics,* ed. David W. Carrithers, Michael Mosher, and Paul A. Rahe (Lanham, Md.: Rowman & Littlefield, 2001), chapter 4。

本章首先简要叙述荣誉在孟德斯鸠的政体分类框架中所处的位置，然后详细阐明作为性格品质的荣誉的四个特征：高亢的野心、敬畏与反身性之间的平衡、片面性，以及对认可与抵抗的混合。荣誉准则的实质内容，以及分配公共荣誉或认可的体系，或许都会随着政治社会的不同而变化；但此处所阐明的、作为性格品质的荣誉的形式特征，则更具有恒常性。荣誉的这些方面在不同情境中相对保持固定。并且它们也显示了政治能动性（尤其是在面对显而易见的风险与不确定的收益时为支持个体自由而强力施展能动性）的更一般的性质与条件[①]。

---

① 孟德斯鸠本人并未使用“能动性”这个词，但是它抓住了人类有能力行动（而非仅仅对外界力量做出反应）这样一层意思，而这种能力在孟德斯鸠看来正是自由的基础，是专制的令人仰慕的对立面。即便他罗列了诸多约束人类行动的复杂条件（社会条件、文化条件、经济条件、地理条件等等），但是孟德斯鸠坚持认为“人……必须指导他自身”（《论法的精神》，第一章，第一节）。他拒绝如他的某些前辈以及某些同时代人那样用主宰物质世界的因果法则来解释人类行动：“一位伟大的天才（斯宾诺莎）曾经向我赌咒，说我将像一只昆虫一样死去。他觉得把我看成只不过是物质的一种变型，乃是对我的一种抬举。他使用了一种几何学序列，以及某些据称相当强（但在我看来相当含混）的理由，来把我的灵魂抬举到我肉体的尊严的地步；他抹杀了我的精神所包涵的广阔空间，只给我留下一具肉体，以及宇宙中四到五尺的空间。”孟德斯鸠认为这种试图将人类行为消解在机械论—唯物主义框架中的做法乃是试图“摧毁内在于我的自由”[Montesquieu, *Mes pensées,* 载 *Oeuvres complètes,* ed. Roger Caillois (Paris: Gallimard, 1949—1951), vol. I, no. 615(1266), 1138]。人类行动不能够在与决定“昆虫”的飞行的那些因果关系相同的基础上加以解释，因为（孟德斯鸠认为）人类具有灵魂和精神。正是由于灵魂和精神的存在，所以“理智世界……与物理世界不同……并不恒常地依循其法则。”尽管“个别的理智存在物均受其本性的限制，从而会犯错误”（第一章，第一节），但人类行为的不确定性并不仅仅来自错误。即使人类拥有完美的理性，他们的行动也仍然不会是完全可预测的，因为“他们的本性就在于依其自身而行动”（第一章，第一节）。因为我们拥有今天称为能动性的那种能力，所以人类行动是欠定的。

用诸如“能动性”这样的当代词汇来阐释较早时代的文本，的确有可能会使得文本自身的意义受到我们当代联想与偏见的遮蔽和扭曲。因此对这类词汇的运用必须慎之又慎。但是如果对它们的使用是准确和谨慎的，那么就能够以重要的方式阐明文本的内涵。此处“能动性”一词就是有用的，因为它为考察道德心理学、动机、行动等问题提供了一个焦点。本书假设人类能动性的某些特征不随时间与文化而变化，并且假设出于这个原因，我们有可能从早先的哲学家比如孟德斯鸠那里获得关于能动性的启发。在使用其

## 荣誉在旧制度中的位置

孟德斯鸠的政体分类学鉴别出了三类政府，每一种都有自己的"性质"与"原则"[①]。一个政府的性质是"使其成为其所是的那种东西，而其原则则是使其运作的那种东西。前者是其特定的结构，而后者则是使其运作的人类激情"（第三章，第一节）。共和国的性质是人民主权，其原则是孟德斯鸠所称的"政治德性"；专制是在专断意志基础上的一人统治，其原则是恐惧；君主制是依照既定不变的法律施行的一人统治，其原则是荣誉。这三种政体中的每一种都只能作为"整体"，即作为其性质与原则的统一而存在[②]。举例来说，只有使人民惧怕其统治者，专制制度才能够维持，因为无所畏惧、自视甚高的个体们"将有条件发动革命"。因此恐惧必须击溃所有人的勇气，消磨自尊甚至所有微不足道的野心（第三章，第九节）。没有恐惧这种"促使其运作的激情"的支持，专制的制度配备也便无以为继。相似的，没有了孟德斯鸠称为政治德性的东西，共和国也不能存在下去。在缺少君主或专制者的情况下，人

他当代词汇，比如"反身性"和"认可"，作为分析古代文本的工具时，我也会慎重地解释这些词汇在原始文本本身的语言中所表达的观念。用诸如"能动性"、"反身性"、"认可"这样的词汇来澄清写于较早时代的文本的做法是有受人承认的先例的，比如（略举几例）Charles Taylor, *Sources of the Self* (Cambridge: Harvard University Press, 1989); Alexander Nehemas, *Nietzsche: Life as Literature* (Cambridge: Harvard University Press, 1985); and Seyla Benhabib, *Critique, Norm, and Utopia* (New York: Columbia University Press, 1986)。

① 孟德斯鸠，《论法的精神》，第三章，第一节。孟德斯鸠事实上列举了四种政府类型，因为他注意到一个共和国可以是民主式的也可以是贵族式的（第二章，第四节）。尽管他区分了这两者，但他把重点放在了民主式的共和主义上，认为"贵族制越接近于民主制，则越趋近于完美"（第二章，第三节）。在整个分析中，民主式共和主义都被当作典型形式，而且自我弃绝的民主德性，而非贵族式的"节制"，也被当作一般而言共和主义的界定原则（譬如见第五章，第二节）。自此以下，我将以章、节数的方式引用《论法的精神》，并用括号将其直接插入行文中。

② Althusser, *Montesquieu, Rousseau, Marx*, 46.

民必须自觉做那些其他时候要由强有力的中央权威强迫他们去做的事。具体来说，他们必须热爱平等与法律，以约束自己不去伤害他人，他们还必须使个人利益服从于共同善，以（通过服兵役等方式）捍卫国 34
家的利益（第五章，第三节）。对孟德斯鸠而言，共和主义德性的本质就在于一直将公共利益放在个人利益之上，甚至完全地“弃绝自我”（第四章，第五节）。做不到这一点，共和政府的制度就会崩溃；失去其原则，其性质也将解体。

这里我们有必要停下来仔细考察一下孟德斯鸠对共和主义德性的处理，因为后者为他的荣誉概念铺平了道路，并且有助于澄清这一概念。孟德斯鸠在该书前言中区分了他所谓的“古代共和国的政治德性”与“道德德性”：“要想理解本书前四章的内容，读者必须认识到，我所称作‘共和国中的德性’的，乃是对祖国的热爱……这完全不是道德德性，或者基督教的德性”（《论法的精神·作者前言》）。他在《论法的精神》的开头几章里也不时地重申这一区分（第三章，第五节注释；第四章，第五节；第五章，第二、四节）。之所以要如此强调这一点，乃是因为他当时的读者的确会把未加具体说明的“德性”一词等同于道德德性与基督教德性[1]。孟德斯鸠的区分，部分是为了强调当他使用这个词时，政治德性是工具性的而非整全性的。另一方面，也是为了化解读者对他就德性进行一般性批判所持有的敌意[2]。事实上，当时许多读者，包括《教

---

① Andrew J. Lynch, “Montesquieu and the Ecclesiastical Critics of *L'esprit des lois*,” *Journal of the History of Ideas*, 38, no. 3 (July—September 1977): 490.

② 孟德斯鸠写这番话时脑中所想的既有宗教审查者也有政治审查者。他在其《随想录》中抱怨了“君主们扶植的、操纵着所有笔杆子的审查者们”［no. 1456(1525), 1342］。事实上，他说，“自从印刷出版的发明以来，就不再有真正的历史了。从前君主们对此并不上心，警察们也不关注（书籍）。如今所有书籍却都要经受警察的审查，而他们建立的却又是自由裁量的规则。违背这些规则就是冒犯。人们从中得知，他们对君主的谈论构成了对君主的冒犯。而在以前，君主们对此并不关心；人们于是可以说出真相”［*Mes pensées*, no. 1455(1462), 1342］。他的确有理由担心冒犯国王与教会，一方面是出于对自身安全的担忧，另一方面也是因为希望自己的书能够被人阅读。当然，安全的确是一种

会新闻》在内，都曾将孟德斯鸠对政治德性的批判解读为对道德德性与基督教德性半遮半掩的攻击。当然神职人员对这一批判的解读并非一无是处。孟德斯鸠的确曾在别处明确地将政治德性等同于基督教德性，比如他曾通过描述基督教僧侣的自我牺牲来阐明“政治国家中的德性所谓何物”（第五章，第二节）。类似的段落说明教会人士对他的批评并非无中生有，而且更晚近的评论也支持了这种怀疑[①]。对孟德斯鸠而言，所有德性，无论政治德性、道德德性、智力德性、或宗教德性，其真实效果都是自我弃绝，亦即对尘世诸善，以及对作为以涉身方式存在的个体的各种具体欲望的全然忘怀[②]。他通过批判德性来展示任何一种以自我弃绝为基础的政体的危险性，从而延续了他的“现实主义”先驱（马基雅维里和霍布斯）所发起的对古典以及基督教政治哲学的攻击。尽管他的政治结论比这两位要节制许多，但对他来说，通往政治节制的道路却必须从对人性的现实主义评估开始，而且永远不能抛开这样的评估。

35 孟德斯鸠将德性描绘为自我弃绝，这和古典的德性观显然是大相

---

考虑。有证据表明，他的朋友曾经因为担心可能造成的反响而建议他不要出版《论法的精神》[George Saintsbury, *French Literature and Its Masters* (New York: Alfred A. Knopf, 1946), 88]。当此书最终于1748年出版时，伏尔泰已经被监禁，而狄德罗也将于次年被囚禁于温森古堡［见 Solange Fricaud, “Pour qui est écrit *L'esprit des lois*?”, 载 Joel Askenazi et al., *Analyses et réflexions sur Montesquieu* (Paris: Edition Marketing, 1987), 181］。孟德斯鸠很小心地以匿名方式出版了此书，而且是在日内瓦而非法国境内出版，但是即便如此，他还是因为“蔑视”王权而遭到索邦大学的警告，此书也被教会宣布为禁书［Kingsley Martin, *French Liberal Thought in the Eighteenth Century* (London: Turnstile Press, 1954), 167］。我们今天往往期望并且奖励明白晓畅的行文方式，并对其他的写法抱持怀疑态度，但是孟德斯鸠却并不期待因此获得奖励，而是要采取相应的写作笔法。

① 比如罗索就得出结论说“孟德斯鸠对政治德性与道德德性的区分从未使任何人信服”。Rosso, *Montesquieu moraliste,* 119. 持相同立场的有 Pierre Manent, *The City of Man,* trans. Marc A. LePain (Princeton: Princeton University Press, 1998), esp. 21—28; and Harvey C. Mansfield, Jr., *Taming the Prince* (Baltimore: Johns Hopkins University Press, 1993), 225ff。

② Mansfield, *Taming the Prince*, 224—225.

径庭的[①]。在亚里士多德笔下,政治、道德、智力德性都是自我实现的形式,而非自我弃绝的形式。德性带来幸福,好人有追求德性的欲望。公民们有充分的理由为了政治德性的要求而自我牺牲,因为这些牺牲为他们打开了通向自身更高幸福的大门。这么做只不过是为了更高的善而放弃了较低的善。类似地,一个好的基督徒是为了彼岸的更完满的愉悦而放弃属于此岸的任何东西(第二十四章,第十一节)[②]。在这两类情况下,对以涉身方式存在的个体的具体关切加以抛弃的要求,都是通过超越肉身之上的回报而辩护的。当孟德斯鸠将政治德性(以及暗暗地将所有德性)简单等同于自我弃绝时,他的意思是,对于共和国公民或更一般的有德性的人的牺牲来说,并不存在这样的回报,或者这样的回报并不能为这种牺牲的正当性辩护。他在这一问题上的立场来自两点考虑。一是他对古代目的论之恰当性的由衷怀疑。根据古希腊的学说,德性所要求的自我弃绝之所以能够转化为其所允诺的自我实现,乃是通过德性对人类目的的实现。如果这种目的论并不恰当,甚至可疑(如孟德斯鸠怀疑的那样),那么德性所允诺的自我实现就成了无源之水,而自我弃绝也就成了德性唯一剩下的东西。

将德性等同于自我弃绝的第二个原因涉及到一个历史考虑,而非形而上学考虑。在孟德斯鸠看来,现代世界与古代世界的一大区别在于行为的道德政治标准的多元性这一事实。他在一处关于政治德性的段落中提到了现代的多元性状况,指出“今天我们接受着三种不同或相

---

① 关于孟德斯鸠理论中的共和主义德性与亚里士多德笔下的政治德性之不同,可见 Thomas Pangle, *Montesquieu's Philosophy of Liberalism: A Commentary on "The Spirit of the Laws"* (Chicago: University of Chicago Press, 1973), esp. 56—65。

② 孟德斯鸠的这段话从表面上看是在谈论穆斯林,但他的意思其实包括了基督徒在内,因为他在第十四章第十九节中曾经就同一问题明确地提到了基督徒,说“基督教……让我们寄希望于一个我们所相信的状态,而非我们感受到的或者我们所知道的状态;每件事情,包括复活,都把我们导向精神观念”。在接下来他称为“同一主题的继续”的第十四章第二十节里,讨论对象又变回了波斯人。在为了来世而放弃此世这个方面,孟德斯鸠明显认为伊斯兰教与基督教是毫无二致的。

反的教育：我们父辈的教育，我们学校教师的教育，以及这个世界的教育”，并将这种现代多元性与古代生活特有的单一性相对比（第四章，第二节）。他在另一处指出，“我们有着三位几乎从不达成一致的护民官：法律、荣誉，以及宗教”[1]。孟德斯鸠将这种多元性视为现代生活无可挽救的事实加以接受，其无可挽救很大程度上是由基督教的传播与现代商业的兴起共同导致的。我们有理由认为孟德斯鸠不仅接受而且赞许这种多元性，因为规范标准的多元化，与政治权力的划分一样，都倾向
36 于鼓励节制[2]。而多元主义的历史事实恰恰构成了“德性一般而言对现代人仅仅意味着自我弃绝”的第二个原因，因为多元主义削弱了将德性的自我弃绝转化为自我实现的目的论预设[3]。

孟德斯鸠所描述的共和主义德性并不志在希腊目的论所设立的高级目的，而是试图实现一般性的目的[4]。自我弃绝被理解成为了政治共同体的共同“自我”而牺牲个人的特殊自我，而非为了个人灵魂中更高级的部分而牺牲较低级的部分[5]。但是从早期自由主义的立场（亦即孟德斯鸠这里采纳的立场）来看，共和主义公民的牺牲、基督教僧侣的牺牲、古代哲学家的牺牲，都是同样空洞的。从这种视角出发，具体的、

① Montesquieu, *Mes pensées*, no. 1905(51), 1458.

② 孟德斯鸠所捍卫的多元主义的程度要比主宰当今美国的那种多元主义来得低，不过仍旧相当可观。关于孟德斯鸠的温和君主制如何维持一个“内部分化的社会，通过这种分化来阻止文化霸权的主张”，对这一问题的深入讨论可见 Mosher, “The Judgmental Gaze,” esp. 39。

③ 曼斯菲尔德也指出，仅仅具有政治性的、或政治工具性的德性无法指出何为德性的目的——“是发扬自我，还是压抑自我？” Mansfield, *Taming the Prince,* 226.

④ 出处同上，224—225。

⑤ 此处孟德斯鸠预示了卢梭的“公意”概念，尽管他并不分享卢梭对此毫无拘束的热情。许多评论者都意识到孟德斯鸠的共和主义德性概念种下了“公意”的种子。譬如见 Judith Shklar, “General Will” 载 *Dictionary of the History of Ideas,* ed. Philip P. Wiener (New York: Scribner, 1973—1974), II, 275; and Pangle, *Montesquieu's Philosophy of Liberalism*, 57。

涉身的自我才是重要的，至少在政治中是如此[①]。在这种观点看来，哲学家、基督徒、共和主义公民的德性的共同点就在于对压抑着涉身自我的个别利益的某种统治（即便是自我统治）的服从。正因为放弃了个别利益，这种服从就丧失了能够为之辩护的目的：所有这些德性都是空洞徒劳的[②]。事实上，这些德性比空洞徒劳更糟；它们还会导致极端主义，因此具有相当的危险性。在《政治国家中的德性所谓何物》一章中，孟德斯鸠以最耸动的方式将政治德性与基督教德性联系起来，并论及两者导致的极端主义：

> 我们越是不能满足自身个别的激情，就越是会放弃自身而服从于对一般事物的激情。为什么僧侣能如此热爱他们的戒律？恰恰是出于这些戒律使得他们无法忍受的相同的原因。他们的规则剥夺了所有日常的激情赖以存在的东西；因此剩下来的只能是对使他们如此痛苦的这种规则本身的激情。这一规则越严酷，亦即越是灭其人欲，则它越是强化了人欲消灭之后剩下来的那些东西。（第五章，第二节）[③]

如果说孟德斯鸠将德性简单等同于自我弃绝是与古典以及基督教的德性观分道扬镳，那么这种做法意在阐明关于这些德性形式之效应的更深层的真相，无论这些德性的意旨如何不同，它们的效应却毫无二

① 这并不是说早期自由主义把此世的、具体的肉身关切（尤其是自我保全的利益）视为人类的唯一目的或者最高目的，而是说早期自由主义将此世的、具体的肉身关切视为政治的唯一正当的目的。对于洛克理论中的政治的目的，Peter C. Myers, *Our Only Star and Compass: Locke and the Struggle for Political Rationality* (Lanham, Md.: Rowman & Littlefield, 1998) 一书作了细微的、但与我的看法略有不同的阐释。

② Manent, *The City of Man*, 27, 以及参见 28—36。

③ 关于这段话如何预示着尼采的"奴隶道德"观念，可参考如下讨论：Richard Myers, "Christianity and Politics in Montesquieu's *Greatness and Decline of the Romans*," *Interpretation*, 17, no. 2 (Winter 1989—1990): 223—238。

致。所有这些德性都导致对人类个别性以及私欲的压抑。对于现代人，这种感觉无异于痛苦的自我否定，因为现代科学理性的怀疑主义与现
37 代正当标准的多样性早已使曾经用来减轻德性痛苦的诸善变得疑问重重。而德性所要求的自我否定，其政治效应恰恰是极端主义，后者又导致政府的不节制与人身的不安全。

荣誉概念与德性一样，都指称一种性格品质、一种动机形式、一种个体能动性源泉，但却专门用来应对现代政治的新状况。孟德斯鸠对荣誉的论证很大程度上接受了霍布斯对单一的“至善”的否定，至少是对其作为政治事务的否定。他的论证也同样拒绝了古代生活在道德与物质上的严酷——孟德斯鸠认为这种严酷生活必须让位于现代阶段的“更宜人的生活方式”。在怀疑主义与多元性的新条件下，在对舒适生活的新期望下，“人们感觉到必须有其他的习俗存在”（第七章，第四节）。荣誉不是立基于自我弃绝，而是立基于自爱、野心，以及让自己出类拔萃的欲望。它反映了现代习俗以自我为中心的性质；它意在服务于一种自由主义的或曰有限的政体，而非救世主义的政体，同时它又契合了人性中最根本的特征。诚然，荣誉的确预设了某种目的论，但它所预设的这种目的论只是部分的。作为一种性格品质的荣誉相容于多种不同的关于善的观念，以及多种不同的关于正当的道德政治标准。荣誉的目的论将自我控制摆在卑躬屈膝之上，但其本身并不界定自我控制的能动者所追求的目的。此外，由于对荣誉的体验较之德性不那么严酷，又由于荣誉与现代宪政秩序相联系，因此孟德斯鸠认为它的效应相比于他所谓的德性而言更加节制。荣誉概念使得孟德斯鸠能够以比之前的自由主义者更加细微的方式讨论性格（个体能动性的源泉与服务于自由主义政治制度的动机形式），同时能够很大程度上规避希腊人与基督教的整全的目的论。由于节制是他在政治中的首要追求（第二十九章，第一节），他力图避免德性（至少在现代人看来）所意味的对个别利益与私欲的压迫，以及往往与之相伴随的狂热。

在孟德斯鸠的理论中，荣誉栖居于宪政君主制的政府之中，并服务于作为这种政体的核心的权力分割。君主制的结构包括了介于国王和其臣民之间的“中介性团体”。这些团体调节着政治权力的流动 38
并限制着权威的运用，因为“要想形成一个节制的政府，人们就必须把诸种权力结合起来，调控之，驯顺之，使之动作；换言之，让人在某个位置放一砝码，以平衡另一个砝码”（第五章，第十四节）。中介性团体通过调节主权者的意志而支持法治，因为倘若主权者的权威得不到限制，就不会有什么固定不变的东西，也就不会有基本的法律。这些中介性团体包括领主、神职人员、贵族，以及城镇。其中每一类都被认为是能够“限制（arrête）专断权力”的“独立”权力（第二章，第四节）。这些中介性团体提供了替代性的权威位点，能够用来抗争国王对权力的运用[①]。在这些团体中，孟德斯鸠尤其强调贵族的作用，声称“贵族以某种方式介入了君主制的本质，其基本原理是：没有君主，就没有贵族；没有贵族，就没有君主。倘若没有贵族，就只有专制者”（第二章，第四节）[②]。

① 见 Ford, *Robe and Sword*, 7。在贵族如何站在国王与平民之间的问题上，可参考 Gabriel Loirette, “Montesquieu et le problème, en France, du bon gouvernement,” 载 *Actes du congrès Montesquieu réuni à Bordeaux du 23 au 26 mai 1955 pour comémorer la deuxième centenair de la mort de Montesquieu* (Bordeaux: Impriméries Delmas, 1956), 219—239。

② 尽管孟德斯鸠将神职人员也包括在中介性团体里，但他并未在此强调其作用。他认为宗教是对主权者权力的一个关键制约：“一个人会因为君主的命令而抛弃自己的父亲，甚至杀死自己的父亲，但他不会因为君主的命令而饮酒。宗教的律法是更高的戒律，因为它们既是针对臣民的，也是针对君主的”（《论法的精神》，第三章，第十节）。他还批评了“某个欧洲大国”（英格兰）“不断废止”贵族的管辖权以及“教会的管辖权”的做法（第二章，第四节）。不过此处他强调的是贵族的作用，而对神职人员的作用并未多言。也许他认为在法国，教会管辖权并不像贵族管辖权那样亟须声援。另外，在神职人员与贵族之间确实也同样存在着张力。17 世纪晚期与 18 世纪早期法国议会发起规谏的一个常见原因就是担忧世俗政治权威遭到“罗马宫廷”的侵蚀。见 Emmanuel Michel, *Biographie du parlement de Metz* (Metz: Nouvian, 1853)。对议会规谏起因的更深入讨论，见 William Doyle, *The Parlement of Bordeaux and the End of the Old Regime, 1771—1790* (New York:

作为法务人员、行政官员、军人，贵族担负着执行主权者意志的职责。作为议会的成员，他们依照主权者的法律司法和执法；作为地方村镇的长官，他们为其管理臣民、征缴税费；作为军人，他们指挥其军队、襄助其征伐[①]。但是尽管贵族有着为国王事务尽忠的责任，这种责任也给了他们干预国王事务的权力，而且贵族的立法与司法特权也具有宪法权利的地位[②]。理论上说，法庭只能够接受、记录、传达、执行主权者的指示，但在实践中，议会给自己赋予了就某项可疑的法律向国王提出反对意见，并在国王尚未回复时暂缓推行此项法律的权利[③]。除了这种规谏权外，贵族们在地方司法、行政、执法的层面上还有许多其他的“干预”形式。而那种唤起公众支持这些干预的能力也进一步使它们得到

---

St. Martin's Press, 1974); Rebecca Kingston, *Montesquieu and the Parlement of Bordeaux* (Geneva: Librairie Droz, 1996); Ford, *Robe and Sword,* esp. 87—89; and Pierre Barrière, *Un grand provincial: Charles-Louis de Secondat, baron de La Brède et de Montesquieu* (Bordeaux: Delmas, 1946), 119—130。对孟德斯鸠之所以强调贵族而非神职人员作用的另一种解释是，他并不想把神职人员背后的神权树立为君主制宪法的一部分。

① 对截至18世纪的法国贵族的特权、优先权、义务的更深入讨论，可参见譬如 Chaussinand-Nogaret, *La noblesse au XVIIIe siècle*; Meyer, *La noblesse française*; Léopold Genicot, *La noblesse dans l'Occident médiéval*; Dewald, *The European Nobility*; Bien, "Old Regime Origins of Democratic Liberty"; Bush, *Noble Privilege*; Labatut, *Les noblesses européennes*; and Kinneging, *Aristocracy, Antiquity, and History*, esp. 50—55。

② 18世纪早期在法国贵族的宪政地位及其立法权、司法权状态的问题上有着大量的文献。《论法的精神》第二十八章、第三十章和第三十一章包含了孟德斯鸠对这些争论的贡献。进一步讨论见 Keith Michael Baker, *The Old Regime and The French Revolution* (Chicago: University of Chicago Press, 1987); Iris Cox, *Montesquieu and the History of French Laws* (Oxford: Voltaire Foundation, 1983); Martin, *French Liberal Thought*; and Ford, *Robe and Sword*。

③ Ford, *Robe and Sword*, 80. 另参见《论法的精神》，第五章，第十节：“只有当它们缓慢地行动，并为君主的事务注入反思性（鉴于宫廷在国家的法律问题上的缺乏启蒙，以及君主的政务顾问们的操之过急，我们几乎无法在这些人身上期待这种反思性）时，身为法律的保存处的那些团体才算是更好地服从了君主……如果不是行政官员们靠他们的缓慢、他们的抱怨，以及他们的祈祷，对其国王（甚至是对其国王的德性）的行止加以制约的话，那么就算是世界上最好的君主制，也不知道会变成什么样呢。”

强化[1]。每一次委任授权都造就了潜在的抵抗源，使得“就像看似试图覆盖整个陆地的大海总是被海岸边的草丛与不能再小的沙砾所阻拦一样，看似拥有无限权力的君主总是被最微乎其微的障碍所制约”（第二章，第四节）。正如孟德斯鸠在《论法的精神》中所描述的，荣誉是为贵族与王权之间的永恒喧动提供动力的“发条”，而这种喧动则通过分割权力而服务于自由。

值得注意的是，孟德斯鸠对贵族的讨论省略了这一范畴内部的一 39
个重要区分[2]。长久以来，在由军人构成的“佩剑贵族”与由行政官员以及行政议会成员构成的“穿袍贵族”之间，一直存在着紧张关系甚至敌意[3]。前者的谱系可以追溯到中世纪的武士，其角色是保卫领土免于外来侵略[4]。后一群体的成员则是上流社会的相对后来者，是日益扩张与日益复杂化的国家机器的受益人。尽管佩剑贵族传统上有着更高的声望，但到孟德斯鸠的时代，穿袍贵族的地位已经可以与之颉颃，甚至在某些方面有过之而无不及[5]。而且尽管其品秩往往得自政治任命，穿袍贵族却并不仅仅是国王的工具。相反，穿袍贵族的意识形态意在限制王座的权力[6]。然而在 18 世纪上半叶法国宪政理论的辩论（孟德斯鸠在《论法的精神》的结尾处亦加入了这场辩论）中，这两类贵族阶层往往处在相互对立的立场上。在孟德斯鸠看来，这种对抗只会分化王权最

① Ford, *Robe and Sword,* 80.

② 就这两类贵族阶层以及孟德斯鸠如何处理其关系的长篇论述，可见 Ford, *Robe and Sword*; and Baker, *The Old Regime*。

③ 孟德斯鸠本人就是后一阶层的一员，并曾于 1716 年至 1726 年之间担任波尔多议会的主席。

④ 作为一个阶级，贵族起源于中世纪的三等级秩序，其中神职人员为领地祈祷，第三等级为领地生产，而贵族则负责保卫领地。Kinneging, *Aristocracy, Antiquity, and History*, 44；另见 Dewald, *The European Nobility*, 15。

⑤ Kinneging, *Aristocracy, Antiquity, and History*, 41; Dewald, *The European Nobility*, 35; Labatut, *Les noblesses européennes*, 108.

⑥ Labatut, *Les noblesses européennes*, 108f.

有力的反对者，从而增加王座的权力。这是他之所以在讨论荣誉时将两个群体合二为一，并且自己被称为贵族内部封建传统与行政传统的调和者的一大原因所在[1]。

孟德斯鸠对两类贵族阶层的省略同样反映了更一般的历史趋势。从16世纪开始，法国两类贵族的边界已然开始变得模糊[2]。彼时由于战争中的技术创新以及政治上的越来越稳定，佩剑贵族被剥夺了一大部分军事功能，许多贵族也开始转向战争之外的其他活动[3]。大学的建立、国家的扩张、以及最终宫廷生活与沙龙社会的兴起，为他们开启了投入精力的新领域。这些变化对荣誉的意义也有着相应的影响。之前的封建荣誉植根于法兰克武士入侵罗马高卢的征服行动与军事实践。成为“贵族”意味着“比肩于与从未有一人被征服为奴的祖先们”[4]。当战争是日常事务而征服常常产生奴隶的时候，体力上的强健因为能够使人免于被俘为奴而受到高度推崇。出于这一理由，一名中世纪的骑士首
40 先要做的是卖弄其体格——有论者称之为“一只雄壮动物的力量”[5]。一名骑士的荣誉，几乎完全等同于他的力量以及他拥有的外在事物，尤其是他的封地[6]。然而在接下来的几个世纪中，荣誉越来越内在化了。对身体素质与外在事物的强调逐渐让位于对荣誉的一种新的理解，即将其视为一种内在的性格品质，尽管这种性格品质与战场仍有紧密的联系[7]。荣誉的内涵变成了英勇（valor），而不再仅仅是强健。

再往后，随着穿袍贵族对佩剑贵族的地位的挤占与融合，与荣誉相

① Ford, *Robe and Sword*, 222.

② Labatut, *Les noblesses européennes*, 15f; Dewald, *The European Nobility*, 36.

③ Meyer, *La noblesse française*, 22; Dewald, *The European Nobility*, 15f., 143f.

④ Marc Bloch, *Feudal Society*, trans. L. A. Manyon (Chicago: University of Chicago Press, 1961), II, 286.

⑤ 出处同上，II, 293。

⑥ Robert A. Nye, *Masculinity and Male Codes of Honor in Modern France* (New York: Oxford University Press, 1993), 16; Stewart, *Honor*, 35.

⑦ Stewart, *Honor*, 35, 39, 41, 46; Nye, *Masculinity and Male Codes*, 16.

联系的内在品质也发生了进一步的变化。具体而言，贵族内部军事阶层与行政阶层的相互融合使得贵族风尚渐渐去军事化。随着穿袍贵族权力与声望的增加，与佩剑贵族相联系的武艺精通、体力非凡的理念逐渐被对何为可引以为荣的行为的新观念所取代。勇气（courage）仍然是荣誉的核心，但与它相结合的是适宜于新型贵族的那些品质，而代表这些新贵族的则是爱好和平的行政官、节制的法官、乡村里的缙绅、以及“士君子”阶层[1]。这种转变是某个更大变动的一部分，有论者将这一变动称为 17、18 世纪贵族的“政治价值与实践”中的一场“革命”[2]。

穿袍贵族的兴起意味着政治权力与军事力量之间全新的分离，因为新的政务官们掌握着有效的政治控制，却并不参与战斗[3]。这些公务员是文人、法律人、政客，而非军人，而他们所体现的非军事的理念也更契合于启蒙时代人文主义者们所鼓呼的标准[4]。人文主义对“文”的强调，挑战了贵族等级“武”的基础[5]。尽管高等贵族一开始时极力鄙薄“文辞”，以为其有“女性化”的效应，但这一新方向最终在 18 世纪取代了武士精神而成为贵族的首要外观[6]。当然，这种取代从未达到完全的程度，其过程也从来不是完全自觉的[7]。贵族并非完全放弃了旧有的战士荣誉，而是将其加以拓展与转化。尽管“勇气”仍然是荣誉的不变特征，但它将以“作战英勇”之外的新形式而得到呈现。

孟德斯鸠的荣誉概念反映了这些历史变迁。它体现了现代对荣誉的驯化，即中世纪战士的军事英勇之融合于新的穿袍贵族行政阶层的诸种品质。他注意到了荣誉与从军之间的关系，但他的荣誉观同样包 41

① 见 Dewald, *The European Nobility*, 109。
② 出处同上。
③ 出处同上，39f.；Kinneging, *Aristocracy, Antiquity, and History*, 77。
④ Dewald, *The European Nobility*, 40.
⑤ 出处同上，151，153。
⑥ Kinneging, *Aristocracy, Antiquity, and History*, 69, 57.
⑦ 出处同上，85。

括了明智的政务官所体现的节制、公平的法官所体现的克己，甚至廷臣们言谈举止上的优雅。他笔下的“士君子”更多地是社会人、政治人，而非武士。他们也是有勇气的（我们下面将会提到），但这种勇气是文明化的、受法治引导的、由巩固的宪政体制之安全所调节的。而且他们的勇气是政治上的勇气，而不仅仅是躯体方面的勇气，这种政治勇气体现在议会的劝谏行为与个体的公民不服从行为中，正是这些行为制约着侵蚀性的政治权力，保护着个体自由。

此外，与中世纪战士的荣誉仅仅是为了自我防卫或者保卫领土不同，孟德斯鸠笔下的荣誉服务于对原则的捍卫。对封建荣誉的这一革新并非始于孟德斯鸠，而是之前的基督教教会。当教会僭用了中世纪贵族的封建德性之时，其对荣誉的涵义也发动了重要的改造。对基督教骑士的期望不再是将他的强壮与勇气用于自保或获利，而是用于“捍卫神圣教廷，尤其是与异教徒作斗争。他将保护寡妇、孤儿，以及穷人”[①]。自此之后，有荣誉心的人不再捍卫自己或自己的领主，而是捍卫**正当**。不过尽管孟德斯鸠笔下的有荣誉者的确是为捍卫某项事业而非仅仅为捍卫其人身与财产而感到荣耀，这些“士君子”的准则已经不再是宗教的，而是世俗的了；他们的准则立基于社会实践与习俗，以及一种与宪法地位相伴的政治传统。事实上，孟德斯鸠指出，现代君主制中的荣誉准则有时是与宗教这位“护民官”相抵牾的[②]。此外，与基督教的纲领相反，孟德斯鸠心目中的荣誉准则并不构成关于正当性的普遍标准。18世纪的荣誉准则只为具体的行为领域与特殊的人物范畴提供具体的行为规则。荣誉与正当原则之间的既世俗又普遍的联系是后来才出现的。我们以后将会看到，美国建国者们发誓用其“神圣的荣誉”捍卫自由平等的普遍原则，就体现了这种现代发展。而孟德斯鸠的荣誉概念只是将作为性格品质的荣誉联系于既定的行为规则而非体力的强

① Bloch, *Feudal Society*, II, 318.

② Montesquieu, *Mes pensées*, no. 1905(51), 1458.

大;这虽然与后来的发展方向一致,但在程度上毕竟要局限得多。

由此说来,尽管孟德斯鸠笔下的荣誉植根于封建武士的作战英勇 42
与基督教骑士的虔诚,它与这些根源却有着重要的不同。有荣誉心者的阶层如今不仅包括军人,还包括政务官与法官。而有荣誉心者对荣耀追求不再只是通过征服,而是通过对原则的捍卫;并且不是通过对宗教原则的捍卫,而是通过对正当行动的传统守则、对政治原则(比如权力的分割以及法治),以及对宪政权利(比如议会的规谏权)的捍卫。由于荣誉推动着政治权力的分割,而权力分割能够节制政府和保护个体自由,因此荣誉是君主制所不可或缺的,正像德性为共和制政府所不可或缺、恐惧为专制所不可或缺一样。倘若没有荣誉,君主制的分化结构就将消解成为主权者意志不受任何反对的完完全全的一元结构。

## 荣誉的高亢野心

孟德斯鸠荣誉观的核心是有原则的欲望,或野心,定义为“成为一番伟大事业的欲望”[①]。由于野心颠覆平等、破坏团结,因此在“共和国中是有害的”(第三章,第七节),孟德斯鸠说;又因为野心是无畏的,因此野心的扩散对专制者而言将是一场灾难。但野心“在君主制中则有着良好的效应”(第三章,第七节),因为它的影响会使中介性团体变得更加活跃。有荣誉感的人往往较有争斗性,而非擅长跨党派合作,但这种争斗性却可以用来分割从而限制政治权力。在现代君主制中,贵族的野心对抗着国王的野心,而这对个体自由来说绝对是件好事。然而众所周知,野心有可能是低级的、卑鄙的,而且确有许多评论者批判过孟德斯鸠对野心的辩护[②]。诚然,荣誉常常被人认为不过是“怠懒中的

① Montesquieu, *Mes pensées*, no. 549(30), 1060.

② 譬如见 Condorcet, 载 Destutt de Tracy, *Commentary and Review of Montesquieu's "The Spirit of the Laws,"* trans. Thomas Jefferson (New York: Burt Franklin, 1969), 286f.;

野心、傲慢中的卑鄙、企图不劳而获的欲望、对真相的厌恶、奉承、叛国，（以及）背信弃义”（第三章，第五节）。但是读者若将这些“廷臣的扭曲性格”（第三章，第五节）当作荣誉的全部，那可就所失甚多了[1]。孟德斯鸠是最最现实不过的人，他并不试图粉饰荣誉。廷臣们格调低下的虚荣确实与荣誉有着千丝万缕的联系。但是荣誉作为一种复杂的性格品质，部分地就在于其包含野心的同时，却并不局限于野心的最低级的形
43 式（比如廷臣们的野心）。

奥尔特子爵的故事就展示了荣誉所包含的较为高亢的野心，以及荣誉的复杂性：

> 在圣巴托罗缪日之后，查理九世曾给所有省长下达了屠杀胡格诺教徒的命令，当时执掌巴约纳省的奥尔特子爵给国王写信说：“陛下，我在本省的居民与武士中，只发现有好市民与勇敢的战士，没有找到刽子手；因此他们和我一道乞求陛下将我们的臂膀与生命用于大有可为之事。”这种伟大慷慨的勇气将懦夫的举动视作不可为的事情。（第四章，第二节）[2]

奥尔特的不服从与议会的“干预”性质相似，只是更加气壮山河。为什么他会这么做？不是出于自利，不是出于公民德性，不是出于团结，也不是出于我们今天说的“普世性”。奥尔特勇气的故事必须与孟

---

and G. W. F. Hegel, *Philosophy of Right,* trans. T. M. Knox (Oxford: Oxford University Press, 1967), 178。

① 比如朱迪丝·什克拉认为孟德斯鸠完全“否定”了荣誉。见 Judith Shklar, *Ordinary Vices* (Cambridge: Harvard University Press, 1984), 219。类似地，下书作者认为，对于孟德斯鸠而言，荣誉“在德性面前萎败”，见 Hulliung, *Montesquieu and the Old Regime*, 29。

② 此时的奥尔特子爵名为 Adrien d'Aspremont，袭奥尔特子爵之位，并任巴约纳省长之职。

德斯鸠对荣誉的定义一道加以理解，而孟德斯鸠将荣誉定义为个人野心的一种形式，甚至是每个人及其自身特定状况所导致的偏见的一种形式（第三章，第六节）。奥尔特拒绝接受国王的命令，因为他自视甚高，以至于不能够做出这种野蛮的行径。仅仅因为别人（即便是他的国王）让他杀戮无辜就去杀戮无辜，这远远达不到他对自己的期许。可以这么说，他的人格好过如此这般；他不会将头颅俯到如此低的地步。执着于其荣誉准则，乃是他为着自己而该做的，因为这是将他与其他那些仅仅是别人意志工具的人区别开来的东西，而他也因自己并非仅仅是这样的工具而感到骄傲。

荣誉是一种混合的动机，奥尔特的勇气并非全然有别于宫廷气氛中的虚荣。奥尔特与廷臣们的区别并非他的动机比他们的更纯粹（亦即更利他或者更普遍），因为他的自视之高并不逊于他们。非要说起来，奥尔特的自视之高其实远过于这些廷臣。恰恰是他对自己的这种高度评价，将他对出类拔萃的追求转化成了这次勇敢的抵抗行为，而不是廷臣们习以为常的低三下四趋炎附势。廷臣们之所以低三下四，恰恰是因为尽管他们只想到自己，但是他们把自己想得太低，以至于可以毫无顾忌地自贬身份。他们确实野心勃勃，但他们会为了实现自己的野心而容忍任何行径。

因此奥尔特"伟大慷慨的勇气"反映了他成为与众不同之人的野心。毕竟拒绝国王的命令并非一件小事。这样的野心是在片面性与较 44
高亢的目的之间的一种（对我们来说）不同寻常的混合。荣誉的混合性解释了为什么孟德斯鸠说，根据荣誉而"对人们的行动所做的判断，不在其善或不善，而在其棒或不棒；不在其正义与否，而在其伟大与否；不在其是否合理，而在其是否非凡"（第四章，第二节）。奥尔特干的是件很"棒"的事，是一件干得漂亮、值得仰慕的事。它超出了一般人的期望。荣誉是需要努力向之看齐的某种东西，因为它超出一般人之上。看到荣誉就像看到一幅漂亮的画一样妙不可言，因为它提醒着我们，得过且过并非人性的全部[①]。因此荣誉是"拔高心灵"的一种卓越(第四章,第三节),但孟德斯鸠又说荣誉不同于德性。荣誉导致"棒"的行动,但未必导致"善"的行动。因为"要想成为一个善人,必须要有成为一个善人的意图,要爱善行本身甚于爱自己"(第三章,第六节)。善人有一颗纯洁无私的心灵,出于正当的理由而做正当的事。但奥尔特并非如此,他是为了自己而行动。虽然说他对胡格诺教徒有天大恩情,但他们的福祉并非他唯一关心的东西。奥尔特并不完全将胡格诺教徒当作目的本身来对待,同样还把他们当作实现他的自尊甚至出人头地的手段。他们的困境是他的机会,而他最大程度地利用了这个机会[②]。因此我们必须将奥尔特的勇气视为"棒"的东西,而非"善"的东西。

不但荣誉并不必然为"善",而且它也并非内在就是"正义"的[③]。当代对荣誉的讨论经常将其作为正义的对象,但孟德斯鸠特别强调了两者之间的区别[④]。根据荣誉而判断,行动"不在其正义与否,而在其伟大与否",因为在体现荣誉的行为中"我们所看到的德性总是一个人应当

① 对荣誉的审美维度的讨论,见 Edwin Dargan, *The Aesthetic Doctrine of Montesquieu* (Baltimore: J. H. Furst Co., 1907)。就孟德斯鸠笔下荣誉的"剧场性",一个有趣的讨论见 E. J. Hundert and Paul Nelles, "Liberty and Theatrical Space in Montesquieu's Political Theory: The Poetics of Public Life in *'The Persian Letters,'* " *Political Theory,* 17, no. 2 (May 1989): 223—246。

② 这也指出了荣誉的一个潜在危险,亦即那些追逐荣誉的人可能会因此发动参与不必要的战斗,甚至去"拯救"一些并不知情的、本可以过着自己平庸生活的所谓受益人。某种类型的道德提高与军事荣耀一样,有可能诱导产生不可欲的、不节制的行为形式。在民主的情境中,这种诱惑甚至可能比权力的野心(这同样是荣誉有可能激发的)带来更大的危险。这种考虑与本书第一章中所提到的、霍布斯以及洛克在荣誉问题上的保留态度有密切关系。

③ 尽管它可能是善的,也可能是正义的,还可能两者兼备。重点在于荣誉并不仅仅是"善"或者"正义"底下的一个子集。同样值得注意的是孟德斯鸠对荣誉与正义的区分并不意味着正义对于君主制政府来说无关紧要。事实上,孟德斯鸠认为君主制中正义的执行是极其重要的(第六章,第一节)。但荣誉并不能化约为正义的一种形式。

④ 譬如见 Rawls, *A Theory of Justice*, especially 178f., 440ff. and 544ff.; and Michael Walzer, *Spheres of Justice* (New York: Basic Books, 1983), chap. 11。

为自己做的事情，而非他应当为他人做的事情；它们并不召唤我们走向我们的同胞公民，而是将我们与他们区分开来”（第四章，第二节）。一个人应当为他人做的事情，才是正义的领域；一个人应当为自己做的事情，便是荣誉的领域。通过强调这种区别，孟德斯鸠提醒我们两者并不总是重合一致。正义与荣誉有可能相互冲突。得到我应当为自己做的事情，有可能要以牺牲我应当为你做的事情为代价。孟德斯鸠也并没有在两者之间给出一个明确的等级序列。此外，除了专制政体没有固定法律之外，人们通常可以仅仅靠服从法律就能保证行为是正义的。因此除了不存在法律或者只存在恶法的情况，否则人们并不需要付出太多努力就能做一个正义的人。相反，荣誉则呼唤某种“灵魂的伟大”（第五章，第十二节），因为它不可能如此轻易地获得。确实，“荣誉所禁止的那些事情，在法律并不禁止时，荣誉对其的禁止便愈发严格；荣誉 45
所要求的那些事情，当法律并不要求时，荣誉对其的要求便愈发强烈”（第四章，第二节）。像奥尔特这样有荣誉心的人，对自己的要求远超过法律所规定的底线要求[1]。风险永远伴随着荣誉、自我主张与迎难而上的意愿。因此荣誉是一种努力，即便它并不完全等同于自我牺牲。

---

① 像奥尔特这样的人在数量上也许是少数。在君主制中究竟有多大比例人口会以荣誉为动机的问题上，孟德斯鸠的态度有些含糊。一方面，他声称荣誉“像君王一样统治着君主和人民”（第三章，第十节），并且荣誉“驱动着政治体的所有部分”（第三章，第七节）。另一方面，他又注意到“廷臣们的扭曲性格”（第三章，第五节）与奥尔特伟大慷慨的勇气构成了强烈反差，而且在讨论君主制中的惩罚时，他还提到，与“君主制的精神”相符合的惩罚是“让贵族失去其荣誉以及在宫廷中说话之权，而对于没有荣誉可言的恶棍，肉体的惩罚是唯一的办法”（第六章，第十节）。要调和这种表面上相互冲突的立场，一个办法是从作为奖赏或公共认可标识的各种公共荣誉与作为个体性格品质的荣誉心之间的区别入手。倘若存在一个社会范围的公共认可体系，能够在其地位基础上对不同类型的人做出区分，并且要求每个人都参与到这个体系中、认可并推崇这些区分，那么就可以说这个公共认可体系“统治着君主与人民”——即便像奥尔特这样由个体所为的、发自荣誉心的行动寥寥可数。因为显然，孟德斯鸠对奥尔特的描述意在阐明作为一种性格品质的荣誉的本质，而非意在刻画君主制臣民的普遍性格。如孟德斯鸠所说，发自荣誉心的行动是“非同寻常的”（第四章，第二节）。

最后，对体现荣誉的行动的判断，“不在其是否合理，而在其是否非凡”，因为这些行动打断了平凡的过程，抵抗着限制我们期望的那些约束。就这一点而言，荣誉与汉娜·阿伦特的“行动”概念颇为相似，尽管二者之间也存在着重要的区别。在阿伦特的理论中，“行动”意味着展示一个人的这样一种能力：同自然与文明的“自动”过程相对抗，在此过程中生发出她所谓的“新生”，或全新开端[①]。阿伦特所谓的行动是“对某些自然事件序列的打断，对某种自动过程的打断；行动在这种情境中构成了全然超出意料之外的事件”[②]。它们展示了人类的“绝对的开创能力”，一种对能动性的施展，因为它们意味着对既定状况的挣脱背离。与阿伦特的行动概念不同，孟德斯鸠所说的荣誉并不具有这种创造性或者“本真性”，因为荣誉是与世袭的社会准则以及既定的法律紧密联系的。但与“行动”一样的是，荣誉不能够作为一种日常例行的东西而存在。诚然，奥尔特的不服从是与其准则中所包含的荣誉法则相一致，甚至为后者所要求的。但是虽说荣誉法则的内容可以提前获知，个体的体现荣誉的举动却要难以预测得多。霍布斯确信人人都有自我保存的需求，相反，荣誉却不是能够被以同样程度的确信得到“指望”的东西，因为个体的荣誉举动在这种意义上是相当“超乎寻常”的。体现荣誉的行动是有风险的，因此比起霍布斯所“指望”的对身体需求的自动反应来说，需要更坚决的意愿，从而需要能动性的介入。当然，荣誉并非完全自发，因为其并不产生任意的行动。个体的荣誉举动并非任意，因为指导这些举动的准则是久已确立的；但这些举动又是不可预测的，因为它们超乎寻常。

---

① “人类生活，在地球上，被各种自动过程所围绕——被地球的自然过程所围绕，而地球的自然过程又被各种宇宙过程所围绕，而且我们作为有机自然的一部分，自身也被类似的力量所驱使。此外，我们的政治生活……同样在我们所谓的历史过程中发生，这些过程虽然由人所开启，但是很容易变得像自然过程或宇宙过程那样自动。” Hannah Arendt, *The Human Condition* (Chicago: University of Chicago Press, 1958), 168f.

② 出处同上。

因此荣誉既野心勃勃又果断坚决，同时它还有着高亢的目标。无可否认，孟德斯鸠所说的荣誉始于品秩，而且部分地依赖于公共认可，以及公共荣誉的分配。但奥尔特的故事说明，对孟德斯鸠来说，荣誉绝不止步于品秩或公共认可。孟德斯鸠将荣誉与野心相联系，这一事实突出说明了荣誉的行动性[①]。作为性格品质的荣誉要求个体做出超出品秩与认可之上的、自我主张的行为，有时候甚至要面对建立品秩、分配 46
认可的那些权威而做出如此举动。确实，权威无法提供荣誉，这一事实给荣誉赋予了在必要时刻抵抗权威所需的那种独立性。孟德斯鸠笔下荣誉所要求的自我主张并非存在于竞争性社会之中的那种不预设目标的奋斗，而是一种力图证明自己配得上自身身份的奋斗。荣誉要求"一旦我们置身于某个等级之中，我们就不能够做出，也不能够忍受那些让我们显得低于这一等级的事情"（第四章，第二节）。但这并非一种消极的状态，因为正如孟德斯鸠所说，荣誉可能要求我们做出那些"棒的"、"伟大的"、"非凡的"行动。此外，那些有荣誉心的人对自己总是高看一眼，这意味着它们必须向更高的标准看齐，从而使得他们愿意为此采取冒险的行动。这就解释了为什么对出人头地的追求是荣誉的核心。如果奥尔特不挺身而出仍然能够看得起自己，他还会挺身而出对抗国王吗？如果做非同寻常之事对维持他的自尊并非必须，他还会这样去自找麻烦吗？他还会拿自己的生命去冒险吗？如果我们不管做了什么都能够拥有自尊，那我们干嘛还要去付出那些捍卫自由偶尔所需的努力？诚然，一个"良序社会通常无需召唤为捍卫个体自由而抵抗政治权威的

① 孟德斯鸠在《论法的精神》第八章第七节中区分了单数的 honor（作为一种性格品质的荣誉心）与复数的 honors（各种公共荣誉）。因此迈耶强调道，旧制度中的荣誉既具有一个作为性格品质的主动维度，又具有一个作为公共声望的被动维度 (Meyer, *La noblesse française*, 22)。派里斯蒂埃尼同样注意到根据旧制度对荣誉的定义，一个从未冒过任何风险的人是不能被称为有荣誉的人的，因为荣誉作为一种性格品质无法通过被动遵循社会规范，或仅仅通过世袭而获得。就算荣誉头衔由姓氏传承下来了，也必须通过主动的行为来证明其资格。见 Peristiany, "Introduction," 载 *Honor and Shame*, 10—11。

那种伟大行为。但在确实需要召唤这些行为的极少数情况下，这种行为的出现与否就相当关键了[①]。正如托克维尔所警告过的，高亢野心的丧失会为政治蒙上一层风险，使得“每一天社会都变得越发静谧，越来越失去抱负”——甚至是对自由的抱负[②]。荣誉的高亢野心正是阻止这种沉默的关键所在。

## 敬畏与反身性

在温和君主制中，有荣誉感的人通过捍卫其宪法自由以及荣誉准则中包含的关于正当的原则，而将自身与其他人区别开来[③]。荣誉并不

① 诚然，孟德斯鸠将之与荣誉相联系的那些抵抗行为并非革命性的。事实上，我们甚至可以说孟德斯鸠理论中由荣誉所鼓动的抵抗毋宁说是行动主义，不如说是各种形式的**不作为**倒更恰当。所以孟德斯鸠会说“如果荣誉遭到冒犯，它要求或允许一个人从其职务引退，回到家中”（第四章，第二节）。但是政治不作为的某些形式在效果上却可以是强有力的行动主义。孟德斯鸠强调了这一事实，这使得他能够为某些形式的行动（或不作为）辩护，这些行动（或不作为）既能制约君主过分膨胀的权力，又不会显得是在攻击君主。一个例子是他声称议会“只有在缓慢前行、为君主的事务注入反思性（鉴于宫廷在国家的法律问题上的缺乏启蒙……我们几乎无法在这些人身上期待这种反思性）时，才算是更好地服从了君主”（第五章，第十节）。议会只有在抵抗时才服从得最好。而他们抵抗的一种方式就是“什么都不”做。

② 托克维尔，《论美国的民主》，下卷，第三部分，第十九章。

③ 荣誉预设了制度上的权力分割，尽管它也支持着这种分割。对中介性团体的破坏会毁灭荣誉，因为这等于把所有权力交到主权者手里，使得每个人都依附于他。在缺乏独立权威场所的情况下，贵族们就会把他们的野心用于宫廷内部的社交攀比，而非用于捍卫其社会准则与宪政特权。在这些条件下，荣誉就从对原则的高傲捍卫变成了无原则的自我拔高。孟德斯鸠在《论法的精神》第三章第五节中对廷臣虚荣的谴责性描述应当被理解为对法国君主削弱中介性团体权力的趋势的批评，而非对荣誉概念本身的批评。这些考虑同样强调，尽管荣誉对于君主制中自由的捍卫是必要的，但它对自由绝不是充分的。孟德斯鸠对君主制的定义结合了对“使其成为其所是”的制度结构的说明，与“使其得以运作”的“人类激情”（第三章，第一节）。无论是君主制政府的性质还是其原则，都无法靠其自身来维持君主制。倘若缺少了荣誉，则形式上的权力分割（尤其对国王权力的诸般限制）必将归于失败；倘若缺少了形式上的权力分割、固定而根本的法治，以

仅仅是“自我表达”，而是“有其最高的规则”（第四章，第二节）。为荣誉提供规则（从而提供约束）的准则不能够从神意、自然法、或理性本身中派生出来。但这些准则也绝不只是任意的创造。相反，荣誉的准则立基于社会与政治角色、立基于有着自身历史的制度、立基于与宪法地 47 位相伴随的集体传统。这些准则既非个体基础上的自由选择，又非由上帝或自然一手赐予。它们的权威来自传统的分量，因此它们依赖于社会成员对其制度、传统、原则的约定俗成的敬畏。荣誉的准则只有在受到敬畏的时候才能为对抗权力滥用提供强有力的基础。毕竟谁会为了捍卫某些可以随意抛弃的原则而甘冒性命之险呢？这就解释了为什么孟德斯鸠说，奥尔特把懦弱的举动视为他“无法做到的事情”。对奥尔特来说，杀戮无辜不仅是令人生厌的、有损尊严的、而且是**无法做到**的[①]。这表现了奥尔特对待其荣誉准则的严肃程度，他对其原则的敬畏程度。荣誉的绝对性是与有荣誉心之人对其准则的敬畏紧密联系的。于是仿佛悖论一般，一种敬畏式的举措却使荣誉成为了对侵犯政治正当之举加以抵抗的源泉。

荣誉对敬畏的需求，使其有别于马基雅维里所说的“德能”（virtù），尽管二者也有若干类似之处[②]。与马基雅维里的《论李维》中的“伟大人

---

及特别为贵族所有的独立权威基础，则荣誉必将堕落为宫廷气氛中的卑鄙虚荣。君主制的性质与原则二者对于维持自由而言都是必须的；单靠其一是不足以维持自由的。

① 因此皮特—里弗斯指出，旧制度中关于个人荣誉是“神圣的”这个看法显示了其所涉及的承诺并不只是条件性的。Julian Pitt-Rivers, “Honor and Social Status,” 载 Peristiany, *Honor and Shame*, 34。

② 就孟德斯鸠受马基雅维里的影响以及对后者的背离，可见 Robert Shackleton, “Montesquieu and Machiavelli: A Reappraisal,” *Comparative Literature Studies,* 1, no. 1 (1964): 1—13; Marc Duconseil, *Machiavel et Montesquieu: Recherche sur un principle d'autorité* (Paris: Les éditions Denoël, 1943); Maurice Joly, *Dialogue aux enfers entre Machiavel et Montesquieu, ou, La politique de Machiavel au XIXe siècle* (Brussells: Imprimerie de A. Mertens et Fils, 1864); and A. Bertière, “Montesquieu, lecteur de Machiavel,” *Actes du congrès,* 141—158。

物”，以及他笔下的“新式君主”一样，孟德斯鸠的“士君子”也追逐荣耀。而且正如马基雅维里所说，个体对荣耀的追求也会间接地造福于公共利益。根据马基雅维里的说法，在共和政府中，大人物对荣耀的追逐促使他们与平民“打成一片”，并增进了这些互动的“良好效应”[①]。在君主国中，单一个体对荣耀的追逐导致权力的巩固，从而保障了政治稳定性。虽然孟德斯鸠想要的是分割权力而非巩固权力，但他笔下对荣誉的追求却与马基雅维里笔下对荣耀的追求有着异曲同工之妙，同样能够补更高尚动机之不足，因为一旦有了荣誉心，人们就会在努力促进共同善的时候，相信这是在为自己的个人目的而奋斗（第三章，第七节）。贵族对其特权的高傲捍卫，由于制约了主权者总在侵蚀扩张的权力，因此也保护了所有人的自由。

尽管荣誉能够带来一般性的效益，但那些有荣誉感的人有时却要以牺牲个别其他人为代价来实现出人头地，而这至少是因为，正如孟德斯鸠所说，“过分伟大的人会使别人变得渺小”（第四章，第二节）。即便抛开旧制度中与荣誉相伴随的社会不平等不提，荣誉仍然具有内在的不平等性，因为获得荣誉的人在我们之间鹤立鸡群，因此令我们不得不
48 尊重[②]。有荣誉感的人令他们的同胞相形见绌。偶尔他们甚至会利用他们的同胞。正是因为这个原因，荣誉概念有时候被称为“在孟德斯鸠所理解的道德贬义的意义上的”马基雅维里主义的概念[③]。即便孟德斯鸠

① Niccolò Machiavelli, *Discourses on Livy,* trans. Harvey C. Mansfield and Nathan Tarcov (Chicago: University of Chicago Press, 1996), I.4.

② Kinneging, *Aristocracy, Antiquity, and History*, 152.

③ Rosso, *Montesquieu moraliste*, 100. 至于孟德斯鸠不认同马基雅维里的证据，见 *Mes pensées,* no. 1573(207), 1380，其中孟德斯鸠在因为西班牙远征军对待印第安人的方式而将前者称为“马基雅维里主义者”之后，继续说道：“这些罪行并不因为其获得的效用而变得不那么黑心。诚然，人们总是根据行动的成败来评判行动；但以这种方式来对人加以评判，本身就是道德中应予谴责的弊端。”类似地，在《论法的精神》第二十一章第二十节中，他说商业的兴起已经树立了财富与权力的新场所，可用于对国王权威的抗争，由此“人们的马基雅维里主义已经开始得到治疗，并且会继续得到治疗。议会中必得有

似乎诚心诚意地将荣誉看作比直接利益“更为高贵的”动机，但我们不得不承认，绅士们的“天鹅绒手套”底下有时候“掩藏着利爪”[①]。尽管如此，荣誉却并不生发那些恐怖的大肆行为，而正是这些恐怖行为使得孟德斯鸠将“马基雅维里主义”视为贬义词。荣誉会震撼别人，有时也会刺痛别人，但并不会像瓦伦蒂诺公爵切萨雷·博尔贾将雷米罗·德·奥尔科横腰处斩、斫为两段那样令人“惊呆”，因为荣誉并不会令人感到恐怖[②]。

比起“德能”，荣誉不那么令人恐惧，因为荣誉更加节制。奥尔特的例子在这方面尤为明显。作为一名军人，奥尔特最初让我们想到中世纪骑士的荣誉，想到其对军事荣耀的渴望以及侵伐征服的野心。但奥尔特的野心并不在于侵伐征服。事实上，他甚至拒绝了与胡格诺教徒作战，更不用说让他们屈服了。甚至连他的不服从也是相当节制的，尽管他违抗了国王的命令，却并没有试图将他推下王座。他的荣誉指引着他凭着良心而反对，而非让他弑君[③]。奥尔特的不服从受到他对国王权威的尊重的限制，这使其成为一种公民式的行动。孟德斯鸠认为，尽管“在君主制中，服从君王的意志乃是法律、宗教与荣誉的至高要求”，但是“这种荣誉同样告诉我们，君王不得强令我们做出有损我们荣誉的行为，因为这种命令会使得我们无法为之服务”（第四章，第二节）。荣誉既支持对王权的服从，又（在必要时）支持有原则的不服从，这一事实使得荣誉好比同时具有“不停将所有物体抛离中心的斥力，以及将它们扯向中心的引力”（第三章，第七节）[④]。通过维持对主权权威的服从与

---

更多的节制”。

① Rosso, *Montesquieu moraliste,* 101.

② Machiavelli, *The Prince*, trans. Harvey C. Mansfield, Jr. (Chicago: University of Chicago Press, 1985), chap. VII.

③ 类似地，在孟德斯鸠的构想中，议会的“干预”目的在于限制国王的权力，而非为贵族建立政治权力上的垄断。

④ 莫舍在其“Monarchy's Paradox,” 205f 中谈到了这一点。他在该文中还强调了这

不服从的平衡,荣誉保证了维持温和君主制所需的权力平衡。对国王权威的尊重使得荣誉的不服从具有公民性,而非仅仅是无政府的举动。与此同时,恰恰因为有荣誉感的人同样敬畏其荣誉准则,所以他才甘冒公民不服从行动中所蕴含的风险。荣誉由此将勇气融入节制之中,正如佩剑贵族与穿袍贵族行为方式的融合所暗示的那样。

荣誉与马基雅维里笔下"新式君主"的"德能"的区别还体现在其与具体的社会准则、政治传统,以及宪政秩序之间的紧密联系。奥尔特
49 子爵之所以绝不可能杀戮无辜,乃是因为他的荣誉准则禁止这种做法。相反,从原则上说,没有什么事情是新式君主绝不会做的。他任何事情都做得出来,因为不存在任何高于他的、可以限制其行为的标准[①]。他的德能出自其自主决断;他是一个自我成就的人物。这种"自我成就性"解释了新式君主及其德能究竟"**新**"在何处。他必须肇基开国,而非继位承统,他还必须创造新风尚,奠定新秩序,而非桎梏于旧有的标准[②]。正因其新,新式君主的新式德能不受任何束缚。相反,荣誉则是"旧"的,受限于它的过去。荣誉依赖于旧有的风尚与秩序,而这种依赖约束并引导着它的野心。因此,与德能不同,荣誉继承了传统的、习俗的行为准则。这意味着荣誉倾向于敬畏,尽管它有时候会导向政治抵抗。事实上,荣誉对其准则的敬畏恰恰支持了其对侵蚀性政治权力的抵抗。

如果说从德能的角度看,荣誉之依赖历史乃是对其的一种约束,那么从亚里士多德所谓"伟岸"的角度看,这恰恰构成了一种解放。亚里士多德将伟岸定义为指向自我的完备德性,并将其同在与他人关系中的完备德性(即他所谓的"正义"[③])区分开来。孟德斯鸠对荣誉与德性

种平衡的脆弱性,并且指出了很重要的一点,即荣誉的不服从无论如何文明,都无法免除滑向无政府主义的可能性。

① 诚然,马基雅维里的君主类型受到他们自身必然性,以及他们对这些必然性的知识的限制。但是这些限制对雷米罗·德·奥尔科而言显然无补于事。

② Machiavelli, *Prince*, chap. VI.

③ 伟岸是"每一种德性中的伟大"。Aristotle, *Nicomachean Ethics*, 1124a. 对正义的

的区分，与亚里士多德对伟岸与正义的区分有着异曲同工之妙。与亚里士多德所谓的伟岸一样，荣誉关注于一个人该当为自己而做之事；与亚里士多德所谓的正义一样，孟德斯鸠所说的政治德性关注于对他人的义务（第四章，第二节）。有荣誉感的人就像伟岸的人一样，“作为一个配得上伟大事物的人，要求着自己能够配得上这些事物”①。而且正如有荣誉感的人“以出类拔萃为目标”（第五章，第四节）并且要求得到爱戴与特殊待遇一样，伟岸的人“渴望优越”并且期望其优越得到认可②。因此亚里士多德笔下的伟岸之人最关心的莫过于各种公共荣誉③。

但亚里士多德还强调，伟岸的人必须是一个“善”人，因为荣誉是对德性的奖赏，它“只会被赠给善人”④。缺少了高贵与善良，不可能还有伟岸⑤。相反，孟德斯鸠认为有荣誉感的人不一定非得是善人，因为正如我们已经看到的，我们判断一个行为是否符合荣誉，不是根据其善不善，而是根据其棒不棒。要成为一个伟岸的人，必得以正当的理由行正当之事⑥；但要成为孟德斯鸠笔下有荣誉心的人，行正当之事就已足够， 50
无论行事的动机是否在道德上是正当的理由。有荣誉心者行伟大之事的理由在道德上未必纯粹，因为“君主制下的风尚永远不像共和政府下的那样纯粹”（第四章，第二节）。但荣誉在道德上的这种混合性并不意味着怎么做都行。尽管有荣誉心者行伟大之事的理由在道德上未必纯粹，但作为一种性格品质，荣誉并非随心所欲，而是受固有的荣誉准则

定义见同书，1129b。

① Aristotle, *Nicomachean Ethics*, 1123b.

② 出处同上，1124b, 1123b—1124a。

③ 出处同上，1124a。

④ 出处同上，1123b。

⑤ 出处同上，1124a。阿里斯蒂德·泰西托雷也认为尽管亚里士多德所说的伟岸与荣誉相关，但必须与荣誉区别开来。他说“伟大，而非荣誉，才是伟岸之人的衡量标准……（因为）尽管伟岸之人同样展现出对荣誉的恰当态度，但这只是他们首先依恋于高贵与善而导致的后果”。见其 *Reading Aristotle's Ethics* (Albany: SUNY Press, 1996), esp. 28—35。

⑥ Aristotle, *Nicomachean Ethics*, 1106b.

的指导。虽说荣誉并不需要一个天使之城，但它在魔鬼的种族中却也不可能存在。

荣誉在道德上的这种混合性部分地解释了为什么孟德斯鸠有时会把现代君主制中的荣誉称为“虚假的荣誉”：“的确，从哲学上说，驱动这种国家所有部分的乃是一种虚假的荣誉；但这种虚假的荣誉对公众的用处，正如真正的荣誉对具有真正荣誉的个体的用处那样巨大”（第三章，第七节）。“从哲学上说”，荣誉是“虚假”的，因为它既不预设完美的德性，也不旨在实现共同善[①]。不同于亚里士多德所谓的伟岸，孟德斯鸠所说的荣誉并非所有道德德性的“王冠”。这一点强化了孟德斯鸠对荣誉与德性的区分，这种区分曾让与其同时的读者困惑，也同样让当今的读者困惑[②]。毕竟，既然荣誉被认为是“拔高心灵”的卓异的一种形式，那么为什么又不把它称作德性呢？一种要求具备勇气、节制等等德性的性格品质，怎么自己反倒不是一种德性了呢？当然，德性一词可以用于无关道德价值的场合，比如用于表示完成某种工作时的效能[③]。这种意义上的德性关乎技艺的精湛或技术的熟练，并不具有内在的道德价值。在这种有限的意义上，孟德斯鸠的荣誉概念显然是一种“德性”，因为荣誉对君主政体而言是工具性的。作为君主制政府的“发条”，孟德斯鸠说，荣誉“使政治体的所有部分得以运作”，并且保障了权力的平衡以及法治，使君主制得以区别于专制。

但孟德斯鸠同样清楚地说过，荣誉并不仅仅是工具性价值而已，这意味着我们无法将荣誉局限在作为精湛技艺的德性范畴之内。举例而言，他用“伟大”、“棒”、“非凡”来描述体现荣誉的行动，而且说奥尔特

---

① Kinneging 强调说，孟德斯鸠将荣誉称为“虚假”的基础是其不以共同善为目的。Kinneging, *Aristocracy, Antiquity, and History,* 288.

② Pitt-Rivers, “Honor and Social Status,” 36. 另见 Kinneging, *Aristocracy, Antiquity, and History,* 20，其将这一区分称为“特立独行的”（idiosyncratic）。

③ 正如 Peter Berkowitz 在其 *Virtue and the Making of Modern Liberalism,* 8f 中所强调的那样。

具有“伟大慷慨的勇气”，这种说法显然带有道德分量。孟德斯鸠在其他章节中还将荣誉与专制政府下臣民们的卑贱相对比，后者的行为举止“仅仅是出于对生活便利的希望”或者出于恐惧（第五章，第十七节 51
至第十八节）。相反，君主制（荣誉的政体）为每位臣民提供了“可以说是更大的空间”，使其能够在此空间中“行使那些为灵魂赋予伟大（而非赋予独立）的诸种德性”（第五章，第十二节）。最后，孟德斯鸠对荣誉之腐化的论述也间接表明了非腐化形式的荣誉的道德价值。“当**荣誉心**被放到**诸种公共荣誉**的对立面上，当一个人可以同时遭受骂名和获得尊严的时候”，荣誉就腐化了（第八章，第七节）[①]。作为例证，孟德斯鸠引用了提贝里乌斯统治期间为告密者颁发奖杯之事，并说这种做法“将公共荣誉贬低到了如此地步，以至于配得上这些荣誉的人对它们蔑视至极”（第八章，第七节注 10）。由于这些原因，我们不能仅仅将荣誉看作精湛的技艺。但是荣誉确实又并不预设道德的纯粹或完美。而让事情更加复杂的是，与德性相区别的荣誉并不仅仅是性格品质而已。作为性格品质的荣誉与荣誉准则以及公共荣誉相辅具有构成性的关联。发自荣誉感的行动涉及到对规则的遵从与对出人头地的追求，而这两者都并不内在于道德德性本身。这就解释了为什么平常将关于正当行动的理论划分为“以德性为中心”与“以规则为中心”两类理论的做法不能够用来理解荣誉，因为荣誉同时包含了这两种元素。荣誉与德性有联系，但又与之有区别[②]。荣誉不仅仅是技艺上的精湛（尽管它的确包含技艺精湛的成分在内），因为荣誉依赖于某些真正的德性并且可能导

① 强调字体为本书作者所加。

② Kinneging, *Aristocracy, Antiquity, and History*, 149. 这里上书作者的论断并非针对孟德斯鸠本人，而是更多地针对旧制度时代的其他思想家，以及他们所仰慕的古罗马人。这两群人在荣誉是否使人依照德性而行动的问题上都曾摇摆不定，而且最终都得出结论说荣誉与德性相关但并不等同（150）。上书作者将这种立场与孟德斯鸠的立场相对比，认为相比于其先辈与同代人，孟德斯鸠在荣誉与德性之间做了更完全的切割，认为没有德性的荣誉未必有害，甚至可能有益（150）。

致另一些真正的德性;但荣誉既不要求、也不产生完全的德性。而且荣誉与一般规则以及公共认可具有构成性的关联,而这两者在传统理解的德性中并不占有一席之地。

荣誉与亚里士多德的伟岸概念之间的差别反映了孟德斯鸠之不愿以任何简单的方式为“作为标准的自然”的观念背书。在亚里士多德的理论中,“伟岸”与天底下其他任何事物一样,都在自然秩序中有其自身的位置。伟岸的人同时是个善人[1],这一点之所以重要,是因为政治认可必须反映自然应得[2],而后者之所以重要,又是因为政治秩序必须与自然秩序相称[3]。相反,荣誉植根于社会历史秩序,而非自然秩序;植根于传统与宪法,而非宇宙论。当然,作为性格品质的荣誉包含了野心、勇气,以及对原则的坚守,这些都在人性中有其根源,因此可以说作为性格品质的荣誉具有某种自然基础。但荣誉作为整体而言,却并不完
52 全取决于其自然基础,因为其准则的内容并非由自然给定的。孟德斯鸠否认自然可以直接决定人类目的,也否认自然可以作为政治的绝对指导。诚然,他反对专制和奴隶制的理由是,这两者在“人性”而言是恶的(第八章,第八节;第十五章,第十三节)[4]。但如果说人性在政治标准中扮演着某种角色,那么这种角色必须受到具体社会中法律的“精神”的调节;受到一个国家的气候与条件的调节;受到居民们的习俗、风尚、

① Aristotle, *Nicomachean Ethics*, 1124a.

② 出处同上,1123b。

③ 政治秩序应当与自然秩序相称,即便在实践中并不总能做到。在最好的政体(同时也是所有政体的最终标准)中(*Nicomachean Ethics*, 1135a5—6),好人与好公民是一体的(*Politics*, 1288al37—38)。类似地,我们可以想象在不同的社会中伟岸的内容也会略有不同,但这仅仅反映了不完美。伟岸的标准与各种德性的标准一样,最终都是由绝对意义上最好的人的性质来给定的。在亚里士多德看来,背离这种标准的各种变化也许仍然算是好的,但绝不是最好的。

④ 在这一点上,见 Michael Zuckert, “Natural Law, Natural Rights, and Classical Liberalism: On Montesquieu’s Critique of Hobbes,” *Social Philosophy and Policy*, 18, no. 1 (2001): 247。

宗教的调节；以及受到他们的政治历史的调节（第一章，第三节）。孟德斯鸠并未将自然完全排斥于政治标准之外，但他同样并不认为自然为人类完全形成了绝对、普遍的政治正当标准，或者这些标准可以通过直接分析人性而得到。在这一点上，孟德斯鸠的怀疑论与更早先的自由主义者们一脉相承。与霍布斯、洛克一样，孟德斯鸠认为人类（即便人类中最优秀的成员同样）不可能确定地知道最高级的诸善的性质[①]。这种怀疑论使得孟德斯鸠与霍布斯、洛克一样，为以个体自由而非灵魂完善为目的的政治秩序而辩护，因为以灵魂完善为目的的政治秩序必然要求对最高善的性质的某些知识。因此，与伟岸相反，荣誉包含具体的历史。荣誉所坚持的社会准则与政治制度是随时间而变化的。并且它们是人类的创造物，而非自然的恩赐或上帝的律令[②]。

这些考量展示了荣誉作为历史现象的两个方面。一方面，通过对有荣誉心的行为的内涵加以约束，荣誉的历史性构成了对荣誉的限制。这些约束植根于传统的分量，使得荣誉既区别于马基雅维里的“德能”，

① 见 *Mes pensées,* no. 2063(1154), 1537：“当人们说并不存在一个绝对的性质时，这并不意味着其确实不存在，而只表明……我们的精神无法对其加以确定。”

② “孟德斯鸠不认为存在一个直接派生于自然的、单一的、普适的关于正当的标准”，这是对孟德斯鸠观点的最广泛接受的阐释，也是得到最多文本证据支持的阐释。譬如见 Robert Shackleton, *Montesquieu: A Critical Biography* (London: Oxford University Press, 1961), 250ff.; Georges Benrekassa, *Montesquieu: La liberté et l'histoire* (Paris: Librairie Générale Française, 1987), 175; Cohler, *Montesquieu's Comparative Politics,* 48; Jean Ehrard, “Presentation” 载 *Politique de Montesquieu* (Paris: Armand Colin, 1965), 10f.; Simone Goyard-Fabre, *La philosophie du droit de Montesquieu* (Paris: Librairie C. Klincksieck, 1973), 54; Robert Alun Jones, “Ambivalent Cartesians: Durkheim, Montesquieu and Method,” *American Journal of Sociology,* 100, no. 1 (July 1994): 13, 29f.; Emile Durkheim, *Montesquieu and Rousseau: Forerunners of Sociology,* trans. Ralph Manheim (Ann Arbor: University of Michigan Press, 1966); Knee, “La question de l'appartenance”; and Mosher, “The Particulars of a Universal Politics.” 对这种阐释的一个值得注意的例外是 Mark Waddicor, 他在其 *Montesquieu and the Philosophy of Natural Law* (The Hague: Martinus Nijhoff, 1970) 中将孟德斯鸠刻划为一位自然法理论家。

又不同于随心所欲。另一方面，荣誉的历史性使其得以挣脱孟德斯鸠所谓“古代形而上学的决定论”的桎梏[①]。尽管奥尔特子爵并未亲自选择其荣誉准则，但这一准则却是人类一系列漫长的集体选择的产物，而非自然的指令或上帝的律法[②]。因此荣誉的历史性同时既是一种约束，又是一种自由。相应地，荣誉既是对能动性的限制，又是能动性的源泉，而对荣誉准则的敬畏使其力量与局限同时得以可能。

不过虽然说荣誉依赖于敬畏，但它却远远不是简单的服从。毕竟奥尔特是冒着生命危险反对国王的命令，而非服从国王的命令。今天
53 大多数时候，倘若一名士兵不服从上级指挥，这种做法会被当作荣誉扫地加以开除的根据，而非被视为荣誉的标志。这一事实使得奥尔特的故事作为荣誉的事例更加令人吃惊。它打破了我们惯常在荣誉与服从之间的联系，因为奥尔特正是通过其不服从而体现其杰出[③]。相反，服从是孟德斯鸠所谓“政治德性”这种动机的核心，后者要求一个人的个别自我服从于政治共同体的共同自我。而荣誉却是与我们的个别倾向（或至少是与其中的一部分）相合作的，因此即便从其效果而言，也不能够化约为服从。类似地，由于荣誉“为激情所好，并以激情为好”（第

① 孟德斯鸠批评古代哲学未能看到“美、善、高贵、伟大、完美这些词都是对象的属性，而对象是相对于考虑对象的人的”［*Mes pensées,* no. 2062(410), 1537］。

② 值得一问的是亚里士多德本人究竟在多大程度上认为政治中的行为表示是“自然的指令”。譬如他在《尼各马可伦理学》第五卷中对正义的含糊讨论似乎表明正义的意义并不仅仅由自然给定，而是同样取决于人类的判断和选择。关于亚里士多德理论中正义的含糊性，见 Martha Nussbaum, *Aristotle's De Motu Animalium* (Princeton: Princeton University Press, 1985); Bernard Yack, “Natural Right and Aristotle's Understanding of Justice,” 载 *Political Theory,* 18, no. 2 (May 1990): 216—237; and Delba Winthrop, “Aristotle and Theories of Justice,” *American Political Science Review,* 72 (1978): 1208。就目前的讨论，我们只需要知道孟德斯鸠对古代哲学的批评说明孟德斯鸠认为亚里士多德把政治标准当作简单给定的，但是孟德斯鸠有可能误解了亚里士多德。

③ 在这方面，莱文将孟德斯鸠的荣誉观与柏拉图的荣誉观对比，认为在柏拉图那里，有荣誉心的人是服从的，而孟德斯鸠这里，荣誉依赖于不服从。Levin, *The Political Doctrine*, 104.

四章，第五节），因此并不依赖于严厉的教育[1]。荣誉的首要教育并不在小孩们接受教育的公立系统中。相反，孟德斯鸠说，“世界本身才是所谓荣誉的学校，是应当在任何地方指导我们的无所不在的导师”（第四章，第二节）。世界是荣誉的学校，因为世界是竞争与成就的舞台，而正是竞争与成就鼓舞着（而非强迫着）行“伟大之事”，并凭此获得自尊与公共认可的野心。一个人从其进入这个世界开始便继承了具体的关系与角色，塑造了指导其野心的标准，并提供了作为对这种野心的奖赏的认可。相反，“在共和政府中……教育的全部力量是必需的”，因为政治德性所要求的服从，它的自我弃绝“一直都是件相当痛苦的事情”（第四章，第五节）。基于同样的理由，德性还需要来自审查者的持续支持。因此斯巴达人“总是在纠正或被纠正，总是在指导或被指导”（第十九章，第十六节）。德性需要监视与推行（第五章，第十九节），而荣誉是无法被推行的，因为它无法被强迫拥有。因为“尽管用法律管理一个人理应给予别人做什么是很容易的事，但把一个人理应给予自己的所有事情囊括在法律的管辖范围之内却是十分困难的”（第七章，第十节）。用某位阐释者的话说，荣誉靠的是“吸引而非命令”[2]，而这一点使得它“令人印象深刻”，因为荣誉能够激励起艰难危险的行动，否则这些行动就只能靠强迫来推行（第三章，第七节）。

德性有可能是习惯性的甚至多半被遗忘了，相反，荣誉却总是充满着自我意识，无论这种意识是好是坏。一旦一个人充分地习惯于德性以至于自动地做出符合德性的举动，德性就可以被遗忘。而孟德斯鸠所谓的政治德性，更是从定义上说就是自我遗忘的，因为它优先考虑的是一个人自身之外的其他目的。相反，正如一位评论者所说，世界，或

① 另见《论法的精神》，第三章，第十节：荣誉类似于“自然感受”，比如“对父亲的尊敬、对自己的妻儿的柔情……或者自身的健康状态”。

② Rosso, *Montesquieu moraliste*, 102.

曰荣誉的学校，“教育一个人永远不要忘记他自身”[①]。荣誉永远意识到
54 自我，因为它总是为自己考虑的，也因为它从来不是自动的；相反，荣誉总是打断自动的过程，对约束着我们的必然性加以抵抗。有荣誉心的人是为自己考虑的、具有自我意识的**能动者**。这种自我意识，或者说荣誉的反身性，可见于荣誉关于其乃是其职责的“仲裁者”的主张：

> 在荣誉为贵族所规定的职责中，没有比在战争中服务于君王更为重要的了。事实上，这正是最杰出的职业，因为它的风险、成功，甚至不幸都会导致伟大。但在施加这一规定时，荣誉需要成为仲裁者；如果荣誉发现自身受到了冒犯，那么它要求、或者允许一个人从其职务引退，回到自己家中。（第四章，第二节）

奥尔特“伟大慷慨的勇气”正是以他为首席法官的仲裁结果。他考虑了他的境况、他的命令，以及他的行为准则，并对它们之间的冲突加以裁断（第四章，第二节）。对一个人的职责加以仲裁的主张开启了一个行动的领域，这一领域对那些将物质利益作为唯一合法的能动性源泉的人是遥不可及的。因为尽管我们的确受到利益的驱动，但是作为仲裁者，却是我们自己在驱动着自身。事实上，荣誉依赖于某种人类自主性的观念，尽管不是康德那种自主性观念。奥尔特的不服从反映了对其自身作为仲裁者的意识，而非对其自身作为立法者的意识：他裁断并执行荣誉的法律，但并不**制定**荣誉的法律。这些法律对他而言是给定的，而非由他制定的，这就使得荣誉不同于康德意义上的自主性。但对孟德斯鸠而言，以及对康德而言，只有在自我并不被其物质利益所穷尽时、只有在行动并不仅仅是对必然性的反应或对命令的服从时，自由才得以可能。

---

① Althusser, *Montesquieu, Rousseau, Marx*, 62.

荣誉作为仲裁者的主张并不使得它内在地具有任意性,但是的确为这种可能性打开了大门。孟德斯鸠有时说荣誉是“古怪的”,说荣誉“把德性变作仅仅是它想要的东西,并且变作它想要的那种样子:它自作主张地将规则施加于我们所被规定的所有事情之上;它依其幻想来扩展或限制我们的义务,无论这些义务来源于宗教、政治、抑或道德”(第四章,第二节)。但是(暂且不讨论荣誉的腐化形式之类特殊情况)荣誉的这种古怪性不应当被理解为任意妄为。从国王的立场上看,荣誉确实是古怪的,因为他无法控制荣誉,他的法律也无法界定荣誉的准则。但孟德斯鸠也强调,荣誉有“其最高的规则,而教育必得遵从这些规则”,这意味着荣誉体现在众所周知的、共享的、由社会加以规范的行 55
为准则之中(第四章,第二节)。因此荣誉并非内在地任意或任性的,但它却又独立于国王的意志与宗教的标准,并且在某种程度上独立于道德的标准。恰恰是荣誉在这种意义上的“古怪性”,使得它成为制衡侵蚀性政治权力的有效抵抗源泉[①]。因此“在君主制与节制的国家中,权力受其驱动力的限制;这一驱动力即荣誉,它像君主一样统治着国王及其人民”,并且“由此产生出对服从的必要修正”(第三章,第十节)。

不过虽然说荣誉并不具有内在的任意性,但它确实有可能变得过分反身,而这对政治自由而言是危险的。对一个人的职责加以裁断的责任有可能被推至放纵的程度,而非受到对这些职责的敬畏的平衡;这样一来,这种责任就可能导致肆意横行的举动。换言之,对自身职责加以仲裁的活动可能会损害这些职责在指导并限制个人野心方面的力量。毕竟,如果奥尔特可以不服从国王,他凭什么非得服从自身的荣誉准则呢?荣誉的核心处存在悖论,因为它为我们提出了相互冲突的要求。它将敬畏与反身性放在了一起,因为它对二者均有需求,但它又无法解决二者之间的紧张关系。这一悖论也揭示了更一般意义上的人类

① 关于荣誉的古怪性与其独立性之间的关系,可见 Mosher, “Monarchy’s Paradox,” 205f., 211—217。

能动性内部的根本紧张关系。如果一个人的敬畏过于完全，那么他的行动就仅仅是在服从而已，毫无自由可言。但如果一个人是完全反身的，或极端彻底自主的，那么他就没有理由非做这件事而不做那件事不可，因此我们也就难以将一个人的选择同“不过是任性而已”或者“不过是冲动而已”区分开来。换句话说，达到某一点后，“彻底的选择”就要消褪为“无从选择”[1]。依附关系、身份认同，以及职责，这些不由我们选择的东西，在约束着我们的选择的同时，也为我们提供了选择一种行动方式而非另一种行动方式的理由。在这一意义上，它们支持着我们进行选择的能力，从而支持着我们能动性的能力。荣誉的既敬畏又反身的悖论抓住了个体能动性的这种深刻特征。通过保存而非消解这种紧张关系，荣誉概念帮助我们看清为何试图拔高一者、牺牲另一者的一种能动性理论必然是不完备的。它提醒我们，甚至连现代个体的自我决定也必须依赖于这样或那样的敬畏。荣誉将选择与对选择的限制加以平衡。我们受到的限制使我们的选择变得有意义而且有效，假如这些限制并非从外部（由上帝或者自然或者国王）强制施加，那么它们就
56 必须从内部受到敬畏。

## 荣誉的片面性

荣誉并不要求从人类的片面性中抽离，而是对此片面性加以公共的运用。孟德斯鸠中荣誉的片面性有两个方面。首先，荣誉植根于特殊的社会身份与政治身份，这些特殊身份导致了具体的立场与责任。荣誉并不采取一种普适的观点。当然，荣誉并不是全然主观的观点，因为荣誉是与一般性的行为准则相联系的，这些一般性的准则使得荣誉

---

① 可参考查尔斯·泰勒对“彻底的选择……消褪为无从选择”的方式的讨论，见其“What is Human Agency?” 载 *Human Agency and Language* (Cambridge: Cambridge University Press, 1985), esp. 28—35。

的范围超越了具体的个例，并为其赋予了比个体利益所能达到的更为广泛的担当。但荣誉却总是从某处出发的观点[①]。而且尽管荣誉就其目的而言是服务于自我的而非集体主义的，但它的源头在性质上却是团体的而非个体主义的。在孟德斯鸠看来，一个人荣誉准则的实质内容来自他在某个特殊社会体中的状况或成员身份，所以同样的行动由一个贵族做来可能有损名誉，但由一个平民做来可能就无伤大雅。因此荣誉并不仅仅是“各个人”的“偏见”，而是“各个状况”的“偏见”（第三章，第六节）。荣誉的这一集体维度对其制衡王权的作用而言相当重要。个体出于荣誉的不服从举动之所以有分量，正是因为它们利用了贵族个体所属的特殊中介性团体所具有的现存认可与独立权威。因此当一个奥尔特挺身而出抗拒王命捍卫荣誉时，他不是一个人在战斗，不是在孤独地对抗国家机器；他是某个享有合法政治特权、受到承认的团体中的一员。他与这个更大的团体所享有的传统权威与声望之间的联系，既使得他出于荣誉的不服从得以可能，又使得这种不服从成为制约王权的有效武器。这些状况构成了荣誉的配套条件的一部分。但是支持荣誉的群体身份并不是整全性的。荣誉依赖于君主制社会中诸种“中介性团体”的多重共享身份，而不是作为整体的政治共同体中的单一共享身份，因此如一位评论者所说，荣誉不能“和一种从中央强加的一元化的社会图景联系起来”[②]。正是这种虽共享却片面的身份认同与社会关系维持着君主制下的中介性团体，而其对于荣誉而言也是至关紧要。

荣誉的片面性还在于其立基于情感依恋，而非从这种依恋中抽离出去的某种理性形式[③]。有荣誉心的人对其准则的捍卫，以对这些准则

① 而永远不会是“从无处出发的观点”，有如 Thomas Nagel, *The View from Nowhere* (Oxford: Oxford University Press, 1986)。

② Mosher, “Judgmental Gaze,” 39.

③ 针对一般而言的荣誉，斯图尔特认为，荣誉“感”是对某些行为标准的“依恋”，而非对这些标准的“理解”。Stewart, *Honor*, 47.

的依恋为基础的程度不下于以理性评估为基础的程度，以至于孟德斯
57 鸠把荣誉称为各个人与各个状况的“偏见”（第三章，第六节）。荣誉之所以是一种偏见，乃是因为它预设了一个人的原则的价值以及一个人对出人头地的主张，而非直接源自对这些东西的理性审视。有荣誉心的人充满自信，却并不特别自省，甚至可能恰恰是**因为**他不太自省，所以才那么自信。这并非对荣誉的批评，因为荣誉在激励艰险行动时的有效性恰恰是与这第二层意义上的片面性（这种片面性利用了人类心理中的欲望部分）紧密联系的。荣誉的片面性也并不意味着它毫无理性基础。它只意味着理性审视并非这种能动性形式的基础，或者并非一般的政治能动性形式的基础。因此尽管奥尔特并未审视其荣誉准则的基础，孟德斯鸠却做了如此审视。譬如在其《论法的精神》涉及法国宪政史的第二十八、三十、三十一章中，孟德斯鸠就考察了法国贵族的荣誉准则的历史，并对其合理性做了评估[①]。事实上，整部《论法的精神》就是对世界范围内各种不同的行为准则的理由的研究。但对荣誉根底上的原则的这种理性审视乃是孟德斯鸠的工作，而非奥尔特的任务。或者至少不是奥尔特**在那一时刻**的任务。在危机来临的时刻，促使奥尔特行动的是他的依恋，而非他的理性。这一点无可置疑，尽管他在这一事例中所依恋的是某种固有的行为准则，而非全然私人或主观的东西。荣誉自身并不完全是认知性的，但我们可以对约束它的准则的理性程度进行认知评估。举例来说，军人们必须公平地战斗；他们必须与对方作战，而非针对平民；他们不能杀害无辜；等等。这些准则将荣誉与诸如种族民族主义等其他动机区分开来，在后面这些动机中，一个人的忠诚仅仅以血缘关系为基础，而完全不对任何的理性审视或正当性

① 他得出的结论褒贬参半。一方面，历史表明某些看似不理性的实践（比如用一场战斗来证明清白）有着“可在经验中找到的某种理由”。另一方面，他说，“人们会震惊于我们的父辈……竟然将荣誉、福祉，以及公民的生命建立在机遇的基础上，而非理性的基础上。”（《论法的精神》，第二十八章，第十七节）

辩护开放。

尽管如此，荣誉仍然是不完备的，它需要受不偏不倚的理性的指导，有时甚至需要受其纠正。就这一方面而言，荣誉让我们联想到“血气”（thymos）。亚里士多德将“血气”称为灵魂之中我们凭之感受情感的那种能力[①]；类似地，荣誉既分享理性又不可简单化约为理性。在亚里士多德的理论中，正是血气方刚的依恋，驱使着城邦的守卫者为捍卫城邦而勇敢作战。而且不仅对城邦的守卫，就连统治城邦的能力以及政治自由的能力，都来自血气[②]。类似地，荣誉的片面性，其对其原则的热忱依恋，使之成为了个体自由的有效守卫者。但荣誉正因其片面性 58
而不完备。倘若缺少了不偏不倚的理性的批判性反思（以及宪政政府的固定且根本的法律），荣誉捍卫的将有可能是不合理的准则，甚至不正义的准则。荣誉需要理性，但是即便当荣誉受理性指导时，它也不能简单地化约为理性。

孟德斯鸠认为应当对人类的片面性加以疏导和指引，而非加以压制。压制片面性的努力通常都会归于失败，因为片面性或多或少都是存在的，而一旦受到压制时，它往往会以失控的、极端的方式涌现而出。镇压滋生狂热，正如孟德斯鸠对基督教僧侣以及有德性的共和主义者的描述所显示的那样（第五章，第二节）。对于宗教狂热分子来说，为了上帝，没有什么事情是他做不出来的；对于有德性的共和主义者来说，为了他的祖国，没有什么事情是他做不出来的。类似地，孟德斯鸠还提到，“思辨科学”使人们变成“野蛮人”（第四章，第八节）。当时对“野蛮人”一词的用法带有“残忍”和“缺少教养、不谙交际”两重意思[③]。

---

① Aristotle, *Politics*, 1327b41.

② 出处同上，1328a6—7。

③ R. Richelet, ed., *Dictionnaire François* (Geneva: Jean Herman Widerhold, 1680), 350; 以及见 *The Spirit of the Laws*, trans. Anne M. Cohler, Basia Carolyn Miller, and Harold Samuel Stone (Cambridge: Cambridge University Press, 1989), 41, translators' note j。

对人类片面性的压制,不管是通过德性还是通过理性,都会导致极端主义,从而导致不节制、不稳定的政治。此外,对片面性的压制很难不通过强制手段执行,这意味着需要依赖于恐惧,也就是专制[①]。对鼓舞行动的片面的依恋与欲望,更有效的调控办法是对其加以疏导和指引,而非加以压制。孟德斯鸠的荣誉概念对它们加以疏导的方式,乃是通过将个人野心与固有的荣誉准则相关联,并对政治制度作一定的安排,使得具体野心之间构成相互的制约与平衡。

孟德斯鸠之所以能够抵御对片面性加以压制的诱惑,是因为他坚信自由的可能性并不倚赖完美的一元性。这种信念很大程度上解释了霍布斯与孟德斯鸠在态度上的差别:前者对骄傲表示轻蔑,而后者则为荣誉进行辩护。荣誉与骄傲有相似处,而霍布斯将后者定义为对“每个人承认其他人生来就是他的同类”这一戒律的破坏[②]。比起霍布斯所说的骄傲,荣誉更有原则,因为它是与固定的行为准则相联系的;但是与骄傲一样,荣誉是一种个人野心的形式,是对自我的偏好,其本质是对出人头地的追寻(第三章,第七节)。而且与骄傲一样,荣誉有时候会无视狭隘自利的指示。但是虽然孟德斯鸠认为荣誉服务于自由,霍布斯却认为骄傲有损于自由,因为它威胁到政治的稳定。骄傲是对主权者
59 的威胁,因为骄傲的臣民自视过高,以至于忘记了自我保全之必然性施加于他们的约束,特别是“完全服从”之约束。因为“倘若没有某种力量之恐怖保证人们对其加以遵守,自然法则……本身是违背我们的自然情感的,而这些自然情感又将我们带往片面、骄傲、报复,以及诸如此类。”因此,倘若“没有臣服”,就“没有和平”[③]。霍布斯痛恨骄傲,因为他

① 对孟德斯鸠“基督教德性是专制式的”之观点的阐述,见 Cohler, *Montesquieu's Comparative Politics*, 35—44; Diana J. Schaub, *Erotic Liberalism: Women and Revolution in Montesquieu's" Persian Letters"* (Lanham, Md.: Rowman & Littlefield, 1995), 71—72, 145—147。

② Hobbes, *Leviathan*, ed. Edwin Curley (Indianapolis: Hackett, 1994), chap. 15.

③ 出处同上, chap. 17。

认为骄傲的后果是权力的分割,而他又认为权力的分割会摧毁保障个体安全的权威。对孟德斯鸠而言,荣誉的后果同样是权力的分割,但是他认为权力的分割并非自由的敌人,而是其最好的保障。

卢梭同样为荣誉的片面性所困扰。他认为对出人头地的渴望乃是受奴役的一种形式。它通过使个体依赖于其他人的意见,而造成个体与其自身的分裂,以及与其同伴的分歧。所谓"士君子"不过是伪君子而已,对于他们来说,"'成为怎样的人'与'显得像怎样的人'成了完全不同的两件事情"[①]。换句话说,"虚荣"破坏了人类个体原初的完整性,以及人类群体的团结一致,因为荣誉不可避免地要追寻施誉者,以及"对自己能够被争相传颂的热切渴望……而这种对出人头地的狂热几乎总是使我们迷失自我",并且使我们与别人发生冲突[②]。孟德斯鸠并没有对"amour-propre"(即卢梭所蔑视的"虚荣")与"amour de soi"(即卢梭所接受的"真正的自爱")二者加以区分,因为他认为自我分裂可以成为自由的一个源泉,而不仅仅是征服的一种形式[③]。孟德斯鸠并不认为人类个体的原初状态是一个整体,所以他也并不把文明社会中自我的分裂看作一种损失[④]。他并不抗拒自我的分裂,就像他并不抗拒政治中权威的分割一样,而且对他来说,这两者正是相互关联的。

诚然,《论法的精神》中**确实有**某些全然完整的、毫不分裂的人物。排在第一号的就是专制者,其无限制的意志并不屈从于任何人的意见。他的权威依赖于强力,而非公共认可。在他眼里,其他所有人"什么都

① Jean-Jacques Rousseau, "Discourse on Inequality," 载 *The First and Second Discourses*, trans. Victor Gourevitch (New York: Harper & Row, 1986), 180。

② 出处同上,195。

③ 见 Montesquieu, *Considerations on the Causes of the Greatness of the Romans and their Decline*, trans. David Lowenthal (New York: Free Press, 1965), 116, translator's note d。

④ 在孟德斯鸠对自然状态的简短描绘中,人类最初并不认为自己是完备的或者整全的,相反,他们是脆弱、低等、贫乏的;他们最初的欲望包括了"在社会中生活的欲望"(《论法的精神》,第一章,第二节)。什克拉同样认为孟德斯鸠并不憎恨现代的分裂自我。Shklar, *Montesquieu*, 76.

不是”（第六章，第二节），所以他也不需要讨好任何人。他与其自身之间不存在分裂，因为他是唯一要紧的人。他也不会因为作为相互冲突的责任之间的“仲裁者”而自我分裂，尽管他有可能受困于相互冲突的嗜欲，正如孟德斯鸠的《波斯人信札》中的郁斯贝克这个人物所展示的那样。专制者的个人意志就是所有责任的来源，所以“他完全不需要思
60 考、不需要怀疑、不需要推理；他要做的仅仅是欲求”（第四章，第三节）。专制政府同样体现了全然的一致性；它在各个方面都浑然一体，因为它毫无来自内部的反对，正如专制者本人一样（第五章，第十四节）。《论法的精神》中第二类完备的人物是有德性的共和主义者。其完整性是人为的，因为它依赖于他对其自身作为个别存在的“弃绝”。他不会受到其公共自我与私人自我之间的分裂的折磨，因为他早已放弃了他的私人自我，但他的这种完备性只能通过消灭他的特殊情感而获得。由于有德性的共和主义者为了共同善而牺牲其个体利益，因此他们中间不存在掩饰伪装，不存在“我想要什么东西”与“我希望你以为我想要什么东西”之间的冲突。之所以不存在这种冲突，是因为在“我们”之外，不再另外有什么“我”的存在。① 而正如有德性的共和主义者之间不存在私人自我一样，一个（孟德斯鸠所理解的）好的共和国中不存在私人领域，因为在这样的国度中，所有事务都是公共的②。共和政体与专制政体一样同为整体；两者都是不存在内部分化的、完美的一元体。对孟德斯鸠来说，这种情况所包含的片面性实在太少了，他要抗拒的恰恰是这种充斥着毫无分裂的自我的、不存在分化的政治。在他看来，完全的一元性根本就等同于完全的屈从③。作为一般规则，他说，“每当我们看到

① 如莫舍所说，对孟德斯鸠而言“一个共和制的共同体是被组织来表达同一的观点的，所以它很容易陷入霸权文化的暴政”。Mosher, “Judgmental Gaze,” 38.

② “那些想要建立类似的（亦即共和主义的）制度的人，建立的将会是柏拉图的《理想国》里的诸善的共同体。”（《论法的精神》，第四章，第六节）

③ “由于专制政府的原则是恐惧，因此它的目的是静谧；但这并非和平，而是即将为敌人占领的城镇中的那种沉默。”（《论法的精神》，第五章，第十四节。）以赛亚·伯林认

在一个自称共和国的国家中每个人都保持着静谧，我们就可以断定，这个国家中并不存在自由”[1]。在一个存在分化的、分裂的、从而有限的政体中，正是荣誉的片面性支持着权力的分割。

## 认可与抵抗

尽管作为性格品质的荣誉不同于以认可与区别的形式呈现的诸种公共荣誉，但这两者之间却有着密切的联系。孟德斯鸠的荣誉概念有赖于诸种公共荣誉，因为有荣誉心的人都渴望获得公共认可。我们诚然可以想象，即便这一次刚好没有人见证，奥尔特还是会做出他所做的举动。但是如果每一次都不会有人见证，那么他很可能就不会一再地做出这一类举动。让人看到，对荣誉而言是相当重要的。有荣誉心的人不但想要成为那种向其原则看齐的人，**而且还想要让人看到**他们确实是那种向其原则看齐的人。他们的野心有这样两个方面，一个是内在的维度，一个是外在的维度[2]。荣誉的公共维度提供了一种问责的办法。有了荣誉心，一个人可以凭着某个标准而尊重自我；但与此同时，荣誉的能见度意味着其他人可以根据同样的标准来判断一个人是否确 61

为，依照孟德斯鸠的观点，“只有那些自由的社会才会处在喧扰的状态中……也才是不稳定的。” Isaiah Berlin, *Against the Current* (New York: Viking Press, 1980), 158. 相同观点可见 Shklar, *Montesquieu,* 59; and David Carrithers, “Introduction” to *The Spirit of the Laws* (Berkeley: University of California Press, 1977), 15; Cohler, *Montesquieu's Comparative Politics,* 83; and Keohane, *Philosophy and the State in France*, 398。

① Montesquieu, *Romans*, chap. 9.

② 在这一点上，见 Stewart, *Honor*, 12f., 15, 18。斯图尔特认为完全意义上的荣誉既包括内在方面也包括外在方面，尽管在任何给定的事例中，都可能只有一者而没有另一者。皮特—里弗斯同样认为荣誉不仅涉及外在理念，也涉及这些理念的内在化，并且荣誉结合了他人眼中的价值与一个人自己眼中的价值。Pitt-Rivers, “Honor and Social Status,” 21—22.

实有资格尊重自我[①]。荣誉并不是一种完全主观的条件,这既是因为它与固有的行为准则相联系,又是因为它在原则上是可见的,即便并非每一次体现荣誉的行动都在事实上被人看见了。

荣誉严肃对待公共舆论,而非对其加以蔑视,这一事实也导致了荣誉的政治性。对表象以及公共接受度的政治关切是与荣誉的“此世”特征密切联系的。荣誉的尘世性对其加以节制,并进一步抵御了孟德斯鸠所谓德性所具有的潜在狂热。荣誉不易遭到极端主义的诱惑,这种极端主义源于将一个人的目的置于来世。类似地,当荣誉遭到冒犯时,“它要求,或者允许一个人从其职务引退,回到自己家中”(第四章,第二节)—— 而非发动圣战。荣誉对劝诱改宗并无热情;有荣誉心的人想要的不是拯救世界,而是能够坦然面对镜子中的自己,能够在与其同胞对视时不感到惭愧与遗憾。荣誉所指引的是一名公民不服从者,是一名凭良心的反对者,而不是一名传教士[②]。它对公共舆论的倚赖节制了它的行动;荣誉并不要求其他人的同意,但它却仰赖他们的善意。当然,对认可的欲求并不能保证节制。我们马上就能想到一些反例,比如黑格尔的主奴辩证法中为了认可而斗争所产生的暴力[③]。更一般而言,历史上并不缺少不节制的追逐荣耀者的例子,其对公共声望的饥渴使他们走向极端主义,并为他们的国家带来毁灭[④]。同样,如果一个人的准则并不受大众欢迎,那么对赢得赞许的欲求也有可能诱使他放弃他的准则,从而导致无原则的、不节制的行动。但是尽管说对公共认可的爱好并不能保证节制,但是它所提供的限制也并非微不足道。更何况

---

① Walzer, *Spheres of Justice*, 274.

② 传教士也可以成为公民不服从者和凭良心的反对者。这里的区别在于导向的不同,有的人首先关心的是保存他们的尊严,而有些人则摆明了以拯救别人的灵魂为目的。

③ G. W. F. Hegel, *Phenomenology of Spirit,* trans. A. V. Miller (Oxford: Oxford University Press, 1977), 111—119.

④ 沃尔泽在其 *Obligations*, 200 中阐发了这一点。另见 Kinneging, *Aristocracy, Antiquity, and History*, 154。

我们也不可能既完全驱除由能动性的强烈施展而带来的危险,又保证能动性本身不被同时消解,而造成对自由的灾难性后果。

尽管荣誉依靠着公共认可,但它却不能被化约为认可。一个人的荣誉是与他的准则以及他的自尊紧密联系的,这一事实赋予了荣誉相对于认可(或者公共舆论)的某种独立性。即便在无人见证的时候,奥尔特的原则仍旧存在于彼处,等着他去捍卫。他的荣誉准则为他提供了可以向之看齐的一贯标准,从而为他的自尊提供了一致的基础,而不论其他任何人对他怎么想,甚至不论是否没有任何人对他表示认可。荣誉的这些特征使之区别于当代的以公共舆论为唯一基础的"认可"(recognition)。要想获得认可,一个人只需要被其他人认可,但也必须 62
被他们认可。用认可取代荣誉的问题在于,如果不是所有人(或者大多数人)都喜欢你、你的阶级,或者你的部落的话,那么你就无法得到认可。相反,即便在你不受欢迎的时候,你仍然可以满怀荣誉地捍卫你的原则(从而尊重自身)。当代某些政治理论家所鼓吹的认可,乃是一种赠品(gift),而非一种性格品质;他们所设想的主要玩家乃是"受益人",而非能动者[①]。而对这样一种东西加以依赖是相当危险的,尤其当时代站在你的对立面,而你的自由危如累卵之时。荣誉对其准则的依恋为其提供了可资看齐的标准,从而蕴含了某种"应得"概念,可以保护其免遭变幻莫测的公共舆论与政治权力的挟持[②]。

荣誉与认可之间的断裂对于维持荣誉作为政治抵抗的能力而言是相当重要的。正如前面所说,尽管孟德斯鸠以保守主义思想家而闻名,但抵抗却是荣誉的一个本质特征。尽管他并不主张革命,甚至不主张激进的改革,但对过度膨胀的政治权力加以抵抗的观点却是他对政治自由与节制政府的理解的核心所在。奥尔特的不服从与议会的"干预"

① "受益人"一词来自泰勒,见其"The Politics of Recognition," 70。

② 关于将荣誉与某种"应得"的标准相联系的重要性,见 Walzer, *Spheres of Justice,* 262。

都体现了这种抵抗元素。道德权威的分割与政治权力的平衡,部分地解释了为何荣誉对认可的需求可以与其抵抗的能力相融合。正如前面所说,在现代君主制中,存在着三位几乎从未达成一致的“护民官”:法律、荣誉,以及宗教[①]。不同权威之间的这种竞争(正如反身性的能力一样)倾向于削弱对其中任何一者的敬畏。一个存在着多元且相互冲突的权威的社会,永远不可能维持那些以对任何一系列标准的纯粹而全面的敬畏为基础的动机形式。但是荣誉并不预设纯粹的敬畏。纯粹的敬畏就成了完全的服从,这对个体自由是不利的。事实上,古代共和国所特有的权威的一元性,恰恰应当部分地对共和主义德性极端的、顺从的自我弃绝负责,并且也是共和主义政府不节制倾向的滥觞。尽管敬畏对个体能动性相当重要,但敬畏和德性一样有其界限,需要节制。现代君主制社会中道德权威的多元性、政治权力的分割,以及认可的多重
63 场所,都对敬畏构成了节制。奥尔特对其个别荣誉准则的敬畏使他挺身抵抗国王的侵蚀性权力,而如果他在其同侪的眼中出类拔萃,或许这也就够了。他之所以能够抵抗国王的命令,乃是因为他并不需要国王的认可,因为他可以从其他源头获得认可,可以诉诸其他“护民官”的权威[②]。只要认可与道德权威的源头不被集中在同一类人的手上,那么依赖认可的荣誉同样可以激活政治抵抗。

---

① Montesquieu, *Mes pensées*, no. 1905(51), 1458.

② 诚然,贵族的头衔是可以被国王褫夺的。不过头衔一旦被赐予,就具有了财产的地位,而且像财产一样是世袭的。这种地位使得头衔,以及随头衔而得以可能的职务具有了独立性,不必再持续地投国王之所好,或投未来历任国王之所好。对保存贵族独立地位的渴望解释了孟德斯鸠对世袭制头衔与私有财产的辩护。它同样解释了为何他支持卖官鬻爵,至少在君主制中卖官鬻爵。由国王任命职位只会导致投国王之所好,而卖出的职位则具有私人财产的固定地位,从而“导致国家的秩序更加永久”,并且增加了中介性团体的权力(《论法的精神》,第五章,第十九节)。关于孟德斯鸠对卖官鬻爵的辩护,见 Peter Gay, *The Enlightenment:An Interpretation* (New York: Alfred A. Knopf, 1969), II, 469; and Ford, *Robe and Sword*, 123。

荣誉首先是一种个人野心的形式,但又是受到固有的行为准则指导与约束的个人野心。通过承诺自尊与公共声望的愉悦,荣誉使对其准则与责任的捍卫变得可欲。其高亢的野心使得荣誉难以降伏,并且鼓舞了对权力滥用的抵抗。荣誉敬畏着指导并拔高其野心的准则,这种敬畏既限制又激发了荣誉。敬畏对荣誉的激发,在于为其提供了可以严肃对待的某种东西。但荣誉同样主张成为其责任的仲裁者,从而高于这些责任之上。这种反身性使得荣誉有可能抵抗政治权威,但同时也使其有可能抵抗荣誉自身的准则,从而威胁到激发荣誉的敬畏。最后,正如荣誉平衡了敬畏与反身性一样,它同样也混合了认可与抵抗。政治责任的分裂,加上对原则的依恋,一道解释了为什么依赖于认可的荣誉却并不因此终结于屈从。荣誉必须让人看见,但并不需要让每个人看见,也并非只要让有权者看见。认可的多元场所与道德政治责任的分散源头对荣誉是有好处的,正如对自由也有好处一样。

荣誉的实质内容是可变的[1]。不同社会中的荣誉准则各有不同,即便在同一社会内部,也可能存在多种荣誉准则。譬如奥尔特军事式的荣誉准则,就非常不同于孟德斯鸠本人作为法官与议员而受指导的准则。正如孟德斯鸠所描述的,世界上并不存在一个整全的、普适的荣誉准则。与荣誉不相容的,只是对有原则的行动的拒绝,或者对人类能动性的否定[2]。此处所阐述的、作为一种性格品质的荣誉的诸般特征,展示 64
了一般性的政治能动性的重要方面,并暗示着荣誉的重要性超越于宪政君主制的具体情境。荣誉的高亢野心提醒我们,高尚而有原则的自

① 关于旧制度中荣誉实质内容的可变性,见 Mosher, “Judgmental Gaze,” 39:“荣誉没有实质的内容;它无法与一种由中央强加的、一元化的社会图景相联系。由于每个抵抗群体的荣誉都需要观众,每个群体也就创造了自己的观众。对荣誉的新定义在社会的每个等级与条件中增生。这就创造了一个更加高度分化的社会秩序。除了在程序意义上之外,它并不由对其自身的一元化图景所维系。每个群体都在内部演化出自己的荣誉标准,不同群体的标准相互之间只有松散的联系。”

② Walzer, *Obligations,* 196.

我期望是个体能动性得到强烈施展的关键所在，而对出人头地的欲望则可以成为有力的动机来源。荣誉对敬畏与反身性的平衡展示了这种紧张关系对个体能动性的促进作用，并暗示了倘若一种能动性理论以牺牲一者为代价而抬高另一者，则它注定是不完备的理论。荣誉的片面性强调了混合式动机与自我关切（相比于抽离了个别依恋的纯粹理性形式，以及公民德性和其他利他形式的自我弃绝）在鼓舞政治行动、支持政治责任方面的效力。最后，荣誉所蕴含的对认可与抵抗的混合，表明单靠认可本身是不足以为能动性奠基的，政治权力与道德权威的分割对个体能动性与政治自由二者都是好事。

但是孟德斯鸠的荣誉概念面临着一个根本性的两难困境。在他的理论中，荣誉只有在一个相对固化的社会秩序中，才能够对维持着个体自由的权力分割加以支援。贵族对王权的热忱抵抗之所以可能，乃是因为其在权力、权威、声望、财富上拥有独立的基础。荣誉不但需要野心勃勃的性格，还需要配套条件。而在孟德斯鸠的理论中，荣誉的配套条件包括了头衔、财富、政治职务、固有的特权尤其是土地，因为一个人无法将“贵族的尊严与其封地的尊严”区分开来（第五章，第九节）。贵族的独立性只有在世袭制中才得以维持，因为只有世袭制原则才能保证贵族免遭王权褫夺（第五章，第九节）。而且孟德斯鸠还认为贵族特权必须是排他性的，不得转让给人民，“除非一个人试图攻击政府的原则，除非一个人试图消灭贵族的力量与人民的力量”（第五章，第九节）。事实上，贵族应当“把和人民分享权力视为主权者的丑行”（第八章，第九节）。尽管贵族“对偏好与差异的需求”（第三章，第七节）可能堕落为空洞的虚荣（第八章，第七节），但孟德斯鸠还是把社会差异与政治特
65 权视为维持权力平衡、保障自由的关键。

与此同时，孟德斯鸠却又为某种看似相反的立场辩护。他暗示说固化的社会秩序是与政治自由相对立的，因为“命令每个人保持自己的职业并将其传诸子孙——这样的法律只在、也只能在专制国家中才会

有用，因为在这样的国家中没有人能够或应当拥有竞争对手”（第二十章，第二十二节）。“政治世界”，尤其是一个政治自由的政体，“要靠每个人都具有的、摆脱其生来所处的地位的那种内在欲望与骚动不安来维持”[①]。对这种天然的骚动不安加以压抑就构成了专制。此外，如果对这种骚动不安加以驯化和疏导，它就可以用于激发政治权力之间的相互敌对竞争，从而造成良好的效果。这也是孟德斯鸠鼓吹卖官鬻爵这种实践的原因之一（第五章，第十九节）。卖官鬻爵支持了那些有野心的、勤奋的人的兴起，从而将政治影响力交到那些人手中，他们虽然并不一定比别人更有智慧、更有德性，但至少更加果敢、从而更有可能激活维持自由所需的、政治权力之间的对立竞争。世袭制下的贵族容易变得“无知”、“心不在焉”，并且“轻视公民政府”，从而削弱了其作为国王对手的效力（第二章，第四节）。而王室对职务的任命，或者廷臣阶级的选拔，又会将政治特权赋予那些更可能奉承国王，而非进行有原则的抵抗的人（第五章，第十九节）。因此过分固化的社会秩序不利于权力分立，因为它压制了对立竞争与维持对立竞争的个人野心，并阻碍了有“才干”者的平步青云[②]。因此，虽然品级与秩序的固化有助于保护贵族

---

① Montesquieu, *Mes pensées,* no. 69(5), 993.

② 对 18 世纪法国贵族中才干与成员身份的讨论，譬如见 Jean Egret, *Louis XV et l'opposition parlementaire, 1715—1774* (Paris: Armand Colin, 1970); Cox, *Montesquieu and the History of French Laws*, 167; William Doyle, *The Parlement of Bordeaux and the End of the Old Regime, 1771—1790* (New York: St. Martin's, 1974); and Ford, *Robe and Sword*, 117—119。

类似地，肖布指出孟德斯鸠在《波斯人信札》第 74 封中呼吁读者注意“贵族的道德破产”。在这封信中，“我们熟悉了该国的某位‘大人物’——‘他如此傲慢地抽着鼻烟，如此无情地嗤着鼻子，如此冷漠地吐着痰，并且以对人类如此冒犯的方式照料着他的宠狗。’孟德斯鸠细致地刻画了这个‘小人’行为举止上的令人反感，其咳痰的方式显示了其缺乏对其同胞的最基本的文明礼貌。尽管他自认为高于其他人类（并对其他人类漠不关心），但他却在对其宠物不体面的依恋中摧眉折腰。当这些贵族的社会地位不再伴随任何实际上的人类卓越时，我们就可以形象地说他们具有‘兽性’。” Schaub, *Erotic Liberalism,* 124. 这一评价与孟德斯鸠在《论法的精神》第八章第七节中对荣誉的腐化的

免受君主的操纵,但是它同时也导致了贵族的堕落与荣誉的衰败。这就意味着,要使荣誉有效地运作,社会政治秩序就必须民主化,亦即提供更多的平等机会。只有当特权(其为个体与政治权力的抗争提供了资本)向野心与才干开放,而非为谱系所封闭时,荣誉才能可靠地激活政治权力之间的喧嚣,从而保护自由。仿佛悖论一般,旧制度的荣誉既需要固化的社会秩序,又无法容许固化的社会秩序。它既需要民主化,
66 又抵制民主化。

评论是一致的。

# 第三章

# 美国的荣誉与民主

荣誉要保全自身，就必须逃脱旧制度下固化了的各种不平等，这个建议出人意料，因为今天人们恰恰最经常把荣誉与这些不平等的状况相联系。当代所做的这些联系也并不是完全错误的，因为尽管荣誉需要一个充满机会与流动性的体制，但是机会与流动性同样也会削弱荣誉。亚历克西·德·托克维尔对美国民主的分析进一步突显了荣誉的两难困境，并为我们考察荣誉在现代民主政体中的地位奠定了基础[①]。

---

① 一位评论者发现，托克维尔对美国民主特征的阐释，滥觞于孟德斯鸠《论法的精神》第十九章第二十七节关于英国的讨论。见 Cohler, *Montesquieu's Comparative Politics*, 181—182。不过尽管柯勒正确地指出了孟德斯鸠关于"现代商业社会内在蕴含着个体主义"的说法与托克维尔对美国的分析之间存在着联系，我们仍然应该强调，托克维尔和孟德斯鸠在对英国的阐释上有着一定程度的差别。具体而言，托克维尔把英国政体归类为"贵族式"，而这个词是他用来描述所有非民主社会的，包括大革命之前的法国君主制。他认为英国贵族阶级比欧洲其他社会的贵族更为强大，并且认为这一贵族阶级的贵族式品格界定了整个英国社会。事实上，他曾经说道，"所谓英国品格其实就是贵族式品格"(*Oeuvres complètes*, vol. V, I, 191)。相反，比起托克维尔，孟德斯鸠对英国的观感在社会层面上(以及在政治层面上潜在地)更偏向于民主。在孟德斯鸠眼中，英式商业共和国是一种新鲜事物，而非传统秩序的又一实例。而且他也远远不认为英国品格是旧制度贵族式风尚的模范，相反将其描绘为"恐惧、憎恨、羡慕、嫉妒"、孤立、主观主义，以及无原则的野心等等的前所未睹的结合(《论法的精神》，第十九章，第二十七节)。关于托克维尔对英国的看法的进一步分析，可见 Max Beloff, "Tocqueville et l'Angleterre,"

托克维尔展示了民主所造成的对荣誉的抵制，但他同样说明了民主为何需要荣誉，以及美国社会中何处可能找到荣誉。为了支持个体自由、抵御多数暴政与“温和”专制的孪生危险，托克维尔试图在民主式的人物身上鼓舞那些与贵族式风尚相联系、与旧制度荣誉相伴随的品质。勇气、骄傲、高亢有原则的野心、对出人头地与自尊的欲求、对自我的义务感，以及对自由作为目的本身的热爱，这些都在托克维尔的理论中被证明是对民主自由的关键支持。

今天人们很大程度上忽略了托克维尔对这些品质的兴趣，而更关注那些受到他的当代研究者们强调的、民主公民德性中更加平等主义与集体主义的方面[①]。托克维尔本人往往把公民德性中集体主义、平等

---

载 *Alexis de Tocqueville: Livre du centenaire, 1859—1959* (Paris: éditions du Centre National de la Recherche Scientifique, 1960), 87—100; François Furet, “Naissance d’un paradigme: Tocqueville et le voyage en Amérique (1825—1831),” *Annales, économies, Sociétés, Civilisations*, 39, no. 2 (March—April 1984): 228f., 233—237; Lamberti, *Tocqueville and the Two Democracies*, 15; André Jardin, *Alexis de Tocqueville, 1835—1859* (Paris: Hachette, 1984), 190—192; Georges Lefebvre, “A propos de Tocqueville,” *Annales historique de la Révolution française* 27 (1955): 316; Seymour Drescher, *Tocqueville and England* (Cambridge: Harvard University Press, 1964), esp. 20f., 32, 208; and François Furet, *Interpreting the French Revolution*, trans. Elborg Forster (Cambridge: Cambridge University Press, 1981), 133。

① 金成浩注意到，当代公民共和主义者以及他所谓的“右派托克维尔主义者”倾向于强调托克维尔笔下社团生活的平等主义、集体主义的方面，以此与金在马克斯・韦伯对公民社会的描述中找到的“对挑衅性的个体自主性的培养”针锋相对。Sung Ho Kim, “‘In Affirming Them, He Affirms Himself’: Max Weber’s Politics of Civil Society,” *Political Theory*, 28, no. 2 (April 2000): 220. 金的区分诚然重要，但在托克维尔与韦伯那里同样都可以找到这种区别。对托克维尔对社团生活描述中的社区自治主义方面加以强调的当代理论家包括诸如 Robert Bellah et al., *Habits of the Heart* (Berkeley: University of California Press, 1985); Robert Putnam, “Bowling Alone: America’s Declining Social Capital,” *Journal of Democracy*, 6 (January 1995): 65—78; Mary Ann Glendon and David Blankenhorn, eds., *Seedbeds of Virtue: Sources of Competence, Character, and Citizenship in American Society* (Lanham, Md.: Madison Books, 1995); Sandel, *Democracy’s Discontent*, esp. 314, 420, 347; Francis Fukuyama, *Trust: The Social Virtues and the Creation of Prosperity* (London:

主义的元素混淆于与荣誉相联系的更加"英雄主义"的品质，这种含混与他以友好的方式对待现代民主的明确意图有关[1]。但他之所以鼓吹参与和公民德性，乃是出于自由主义的目的，意在限制公共舆论的权力、 67
多数暴政的力量，以及中央集权化的趋势[2]。对于托克维尔来说，自由的核心并不只在于参与或博爱，而在于个体对多数暴政与温和专制的抵抗[3]。为了维持这种抵抗，就需要公民德性之外的东西，那些与传统荣誉更紧密联系的品质[4]。

在研究孟德斯鸠的荣誉与研究美国的荣誉之间，托克维尔提供了一个自然的转折点，因为他是两者的学生，也是两者的仰慕者。托克维尔受孟德斯鸠的影响是众所周知的[5]。托克维尔声称每日必读三位思

---

Penguin, 1996); and Jean Bethke Elshtain, *Democracy on Trial* (New York: Basic Books, 1995)。

① 托克维尔,《论美国的民主》,下卷,第四部分,第七章,第 328 页。以下对《论美国的民主》的引用将以括号方式插入正文,标明上下卷,用阿拉伯数字表示第几部分、第几章,并附带上在伽利玛版本中的页码。

罗伯特·P. 克雷纳克在其"Tocqueville's Constitutionalism," *American Political Science Review,* 81, no. 4 (December 1987): 1175—1195 讨论了托克维尔将公民德性与英雄德性相混淆的倾向。托克维尔认为古代民主制事实上是贵族制(下卷 1.15),这有助于解释他为何将与两者分别对应的不同类型德性混为一体。Lawler, *The Restless Mind*, 133 提醒读者注意这一点。下文将会考虑其他可能的解释。

② 正如一位评论者所说,托克维尔"之所以看重参与,并非(仅仅)因为他将其视为一种手段,以便借此获得更密切的同胞情谊,更牢固的社群感,以及个体对社群生活与集体心智的更强烈的服从"。Jack Lively, *The Social and Political Thought of Alexis de Tocqueville* (Oxford: Clarendon, 1965), 114.

③ Lamberti, *Tocqueville and the Two Democracies,* 8f.

④ 所以尽管兰贝蒂认为托克维尔是反对传统封建荣誉的,他还是断言道,托克维尔的作品整体上试图将贵族式价值融合到民主之中。出处同上,第 56 页。相同观点可见 Boesche, *The Strange Liberalism*, 172; Alulis, "The Promise of Democracy and the Problem of Liberty," 55; and Pontuso, "Tocqueville on Courage," 97。

⑤ 关于托克维尔作为孟德斯鸠继承人的讨论,见 Raymond Aron, *Main Currents in Sociological Thought* (New York: Transaction, 1998), I, esp. 243—245, 262—263, 237—302; Daniel J. Mahoney, "Tocqueville and Socialism," 载 *Tocqueville's Defense of Human Liberty,*

想家的著作，孟德斯鸠就是其中之一（另外两位是卢梭与帕斯卡尔）[①]。当《论美国的民主》于 1835 年出版时，一位读者声称“自孟德斯鸠以后再也没有出现过类似的作品了”[②]。类似这样的评论反映了两位思想家在研究政治与社会时对所谓“社会 — 政治”视角的共同坚持[③]。另外，这种家族相似性也部分地来自两位思想家研究进路所共有的比较学性质。托克维尔所比较的范围比孟德斯鸠的窄，但是与他的前辈一样，托克维尔试图通过对现存不同政体的比较分析，而非对某个最佳政体的想象，来展示现代政治生活的根本特征。孟德斯鸠与托克维尔都对自由的制度机制与公民的性格之间的互动感兴趣，而两人对公民性格的兴趣也都并未削弱他们对自由主义制度以及个体自由的目的的坚持。两人都不同意将自由与民主相等同的常见做法。孟德斯鸠在《论法的精神》中特别强调地区分了这两者，认为尽管自由通常被等同于政治秩序的民主形式，但是事实上民主政体对个体自由的侵犯完全可以不亚于其他任何政体[④]。托克维尔同样试图驳斥这种常见的混淆，这一任务贯穿了他的一生[⑤]。

托克维尔的两部主要作品记录了当时正蔓延全欧洲的“社会大革

---

ed. Lawler and Alulis, 180; Harvey Mansfield and Delba Winthrop, “Introduction” to *Democracy in America* (Chicago: University of Chicago Press, 2000), xxxiv—xxxvi; Melvin Richter, “The Uses of Theory: Tocqueville’s Adaptation of Montesquieu,” *Essays in Theory and History*, ed. Melvin Richter (Cambridge: Harvard University Press, 1970); and Lamberti, *Tocqueville and the Two Democracies*, esp. 14, 18f., 41, 88, 180, 239, 242。

① Tocqueville, *Oeuvres complètes,* vol. XII, I, p. 148. 转引自 Lamberti, *Tocqueville and the Two Democracies*, 5。

② 转引自 J. P. Mayer, *Alexis de Tocqueville*, trans. M. M. Bozman and C. Hahn (New York: Viking, 1940), 36。

③ François Furet, “Tocqueville est-il un historien de la Révolution françoise?” *Annales économies, Sociétés, Civilisations* 25, no. 2 (March—April 1970): 435. 同样的观点可见 Larry Siedentop, *Tocqueville* (Oxford: Oxford University Press, 1994), 12。

④ 孟德斯鸠，《论法的精神》，第十一章，第二节。

⑤ Lively, *The Social and Political Thought*, 19.

命”（通往现代民主的革命）的前因后果。他声称在美国看到了“民主本身的景象……它的嗜好、特征、偏见，以及激情；我想要尽可能地熟悉它，以便至少能够知道我们对它需要害怕或期待些什么”（上卷，导言，第 12 页）[①]。美国的民主与法国的民主在许多重要的方面有所不同，但是在托克维尔看来，民主所导致的危险却是普遍的[②]。正是因为民主的 68
逻辑超越于任何具体的制度，所以他才能在《论美国的民主》中如此频繁地谈及法国的民主[③]。出于同样的原因，托克维尔在《旧制度与大革命》的序言中将该书的主题，亦即平等与专制在法国的联系，等同于他二十年前在《论美国的民主》中所写的主题[④]。尽管民主政体在具体国家中可能会有差别，但它们却享有共同的品质与特定危险。

在来自民主的危险中，托克维尔最为担忧的是多数暴政与温和专制。他在《联邦党人文集》中发现了多数暴政的观念，但他通过详细阐发其社会与政治的双重维度，而为其赋予了更丰富的表达。当政府的

---

① 托克维尔于 1836 年告诉密尔，“‘美国’只是画框而已，‘民主’才是我作的画”。Alexis de Tocqueville, *Memoirs, Letters, and Remains of Alexis de Tocqueville*, 2 vols. (Boston: Ticknor and Fields, 1862), II, 38. 转引自 James W. Ceaser, *Liberal Democracy and Political Science* (Baltimore: Johns Hopkins University Press, 1990), 26n1。相同观点可见 Furet, “Naissance d’un paradigme,” 228。

② 美国与法国诸多差异中的第一点在于如下事实：前者诞生于一种大致社会平等的条件之中。它不像法国那样有着世袭贵族制的漫长历史，要想落实民主，必须首先把贵族制推翻。此外，政治行政的去中心化性质，宗教对风尚的强烈影响，以及幸运的环境比如缺少充满敌意的毗邻势力、自然资源的丰富等等，都给予了美国民主独特的色调，并有助于保护其免于自身走向极端。

③ 西摩·德雷舍注意到《论美国的民主》大量地提到法国，并指出，讨论美国民主本身的篇幅只占该书下卷的 20%，甚至只占最后一部分的 2%。见 Drescher, “More than America: Comparison and Synthesis in *Democracy in America*,” 载 *Reconsidering Tocqueville’s “Democracy in America,”* ed. Abraham S. Eisenstadt (New Brunswick, N.J.: Rutgers University Press, 1988), 79—80。

④ 托克维尔，《旧制度与大革命》（三卷本），第一卷，序言，第 xxviii 页。所有对《旧制度与大革命》的引用都来自 *Oeuvres complètes*, vol.II，采用的是我本人的译文，注明第几卷、第几章，以及在伽利玛版本中的页码。

民意机构在与其他机构的关系中越过了宪法为其规定的权威时，多数暴政就会作为一种政治现象而兴起。当公共舆论被动员起来反对少数派群体成员的自由时，多数暴政又成为了一种社会现象①。多数暴政的社会维度与政治维度往往在实践中合流，因为就其性质而言，政治民主就是要对公共舆论的权力提供制度形式②。"温和"专制则是家长制的一种形式，它来自过度中央集权化的行政，以及甘愿为物质利益放弃政治自由的民众的沉默。其主要原因并非不宽容的多数，而是退缩消极的个体③。它代表了一种托克维尔认为"民主时代尤其应当恐惧的"新的专制类型（下卷 4.7，第 328 页；下卷 2.4，第 109 页）。这种新的暴政是温和的而非严苛的，以堕落为基础而非以折磨为基础（下卷 4.6，第 323 页）。它是温和的，因为它的绝对权力来自民众的自愿屈从，他们容许政治权力的扩张，希望以此换取安全与物质享受。而它对其权力的运用也是温和的，只要它能够实现其向公民提供其所寻求的物质利益的

① 关于多数暴政的这两种形式的讨论，见 Jardin, *Alexis de Tocqueville,* 208。

② Lively, *The Social and Political Thought,* 107. 托克维尔提供了美国多数暴政的两个例子。第一个涉及巴尔的摩的一份报纸，该报对 1812 年的战争表示强烈反对，而这场战争当时在巴尔的摩很受欢迎。结果被该报激怒的公众开始集会，"砸坏了报社，并且攻击编辑们的住宅"（《论美国的民主》，上卷，第二部分，第七章，第 263 页注 4）。在相关编辑与记者被拘禁之后，暴民们又闯进监狱，杀死了其中一名记者，其他人则奄奄一息。而涉案人员最后竟然被陪审团宣布全部无罪释放。托克维尔给的第二个"多数人的专制可能导致的过分行为"的例子涉及宾夕法尼亚州黑人选举权受到的限制。尽管该州的法律允许黑人投票，但几乎没有黑人真正运用这项权利，因为他们担心遭到地方上白人的报复。在这个例子里，法律缺乏应有的效力，因为多数人出于"对黑人的最强烈的偏见"而采取非正式的行动阻碍了法律的实施（出处同上）。多数暴政的根源根本上位于法律之外，在于人民主权的原则，正是这一原则赋予法律以合法性，并界定了民主政体。而且由于公共舆论的权力很大程度上是在法律之外非正式地运作的，因此法律上的权力分立、制度上的制约与平衡的体系，在约束其力量方面也只得束手无策。因此托克维尔认为《联邦党人文集》对多数暴政的解决方案是不充分的。见 Paul Bastid, "Tocqueville et la doctrine constitutionnelle," 载 *Alexis de Tocqueville: Livre du centenaire, 1859—1959*, 46; and Siedentop, *Tocqueville,* 62。

③ Jardin, *Alexis de Tocqueville*, 258.

承诺,通过他们的嗜欲与公共舆论的力量来控制他们,而不是通过严苛的法律与暴戾的惩罚来控制他们。但是与传统的专制一样,这种新的温和专制也会导致无限制的国家权力,以及个体自由的丧失①。尽管两者强调的重点不同,但是在托克维尔看来,多数暴政与温和专制的危险都同样反映了现代民主背后的逻辑,亦即倾向于以牺牲自由为代价推 69
进平等,并且倾向于抛弃对政治权力的限制,从而可能导致新的专制形式,这种专制形式尽管符合人民主权的民主理念与多数人的物质利益,却造成了个体自由的不安全②。正如我们将要看到的,民主的这种孪生

① 托克维尔所诊断的这两种危险之间关系的性质已经成为了诸多讨论的主题。见 Seymour Drescher, "Tocqueville's Two Democracies," *Journal of the History of Ideas*, 25, no. 2 (1964): 201—216; Arthur Schlesinger, Jr., "Individualism and Apathy in Tocqueville's *Democracy in America*," 载 *Reconsidering Tocqueville's Democracy in America*, ed. Eisenstadt, 101; Melvin Richter, "Tocqueville, Napoleon, and Bonapartism," 载 *Reconsidering Tocqueville's" Democracy in America,"* ed. Eisenstadt, 118; Lamberti, *Tocqueville and the Two Democracies*, 123, 232—238; Max Lerner, "Introduction" to *Democracy in America* (New York: Fontana, 1968), 91; James T. Schleifer, *The Making of Tocqueville's Democracy in America* (Chapel Hill: University of North Carolina Press, 1980), 285; Furet, "Naissance d'un paradigme," 225—239; Lawler, *The Restless Mind*, 133; Mansfield and Winthrop, "Introduction"; and Kraynak, "Tocqueville's Constitutionalism," 1180。现代民主的这两种危险看似是相互对立的,因为多数暴政看似体现了民众积累过头的能量,而温和专制则看似体现了其虚弱的消极性。在某种程度上,托克维尔确实是将二者分开处理的,在《论美国的民主》的上卷中强调多数暴政,而在下卷中强调温和专制。上下两卷的出版相隔五年,上卷出版于 1835 年,下卷出版于 1840 年,而且托克维尔也告诉朋友,在这之间的几年中,他对民主以及美国的理解都加深了。从上卷到下卷最重要的转变,或许是认识到现代民主中对个体自由的威胁有可能来自个体自身,他们默许(甚至欢迎)越来越不受限制的政治权力,因为这种权力能够保障他们物质上的安逸( Lively, *The Social and Political Thought*, 15 )。这里的问题并不仅仅在于权力的侵蚀本性,而在于人性可能有理由认为这种侵蚀是值得欲求的。

② 《论美国的民主》的上下两卷因此分享着一个共同的中心主题,亦即如何在一个现代民主政治体中维持自由(既包括个体自由也包括集体自由)的问题。见 Jardin, *Alexis de Tocqueville*, 257.

危险有着一系列共同的解决方案[①]。

托克维尔试图呈现这种新秩序的危险，从而为免遭这些危险提供保障。只有理解了民主才能“指导”民主，才能“重燃”其“信念、纯洁其风尚、规范其运动”（上卷，导言，第5页），并从而使得民主政体能够维持自身运作及其公民的自由。通过对现代民主人进行关于其自身及其生活方式的教育，托克维尔试图支援既以集体自决形式、又以个体能动性形式出现的政治自由的能力[②]。他希望能够反击当时（以及我们现在）的一种普遍看法，这种看法认为个体与政治社会都仅仅是非人格力量的产物。他将这种看法归咎于“民主史学家们”，这些人否定“个体的个别行动”，以为倘若承认了个别的行动，就会显得好像“世界在缺少一个可被发现的驱动力的情况下还能运动”。这种做法的结果是“导致人们认为这种运动不是自愿的，认为社会在不知情的情况下服从着某种主宰它们的力量”。尽管托克维尔承认“各种一般原因”对社会与个人起着影响，但他并不认为这些力量是完全决定性的，或者完全不可抗拒的（下卷1.20，第90—91页）。相信它们不可抗拒乃是“危险的”看法，因为这会导致默许与对责任的放弃，并且会“击垮”公民的“灵魂”（同上，第92页），从而损害民主自由。托克维尔的两部主要著作代表了对“某些事命中注定，任何努力都无法改变”这种观念的拒斥（同上，第91页）。在他看来，对人类能动性的信念，即便有所夸大，仍旧是捍卫政治自由的行动的必要前提。托克维尔试图在影响民主的非人格力量以及

① Mansfield and Winthrop, “Introduction,” liii, lxxi.

② 关于将托克维尔的规划视为一种培养能动性能力的努力的讨论，见 Boesche, *The Strange Liberalism*, 117; Michael Hereth, *Alexis de Tocqueville: Threats to Freedom in Democracy,* trans. George Bogardus (Durham: Duke University Press, 1986), 181; Pontuso, “Tocqueville on Courage,” 99, 106; and Kraynak, “Tocqueville’s Constitutionalism,” 1179f。托克维尔的政治自由观比孟德斯鸠的更具有民主性，因而也更具有参与性。它既包括了政治参与的“积极自由”，也包括了免受政府未获许可的侵犯的“消极自由”。见 Lamberti, *Tocqueville and the Two Democracies*, 60, 187。

抵抗并引导这些力量的可能性这两个方面都对现代民主人有所启迪[1]。

虽然托克维尔力图使民主免遭其自身的威胁，但是他对回到旧制度下的旧世界毫无兴趣，那个世界在他看来既是不完美的（上卷 2.7，第 261 页），也是早已死去的（上卷，导言，第 4、11 页）[2]。尽管现代民主制 70
不自觉地保留了过去的种种痕迹[3]，但托克维尔还是认为平等这种新的统治原则乃是“既成事实，或者即将成为既成事实”（同上，第 11 页）。因此他对民主专制的危险提出的解决方案都是民主的解决方案，尤其是现代民主的解决方案。尽管这些解决方案依赖于现代民主的贵族制遗产，但毕竟还是依赖于隐含在民主制度与民主性格中，或者与之相容的东西，而非拒绝民主制度与民主性格，鼓吹回到旧制度。托克维尔坚信现代民主只有在结合了贵族制社会的某些特征之后才能保持自由。这是他自称“新品种的自由主义者”的一大理由[4]。他那个时代的自由

---

① 关于托克维尔对人类事务中的不可避免性这一观念的抵制，见 Pierre Birnbaum, *Sociologie de Tocqueville* (Paris: Presses Universitaires de France, 1970), esp. 17f.; Marvin Zetterbaum, *Tocqueville and the Problem of Democracy* (Stanford: Stanford University Press, 1967), 4—16; Pierre Manent, *Tocqueville and the Nature of Democracy*, trans. John Waggoner (Princeton: Princeton University Press, 1996), 26; Lamberti, *Tocqueville and the Two Democracies*, 38, 102; Albert Salomon, “Tocqueville’s Philosophy of Freedom,” *Review of Politics*, 1, no. 4 (October 1939): 410; Ceaser, “Alexis de Tocqueville on Political Science,” 660f.; Lively, *The Social and Political Thought*, 8f.; and Carrese, “Judicial Statesmanship,” 485。在伯舍看来，托克维尔在这一点上是模棱两可的，见其书 *The Strange Liberalism,* 69。

② Lamberti, “Two Ways of Conceiving the Republic,” 载 *Interpreting Tocqueville’s Democracy in America,* ed. Masugi, 11; Lamberti, *Tocqueville and the Two Democracies,* 33; Boesche, *The Strange Liberalism,* 51; Alulis, “The Promise of Democracy and the Problem of Liberty,” 38, 42f., 54; and Jardin, *Alexis de Tocqueville,* 243。

③ 托克维尔，《旧制度与大革命》，第一卷，序言，第 69 页。

④ 转引自 Salomon, “Tocqueville’s Philosophy of Freedom,” 403。关于 19 世纪早期法国自由主义氛围的讨论，见 R. Pierre Marcel, *Essai politique sur Alexis de Tocqueville* (Paris: Félix Alcan, 1910), 1—54。托克维尔试图使自己区别于霍布斯与洛克等自然权利理论家，边沁与詹姆斯·密尔等功利主义者，以及与他同时代的著名的自由主义者比如本杰明·贡斯当与斯塔尔夫人。与所有这些人不同，托克维尔（与孟德斯鸠一样）认为，

主义者通过对旧制度所有方面的坚决反对而界定自身。托克维尔则认为现代民主社会必须为旧制度中的中介性团体、为宗教，以及为传统上与贵族荣誉相联系的热忱勇气、高亢野心、骄傲和对自由的热爱等等找到民主式的等价物[①]。美国民主用其层出不穷的自愿社团来满足对中介性团体的需求，用其不胜枚举的、热情洋溢的各种新教宗派来满足对宗教的需求。但是寻找荣誉的民主等价物尽管同样必要，却被证明相对更为困难。托克维尔确实鉴定出了一种极其美国式的荣誉，并且明确声称许多与传统荣誉相联系的品质都能在美国找到，但是他也强调说，在美国，荣誉与民主之间的关系远非和谐。

## 荣誉与民主之间的冲突

虽说荣誉与民主之间的紧张关系在《论美国的民主》全书中陆陆续续都有所体现，不过托克维尔对这些问题的直接触及则是在题为“关于美国和民主社会中的荣誉”的一章中（下卷 3.18）。在这一章中，托克维尔将荣誉定义为：（一）“敬重、荣耀或名誉”；以及（二）“人们赖以获得这些敬重、荣耀或名誉的那些规则”（同上，第 238 页，注 1）。这个定义突出了本书第二章中所探讨的荣誉三大维度中的两个：诸种公共荣誉，以及荣誉的准则。在指出民主社会对荣誉这两个方面的转化如何达到了几乎将其铲除的地步之前，托克维尔也暗示了它们之间存在某
71 种程度的相容性。他指出封建社会的传统荣誉只是“其诸多形式中的一种”。荣誉在民主制中也许不像它在贵族制社会，或在孟德斯鸠所描

自由主义宪法与个体权利乃是个体自由的必要但不充分条件。Salomon, “Tocqueville’s Philosophy of Freedom,” 403. 同样看法可见 Eugène d’Eichthal, *Alexis de Tocqueville et la démocratie libérale* (Paris: Librairie Nouvelle, 1897), 131; Lively, *The Social and Political Thought,* 127; and Siedentop, *Tocqueville,* 67。部分而言，这种信念反映了托克维尔对侵蚀性权力的性质的更为全面的理解。

① Ceasar, “Alexis de Tocqueville on Political Science,”668 中提出了类似的观点。

述的宪政君主制中那样居于显赫的地位，但是“就像在贵族时代一样，在民主时代同样可以找到荣誉”（同上，第245页）。那些认为荣誉与封建主义不可分割的人都错把荣誉的一种形态当成了它的全部，从而“把属名给予了某个种”（同上）。传统封建荣誉之所以被错当成荣誉本身，很大程度上是因为旧制度中荣誉的显赫地位。荣誉在新制度中展现了“一种不同的面相”，因为新制度赖以分配敬重、荣誉和声望的那些规则的具体内容已经发生了变化（同上）。但是尽管有这些不同，托克维尔说，每个社会都会有某种荣誉观，因为“每次当人们在某个特定社会中聚集时，他们之间马上就会建立某种荣誉，亦即适合于他们的关于什么该被赞扬、什么该被责备的意见的集合”（同上，第242—243页）。

托克维尔甚至还辨别出一种“美国式的荣誉”。美国作为商业国家，自然地会推崇“倾向于使社会有规律地运作并有助于商业发展的那些平和的德性”（同上，第243页）。美国人将贞洁视为他们的荣誉，因为“家庭的内部秩序对于商业的成功如此必要”（同上，第244—245页）。与此同时，如果缺少了“大胆创业”与“冒险经营”，工商业也无法繁荣兴盛（同上，第244页）。因此美国人“对营业方面的大胆抱着友好的态度，并以之为荣”，将对财富的热爱视为“高贵且值得尊敬的野心”（同上）。工作与否本身也攸关荣誉。托克维尔描述他遇到一些“有钱的年轻人，他们虽然从心里不愿干苦活，但也不得不操一种职业”，因为“公共舆论坚决禁止”懒散（同上，第245页）。贞洁、商业上的勇往直前，以及工作，这些都可以在托克维尔所描述的美国赢得尊敬，因为所有这些“对于美国社会的维系与繁荣而言是必须的”（同上）。如果把荣誉理解为公共认可以及指导公共认可的各种标准，那么人们可以在几乎任何社会中找到荣誉[①]。各种公共荣誉以及荣誉的准则对政治社会具有工具性的价值，任何政体都会对促进其实现其目的的那些行为赋予荣誉。在托克

① 派里斯蒂埃尼同样认为，荣誉是社会分类中的一种普遍现象。Peristiany, “Introduction” to *Honor and Shame,* 11.

72 维尔看来荣誉并不仅仅具有工具性价值，但是荣誉确实具有工具性价值这一事实意味着荣誉的"面相"是可变的。每个政体不出意外都会拥有荣誉，但都是以对其有用的那种形式呈现。

然而在指出民主式荣誉确实存在之后，托克维尔笔锋一转，开始阐述民主与荣誉之间的各种冲突，这些冲突削弱了荣誉对个体行动的影响。其中第一个冲突是民主制中荣誉对行为的指导"远远少于"贵族制社会。荣誉的准则为判断一个行为是该被赞美还是该被谴责提供了基础，但"在完全没有被划分成各种等级的人民中间"，这些准则的内容"要少得多"（同上，第 246 页）。民主制中荣誉做出的规定之所以比贵族制社会中少，是因为在民主制中，相同的规定被应用于每一个人。事实上，如果在某个社会中群体之间的差异被完完全全地铲除的话，那么荣誉就将会"仅限于少数几条戒律"，而后者"与一般意义上的人性的共同体所采纳的道德法则之间的差别将会越来越少"（同上）。然而随着荣誉的准则越来越接近于对一般意义上的人性适用的普遍道德标准，荣誉也就渐渐失去了其特殊性，其独到特征也就被更一般化的人道主义所遮蔽了。

荣誉的规则在民主制中同样"不那么清晰"（同上）。托克维尔说，在旧制度中"一代代人盲目地相互跟随"，所以"观念的变动几乎不会超出条件的变动"（同上）。那些属于同一个等级的人"看到的对象是相同的，看待事物的立场也是相同的"（同上）。这就导致荣誉有着"清晰明确的形式"，荣誉的准则"完备而具体"，为"人类行动提供了固定的、永远可见的规则"（同上，第 247 页）。相反，在现代民主政体中"所有公民都在流动，社会每天都在变迁，它的舆论与需求都在不断变化"，从而"荣誉"一词所附带的含义也就难以精确地固定下来（同上，第 246 页）。民主荣誉"必然不那么有力"，因为无法对它那么清晰地加以界定，而"如果我们对某个法则的了解并不完善，我们很难确定地、坚决地对其加以应用"（同上，第 247 页）。荣誉在旧制度中的强度与显赫度很大程度上来自传统的力量以及旧制度中社会秩序的固定性，尽管悖论式的，僵化的社会秩序同样易于造成荣誉的腐化。

荣誉在民主制中相对弱势的另一个原因是个体在大众社会中的泯然性（obscurity）。在贵族制的人民中，“各个等级之间差别明显”，因此“没有人可以希望或者担心自己被人忽视”。没有人能够通过泯然众 73
人而逃脱赞扬或者谴责（同上，第 248 页）。而当条件的平等占据主流之后，不同个体“就被混合在同一群人里了”（同上）。结果就是个体之间变得越来越相似，“无法通过任何显著的特征而相互区分”（同上，第 249 页）。讽刺的是，伴随社会与政治平等而来的平等认可，并没有使个体变得同等杰出，反倒使他们变得湮没无闻。安迪・沃霍尔曾经开玩笑地说道，在美国，每个人都能获得十五分钟的名望。这个玩笑既点出了现代民主生活方式中占据压倒地位的泯然性（一生之中只有十五分钟的出人头地），又道破了民主声望在品质上的毫不足道（因为每个人都拥有这种声望）。民主社会中个体的泯然性，甚至隐匿性，妨碍着他们紧密遵循荣誉的规则，因为泯然性干扰了对赞美与责备的公共规范。如果个体刚一进入公众的视野，就马上又消失在其同样毫不足道的同胞庸众之中，那么“公共舆论就失去了针对性；它的对象每次都会消失，都会逃脱公共舆论”（同上，第 248 页）。个体在民主社会中的隐匿性削弱了荣誉，使人们对其指示的遵循变得过分松弛。鉴于所有这些原因，托克维尔在这一章的末尾总结道，荣誉与条件的不平等之间无可避免地有着联系（同上，第 247、248、249 页）。尽管荣誉的民主形式的确存在，但是它们不太可能与贵族制社会中的荣誉具有同等的力量与显赫性。

尽管《论民主的美国》中只有这一章是在直接讨论荣誉，但这并不意味着它包括了对这一主题的所有讨论，因为托克维尔在本章中只给荣誉下了一个比较狭窄的定义，将荣誉限于它的两个外在维度，亦即各种公共荣誉和荣誉的准则。而细读全书，可以发现许多地方也暗示着，作为一种性格品质的荣誉同样与现代民主人的性格有所冲突。具体地说，荣誉与民主的个体主义以及物质主义相抵牾。个体主义是“由一个新的观念所带来的最近的一种表达”，托克维尔认为“我们的父辈”对这种表达一无所知（下卷 2.2，第 105 页）。它不同于“利己主义”，后者是以“盲目的直觉”与“堕落的感受”为基础的“对自我的一种激烈夸张的爱”，而个体主义则是“反思性的、平和的”（同上）。除此以外，利己主义者只关心他自己，而托克维尔的个体主义观则涉及一个稍广泛一些的关切层面。但是个体主义仍然意味着“人们只关心那些离自己最
74 近的人”（同上，第 106 页）。在现代民主制中，托克维尔说道，每个公民都倾向于“将他自己从其同胞大众中孤立出来，退缩到其家庭与朋友的一个小圈子里”，从而放弃了“更大的社会”（同上，第 105 页）。现代民主人的孤立之所以可能，是因为社会结构的民主化将个体从之前的各种关系（商团附属关系、家族谱系关系、对上位者的依赖关系）中解放了出来。托克维尔看出了这种解放的价值，但他同样坚信个体主义使现代民主人变得无力。比起共同行动的个体，单独的个体要弱小得多，而现代民主中政府权力的扩大更加剧了个体的弱小。结果导致“仅仅由一小部分公民掌握的权力，尽管有时是压迫性的而且往往是保守性的，却因为全体公民的弱小而获得胜利”（上卷，导言，第 8 页）。而当个体“非常弱小，而国家……却非常强大”时（下卷 1.12，第 58 页），对侵蚀性的政治权力的抵抗、对个体自由的捍卫就变得相当困难（下卷 1.3，第 53 页）。通过销蚀各种社会依附关系（尤其是对屹立于家庭与国家之间的各种中介性团体的依附）、削减个体在这一过程中的效能感，以及使个体丧失能动性的能力，个体主义就削弱了荣誉。在托克维尔看来，与传统荣誉相联系的能动性无法得到强有力的施展，对于现代民主是一个严重的问题。正如一位评论者注意到的，托克维尔著述的一个中心目标就是在不恢复旧时代贵族的种种特权的前提下，找回旧时代贵族那种行动主义的品质与功能；或者说是在对其条件加以民主化的同时，保

存作为一种性格品质的荣誉[1]。

个体主义的另一个后果是，“每个人都自我封闭起来，试图从封闭的小圈子里判断世界”（下卷 1.1，第 12 页）。由于现代民主制中普遍的社会流动性，“生活在这样一个社会中的人再也不能把他们的信念建立在他们所属的阶级意见的基础上，因为可以说这个社会中已经不再有任何阶级了”，或者说这个社会中的所有阶级“都是以如此变动不居的元素构成”，以至于它们作为群体，对个体信念施加的影响变得微乎其微（同上）。同样，个体相互之间的影响也变得微乎其微。托克维尔认为，如果所有人都被认为相互平等，那么就没有人“会在他们之间感觉到任何伟大的迹象，或者任何无可争议的优越性的迹象”，于是所有人“都会不断地退回到他们自己的理性中去，把它作为最明显最切近的真理来源”（同上，第 12 页）。在托克维尔看来，现代民主人同样拒绝了传 75
统的权威。美国人倾向于认为“旧的信念的作用是提供信息，而非提供规则”，他们的这种倾向反映了某种更一般的趋势（下卷 3.8，第 202 页），亦即民主往往会“摧毁或模糊几乎所有之前的社会习俗”，使得这些社会习俗对个体判断几乎不再有任何权威（同上，第 205 页）[2]。托克维尔认为，虽然这也可能是件好事，但是如果走到了极端，结果就不再是旧时代贵族制中他所仰慕的那种心智上的独立性，而是某种形式的主观主义，其不但偏离了独立性，而且会招来公共舆论的暴政。讽刺的是，恰恰是当人们视自身为相互平等的个体，从而自以为不会“盲目相信任何一个人或任何一个阶级的时候……盲从大众的倾向却在增长，而世界的运作也越来越受到公共舆论的控制”（下卷 1.2，第 18 页）。在拒绝了权威的其他来源之后，人们就只好在两个极端之间摇摆不定，一端是

---

① Hereth, *Alexis de Tocqueville: Threats to Freedom,* 18.

② 关于这一点，见 Robert N. Bellah, “The Quest for the Self: Individualism, Morality, Politics,” 载 *Interpreting Tocqueville's“ Democracy in America,”* ed. Masugi, 332f., 338; and Manent, *Tocqueville and the Nature of Democracy,* 59。

主观的判断，另一端是“对公众的判断的几乎无限信任”（同上）。于是公共舆论就在现代民主制中获得了前所未有的权力，威胁着“将个体理性的行动局限在如此狭窄的范围内，导致其不再符合人类的高贵与幸福”（同上，第 19 页）。

托克维尔以一种贵族式的蔑视谈及美国民主中的随大流者，说道，“我不知道还有哪个国家比美国更缺少独立的心智与真正的自由和讨论”（上卷 2.7，第 267 页）。对公共舆论的依赖加剧了民主面临多数暴政危险时的脆弱性，后者的运作正是通过“将所有人的心力变成的巨大压力施加在每个人的理智上”，把多数人的观点强加给个体，使这些观点“渗透个体的灵魂”（下卷 1.2，第 18 页），从而诱导每个人“完全不再思考”（同上，第 19 页）。出于这个原因，托克维尔担心民主“有可能对民主社会国家所热爱的理智的自由造成限制”，从而“只能发现奴役的一种新面相”（同上）。个体主义导致了在自说自话的主观主义与奴性十足的随大流这两个极端之间的左右摇摆[①]。

这两种极端都会损害作为一种性格品质的荣誉。正如前面说过的，作为性格品质的荣誉依赖于敬畏与反身性二者之间有节制的混合。托克维尔对民主个体主义的讨论从而指出了荣誉与民主之间的另一个冲突。荣誉预设了对指导荣誉的、集体性的或习俗性的准则的某种程度
76 的敬畏。当个体几乎拒绝了所有外在于其自身心智的权威来源时，荣誉也就丧失了其拔高、指导、约束个人野心的能力。如果说荣誉预设了对固有准则之权威的某种程度的敬畏的话，那么另一方面，它同样要求一种批判反思的能力，并且可能要求对权威进行抵抗。托克维尔本人将荣誉与对公共舆论的指令加以抵抗联系了起来，声称当贵族制风尚盛行时，舆论反而更具有多元性（上卷 2.7，第 267 页），并且也有着更多

① 所以马南注意到，根据托克维尔的观点，现代民主人倾向于仅仅认可行动正当性的两类来源：个人意愿与公意。见 Manent, *Tocqueville and the Nature of Democracy*, 10。

独立的行动，而非随大流（下卷 4.7，第 329 页）[①]。对外在于个人意志的原则之权威的某种程度的敬畏能够为抵抗公共舆论的压力提供有力的基础。贵族"士君子"之所以能够在其荣誉准则受到侵犯时鼓起勇气抵抗其国王的命令，恰恰是因为他对其准则之权威的敬畏。随着否定了这些独立标准的权威，现代民主人也就不知不觉地放弃了自身的意志，削弱了政治能动性的能力。因此托克维尔建议人们通过约束个体主义而扩大独立行动的范围，因为个体主义拒绝外在标准的权威，从而最终导致随大流[②]。荣誉对其准则的敬畏支持着个体能动性的强有力施展，从而支持着独立性，然而民主的个体主义却倾向于削弱荣誉。

荣誉与现代民主之间的冲突还有另外一个原因，那就是在民主公民的性格中占据主流的物质主义。在美国，"贪婪是永无止境的，人心无时无刻不受到对财富的追求的驱使，而对想象力与智力工作带来的快乐不加注意"（下卷 1.9，第 41 页）。事实上，"最深入地激励着美国人"的动机是"商业的"动机（上卷 2.9，第 298 页）。对金钱的热爱居于主宰地位，因为几乎每个人都参与到了商业经济之中，并且接受了商业所造就的思维与情感习惯。此外，金钱对现代民主人而言确实相当重要，因为他们无法依赖于家族谱系、头衔，或者世袭封地来保障他们在社会中的地位（下卷 3.17，第 236 页）。只有金钱能够提供这种保障，而且与贵族不同，民主人必须靠自己来挣钱。要想活下去并且保障他们的地位，民主人就必须关注赚钱，而对金钱的这种不可避免的关切又自然而然地导致他们发展出热爱钱财的习惯。民主人之所以热爱金钱，不是因为"他们的灵魂天生渺小"，而是因为他们的条件平等，且他们的地位 77
又不稳固（同上）。出于这些原因，物质上的自利就成为了现代民主制

① 对这一点的进一步讨论，见 Manent, *Tocqueville and the Nature of Democracy*, 38。

② 关于将智识权威与独立思考加以平衡的必要性，见 Boesche, *The Strange Liberalism,* 142f., 152; Lamberti, *Tocqueville and the Two Democracies,* 168; and Kraynak, "Tocqueville's Constitutionalism," 1180。

中主宰性的动机，而物质主义的显赫又进一步削弱了作为性格品质的荣誉的前景。诚然，美国人以商业野心为荣，而且托克维尔有时候也把美国式的荣誉等同于商业野心。在这一点上托克维尔不同于孟德斯鸠，后者认为“商业荣誉”这个概念本身就是自相矛盾的[①]。但是商业野心的物质主义仍然是与贵族品质相冲突的，而正如我们将看到的，托克维尔又将贵族品质与传统荣誉相联系，并将其推荐给现代民主人。商业荣誉光靠其自身并不能为自由提供后者有时亟需的那种捍卫。

## 荣誉与“正确理解的自我利益”

美国民主严重依赖于托克维尔所谓“正确理解的自我利益之教诲”这种动机。他告诉我们，虽然这种动机并非什么新东西，但是“只有在我们这个时代的美国人中间它才得到了普遍的接受”。“正确理解的自我利益”指的是“做好事是符合每个人的利益的”这样一种看法。“光明磊落的自爱”导致美国人“互相援助，并且自愿为国家的利益而牺牲自己的一部分时间和财富”（下卷 2.8，第 128 页）。这种教诲通过鼓励人们考虑他们私利以外的东西而制约了狭隘利己主义，但它又并不要求他们忘记自己的私利，或者是为了某种更加断然的义务感而放弃后果主义式的理性算计。相反，“正确理解的自我利益”将每个人的私利与其他人的利益，以及与整个共同体的共享利益紧紧地联系在一起，从而既保全了个体利益在动机方面的力量，又扩展了它的目标。由于它并不要求公民们放弃他们的私利，因此这个教诲“以令人赞叹的方式与人类的弱点相通融，从而能够轻而易举地对人造成巨大的影响”（同上，第 129 页）。除了简单易行之外，这个教诲也是明白易懂的：“它位于所

---

① 因此孟德斯鸠赞许君主制中那些禁止贵族成员从事商业活动的法律，认为在法国采纳允许贵族从事商业的法律将会“摧毁贵族阶级”，而又不会对商业起到任何作用。孟德斯鸠，《论法的精神》，第二十章，第二十二节。

有智力的范围之内”，所以“每个人都能很容易地明白它的意思，并且毫无困难地坚持它”（同上）。“正确理解的自我利益”这个动机并不要求对心灵或头脑的特别运用。所以“它并不试图达成伟大的目的，但是它不费多大力气就能达成它所追求的一切”（同上，第 128 页）。因为它既 78
简单易行又明白易懂，所以它是可靠的，所以托克维尔推荐这一教诲，认为它是“最适合于我们这个时代的人的需求”的东西（同上，第 129 页）。

看起来“正确理解的自我利益”似乎足以维持美国的民主了。它为个体提供了参与政治结社的理由，并将他们引向更广泛的重叠利益的立场，从而为公民身份的“发条”上好了“润滑油”。与此同时，由于公民们仍旧密切关注他们的利益，因此他们就会紧紧地盯着政府，“防止他们的代表从他们的利益所标记出来的某条一般路线上偏离开去”（上卷 2.6，第 243 页）。因此“正确理解的自我利益”能够使公民们成为他们的民选代表的警觉的监督者。这种教诲不仅能够促进参与和警觉，而且还能支持对权利的运用，而这些权利则维持着自由。由于政治权利保护了利益，所以按照“正确理解的自我利益”的教诲而行动的个体就有理由“对他们的权利斤斤计较”（同上），从而抵抗对这些权利的侵蚀，并且尊重其他人的权利。事实上，托克维尔指出，这种教诲不但适合于其任务，而且本身也具有内在的价值。举例来说，比起“权力的野心”来说，“对安康生活的热爱”尽管“比较庸俗”，但同时也是“不那么危险的一种激情”（上卷 1.8，第 165 页）。类似地，比起荣誉来说，它也显得更为有秩序、不那么“汹涌”，而荣誉虽然能够带来“辉煌”，却也常常带来“麻烦”（上卷 2.6，第 243 页）。“正确理解的自我利益”造就了“循规蹈矩、自我克制、温和稳健、谨小慎微、严于律己的公民”，尽管它妨碍了“某些人远远超出人的一般水平”，但它也防止了其他大多数人堕落到这个水平之下。总体而言，托克维尔认为，“正确理解的自我利益”的教诲“拔高了这个物种”（下卷 2.8，第 129 页）。在某些情况下它甚至能够激发令人仰慕的勇气，比如追逐利润的美国贸易者无畏地向危险的大海航行（上卷 2.10，第 420 页），或者一心想要发财的美国拓荒者无视惨死的风险奔赴西部边疆（上卷 2.9，第 293—294 页）。托克维尔在这类野心以及美国民主人的商业荣誉中看到了“某种英雄主义”（上卷 2.10，第 421 页），与这种英雄主义相联系的是个体奋斗的经验，以及反抗自然强加的限制、自我做主的理念。美国人并不“认为自然能够对人的努力构成任何限制；在其眼中，凡是尚未实现的事情，都只是
79 尚未被尝试过的事情”（同上，第 422 页）。这是民主“将过去视为提供‘信息’而非提供‘规则’”这种倾向的积极面。这也符合托克维尔所强调的，只有拒绝了“命中注定”的观念，政治自由才得以可能。此外，创新有时也会改善人类状况，而美国民主人作为创新者的身份认同意味着有可能（如果不是确定无疑的话）使人类获得“拔高”①。

但是尽管“正确理解的自我利益”的教诲确实能够支持民主政府的常规运作，甚至能够推动某种英雄主义，但它作为民主自由的驱动力仍然是“不完备的”（下卷 2.8，第 129 页）。无论我们如何正确地对其加以理解，自我利益本身都无法保护民主制的民众免遭多数暴政与温和专制的威胁。个体主义带来的弱小感使得民主政体中的公民们转向国家以寻求支持和保护（下卷 4.3，第 301 页）。托克维尔描述了大革命之后（甚至之前）这种依赖关系在法国的兴起，说道：“没有人会想象自己能够在任何事务上获得成功，除非国家介入。农民们通常本该是最抗拒管理的人，可是他们现在却变得认为，如果农作物收成不够好，那一定首先是政府的错，因为政府既没有给他们足够的建议，也没有给他们足够的援助”②。农民之所以在遇到麻烦时抱怨政府没有给他们提供足够的建议和援助，是因为其他时候政府给了他们太多的建议和援助。

---

① 庞图索顺着这些话指出，并非所有的民主品质都会导致勇气的丧失。见其“Tocqueville on Courage,” 106。

② 托克维尔，《旧制度与大革命》，第二卷，第六章，第 135—136 页。

他们并不怀疑“保护者的背后可能藏着一个主宰者”[①]。根据托克维尔所言，美国人比起欧洲人来说较能抵御这种错觉，因为他们保持了相对去中心化的行政结构，从而鼓励了公民方面较高程度的自给自足。但是不管他们再怎么能抵御这种错觉，美国人仍旧不能完全免遭民主逻辑的影响，而民主的逻辑总是要增加中央集权化的趋势。作为民主人，他们同样“完全地”向“树立专制”的趋势敞开（下卷4.6，第322页）[②]。

“正确理解的自我利益”的教诲之所以“不完备”，是因为它虽然能缓和这种趋势，却不能对此加以根除。一个中央集权化的权威常常能以别种方式所不及的效率提供物质上的舒适，而对物质舒适与安全的欲求会使公民们支持而非抵制这种权威的扩张。此外，以增进自身物质利益为主要动机的公民们往往更重视公共秩序的维持而非自由的运 80
用，因为公共秩序能够保护他们的财产并保障他们的舒适。托克维尔认为“公共的平安是一种巨大的善”，但他同样坚信“所有民族都是通过良好的秩序而抵达暴政的”（下卷3.14，第147—148页）。当“热爱物质愉悦”的人们看到自由带来的喧嚣威胁到他们的繁荣时，他说，这些人就倾向于“一旦出现无序状态，马上把自由抛诸脚下”（同上，第147页）。而一旦某个揽权者（或某个派系）在一个政治权力与行政权力都已经中央集权化的国家里担起了保护者与主宰者的角色，那么“他会发现通往篡夺所有权力的道路都是一马平川”。只要“他能够使得物质利益在一段时间内保持繁荣，那么他就可以大张旗鼓地做其他任何事情”（同上）。可见物质上的自我利益并不足以阻挠这些侵蚀。作为一种保住或增加个人财产的欲望，它甚至会教唆人们默许纵容这些侵蚀。物质主义，即便是一种“体面的物质主义”，也仍然会“减弱并不动声色地

① 托克维尔，《旧制度与大革命》，第二卷，第六章，第136页。

② 托克维尔同样注意到，他在美国“最为反感”的，“是缺少对暴政加以抵御的保障”（《论美国的民主》，上卷，第二章，第七节，第263页）。

松开行动的发条”（下卷3.11，第139页）[①]。

当然，“正确理解的自我利益”的教诲也并不将其目标局限于物质目的。它同样可以帮助人们分辨其非物质的利益，比如自由之中的利益，并且可以“引导他们认识（自由）在带来诸如财富与权力等等好处方面的效用”[②]。但是这种动机的问题在于它仍然深陷于效用之中。托克维尔坚持认为，只有当自由被作为目的本身而珍视时，自由才最终能够得到维持[③]。自由唯一真实而且可持续的基础，并非商业野心或者正确理解的自我利益，而是对作为目的本身的自由的热爱，某位评论者将对自由的这种热爱称为“拒绝为蛊惑民意或强人专政服务的人类灵魂的尊严”[④]。“正确理解的自我利益”的教诲改造了利益的范畴，使其拓展到狭隘利己主义的禁锢之外，并使其超越于完全的物质主义之上，但是它仍旧无法产生非后果主义式的思维与非工具性的行动。而这些恰恰是托克维尔在提到对作为目的本身的自由的热爱时心中所想到的东西，是保护个体自由（即便仅仅在少数场合）所亟需的、对“正确理解的自我利益”的补充。由此托克维尔阐明了“正确理解的自我利益”（以

① 关于物质主义如何削弱了个体能动性的讨论，可见 Lamberti, “Two Ways of Conceiving the Republic,” 17; Edward C. Banfield, “The Illiberal Tocqueville,” 载 *Interpreting Tocqueville's“ Democracy in America,”* ed. Masugi, 250; Boesche, *The Strange Liberalism*, 86ff., 158; Kraynak, “Montesquieu's Constitutionalism,” 1183; Hereth, *Alexis de Tocqueville: Threats to Freedom*, 22。另外，施莱辛格反对托克维尔此处的论证，说道：“在那些试图消灭物欲冲突的国家中，公民的冷漠程度比在资本主义国家中要高得多。” 见 Schlesinger, “Individualism and Apathy in Tocqueville's *Democracy*,” 99。当然，施莱辛格的这句话本身并没有错，只不过托克维尔对于物质主义对个体能动性可能造成的影响的关切，并不旨在消灭商业或者物欲冲动。托克维尔的意思是要鼓励超出物质主义之上的其他补充性的动机，但绝非要让这些动机取代商业野心，或者对“正确理解的自我利益”的追求。

② 托克维尔，《旧制度与大革命》，第三卷，第三章，第217页。关于这一点，见 Ceaser, “Alexis de Tocqueville and Political Science,” 670。

③ 托克维尔，《旧制度与大革命》，第三卷，第三章，第217页。

④ Eichthal, *Alexis de Tocqueville et la démocratie libérale*, 131. 另见 Lively, *The Social and Political Thought*, 14。

及与之相伴随的商业荣誉）的不完备性，尽管他认为这两者根本上都还是值得称赞的动机。自我利益是可敬的、重要的，甚至对于现代民主来说是必要的，但它并不是充分的。他在这方面的看法再次突显了利益 81
与荣誉之间的区别。尽管符合荣誉的行动总是会满足人们的某种利益，比如给人们带来自尊与公共认可等等可欲的结果，但是荣誉（与对作为目的本身的自由的热爱一样）还具有内在的价值，而不仅仅具有工具性的价值。它以路德所说的“我站在这里；我别无选择”的那种律令形式而呈现。这种律令具有某种断然性，尽管并非严格意义上的康德式的“绝对律令”，因为毕竟一个人的荣誉准则未必能够普遍化。荣誉的断然性在于其所强加的责任并不受到效用算计之偶然性的约束。就算一个人并不接受康德的理性主义道德义务观与人格观，也完全可以看出在有原则的、非工具性的各种律令与个体能动性之间存在着强有力的联系。

不过如果说托克维尔认识到了自我利益的不充分性，那么他也同样清楚传统荣誉的潜在缺陷。托克维尔指责贵族制中的人们缺少“真正的同情心”（下卷 3.1，第 172 页）。事实上，“人性与温良”在传统的贵族风尚中毫无地位（下卷 3.18，第 240 页），因此“贵族制常常采取非常残暴的、不人道的行动”（下卷 1.10，第 49 页）[①]。条件的不平等意味着在贵族制中每个阶层都有其独立的存在，其结果就是“构成（某个阶层）的人与其他阶层的人毫无相似，因此很难将对方作为整个人类的一部分而进行思考和感受”。于是“他们就无法很好地理解其他人的苦难”（下卷 3.1，第 171—172 页）。作为例证，托克维尔引用了塞文涅夫人的信件，这位贵妇人在 1675 年见证了对下层阶级一次地方暴动的残酷镇压。在向她的女儿绘声绘色地描述对其中一位头领的刑罚（包括车裂、五马分尸，以及将其四肢分悬于城墙四角示众）之后，她的信接着马上

① 关于这一点，见 Jardin, *Alexis de Tocqueville*, 243; and Salomon, “Tocqueville’s Philosophy of Freedom,” 416。

欢快地谈起某位塔朗特夫人最近的造访，说她“昨天光临此处，于美好的天气中在树林里小憩”（同上，第 173 页）。托克维尔并不认为塞文涅夫人是个自私或者野蛮的人，因为她“对她的儿女充满爱意，并且对她的朋友遭遇的不幸相当敏感”。她对她的家臣与仆从们同样十分“和蔼宽厚”（同上，第 174 页）。塞文涅夫人所缺少的是对同情心的一种推而广之的感受，而同情心“只在相似的人之间”，或者在自认为相似的人之
82 间“才有可能”（同上，第 172 页）。

当然，一位贵族可能会“认为他的义务与他的荣誉要求他，即便付出自己的生命，也要保卫那些生活在他的土地上的人”（同上）。但是这种责任源自一种与众不同之感，而非一种认同感。作为地方领主而该当保卫的，是依附他的人，而非与他平等的人。他之所以该当保卫他们，恰恰是**因为**他们依附于他，恰恰是因为他们与他不同，而非与他相类，而且这种不同恰恰在于他们不如他本人来得有能力。同样地，托克维尔将封建时代周期性的起义里下层阶级对贵族犯下的种种暴行归咎于对某种共同的人性或者“一般性的悲悯”缺乏感觉（同上，第 172—173 页）。贵族风尚（包括传统荣誉在内）的道德特殊主义即便在其并无恶意的情况下也仍然会是有害的。它造就了一个狠心的社会，对苦难无动于衷，对不义习以为常。这是荣誉的一个严重缺陷，正如我们随后将会看到的，美国南方奴隶制社会的不敏感与不正义恰恰体现了荣誉的这种缺陷。这种缺陷意味着荣誉并不能取代一个正义政体的政治制度，以及支持这些制度的民主风尚。荣誉只能作为对它们的一种补充，而且还未必是一直能与之和衷共济的一种补充；但是在自由主义社会里，它却永远是一种必要的补充。与和荣誉相联系的与众不同相反，民主制中条件的平等使得人和人之间更加相似，并且（也许这一点更为重要）使得他们相信自己确实更加相似。当等级变得平等时，托克维尔说道，个体公民“能够在瞬间判断出其他所有人的感受；他迅速地瞥一眼自己，然后就够了……不管对方是陌生人还是敌人，这都不成问题；他

的想象力足以迅速做出设身处地的判断”。社会与政治平等因此柔化了风尚，使得公民们变得更加“温良”（同上，第 174 页）。

然而，随着责任在范围上变得越发普遍，对它们的遵守也会变得越发松弛[①]。条件的平等使得个体不愿意承受不必要的痛苦，但也同样会使他们不愿意为别人而牺牲。在民主的时代，托克维尔说道，“人们对人类所有成员有一种一般性的悲悯”（同上），但相互之间却没有强烈的依恋（下卷 3.2，第 176 页）。一般来说，如果这么做不会给自己造成多大麻烦的话，那么他们会很乐意帮助减轻别人的痛苦（下卷 3.1，第 174 页）。这种一般性的但又只是淡淡的悲悯“能够使人与人的日常关系变得更加轻松”（下卷 3.2，第 176 页），但它在需要非同寻常的努力与冒极 83
大的风险的时候就没有多大用处了。在这个方面，它与“正确理解的自我利益”十分相似。与“一般性的悲悯”一样，自我利益能够在日常事务中让事情更加平稳地运作，前提是不发生任何严重的冲突，人们可以不受太多困扰地相处。然而一旦什么事情出了岔子，一旦公民们不得不为某些事情而困扰，就需要召唤超出一般性的悲悯与自我利益之外的其他动机了。正如一位评论者所说，“‘正确理解的自我利益’的教诲只对那些未受国内外致命困难威胁的人才是适合的。它不可能鼓舞起葛底斯堡演说”[②]。即便在良序的民主社会中，偶尔也需要更强大的动机[③]。

① 庞图索强调托克维尔之力图恢复“投身于具体事物这种做法的名誉”，尽管只针对投身于超越了最狭隘形式的物质自利的那些具体对象。他在这一点上引用了托克维尔的私人通信，其中托克维尔解释道：“上帝以这样的方式创造了人类（我不知道为什么），使得其所热爱的对象越大，则其对该对象的依恋越不直接。人的心灵需要具体的激情；他的感情投入需要有限的对象，以便使这些感情牢固而长久。” Tocqueville, *The European Revolution and Correspondence with Gobineau*, ed. and trans. John Lukacs (Gloucester, Mass.: Peter Smith, 1968), 167. 转引自 Pontuso, “Tocqueville on Courage,” 107。同样的看法另见 Manent, *Tocqueville and the Nature of Democracy*, 73。

② Manent, *Tocqueville and the Nature of Democracy*, 123.

③ 关于现代民主人有必要偶尔超越使政府日常运作得以维持的公民义务这一点，

也许正是因为托克维尔认识到了这种非常状况之不可避免，所以他认为对于民主社会而言，把一般性的悲悯以及“正确理解的自我利益”这些动机与贵族风尚中的某些元素相融合是相当重要的，尤其是对于捍卫个体自由、抵抗侵蚀性的权力而言，无论这种侵蚀性权力是以多数暴政还是以中央集权化的政府的形式出现。出于这个原因，他希望在现代民主人身上鼓舞起与传统荣誉相联系的某些性格品质。他警告其同代人“不要瞧不起我们的祖先；我们没有这个权利。愿上帝保佑，让我们在看到他们的偏见与缺陷的同时，也能获得一点点他们的伟大”[①]。托克维尔并不因为民主的独特危险而拒斥民主，但他呼吁民主人为了捍卫民主而在某些方面超越民主。民主必须通过给予其公民“某些让贵族在贵族土地上行动的利益”而超越自身（下卷3.26，第290页）。如我们将要看到的，托克维尔还推荐了旧制度的若干结构特征，比如活跃的中介性社团以及各种个人权利；但是性格同样是重要的。与贵族荣誉相联系的各种性格品质是抵御“习惯以及对安康生活的热爱”所必需的（同上），后者会导致“有辱人格的奴役形式”[②] 并为民主专制敞开大门。但是呼吁荣誉并不等于说民主的风尚是不必要的。托克维尔的意思并非民主的规范应当简单地被贵族式规范所取代；荣誉应当补充（而非铲除）自我利益与悲悯。他给现代民主人推荐的是这样一种政体，
84 它将政治与社会中的民主平等，以及民主风尚，与贵族制社会的某些特征相结合，包括那些与传统荣誉相联系的性格品质。

## “一点点他们的伟大”

在《论美国的民主》和《旧制度与大革命》两书中，托克维尔一直

---

见 Pontuso, “Tocqueville on Courage,” 103。

① 托克维尔，《旧制度与大革命》，第二卷，第十一章，第176页。

② 出处同上。

极力表明，荣誉的某些方面可以在新政制中持存，就算不会成为绝大多数现代民主人的支配性动机，也会作为一小部分非凡之人的偶然施展而存在[①]。不过这些品质的稀少并不使它们变得不那么重要。尽管托克维尔将这些品质与"贵族精神"相联系，但他极少将其称为荣誉。之所以抵制与荣誉的明确联系，部分原因可能是修辞上的。在他的时代，与我们这个时代一样，荣誉的话语面临种种怀疑，很大程度上是因为其所隐含的反平等主义、前现代的意味。托克维尔在《论美国的民主》中直截了当地告诉我们：任何人若想要让现代民主人听进去自己的忠告，就必须让自己看起来是个现代民主之友（下卷 4.7，第 328 页）。指出民主需要被它视为敌人的某种东西，乃是很冒险的做法，所以托克维尔采用了友好的词汇来推荐荣誉，更经常地采用"尊严"这个词而非"荣誉"本身[②]。不过尽管尊严一词比荣誉听起来更为民主，但在托克维尔手中，其实质仍然是贵族式的。

托克维尔避免使用荣誉的话语可能还有其他原因。他确确实实无意将贵族制的形式强加在民主制的人民身上（下卷 4.7，第 328 页；下卷 4.8，第 338 页）[③]。在对作为性格品质的荣誉的某些方面加以推荐时，他并不是要鼓吹恢复传统的封建荣誉。他并非简单地重树旧式荣誉（无论如何，旧式荣誉只是诸多荣誉形式中的一种），而是意在表明某种形式的荣誉何以可能与民主条件以及制度相结合。至于这种结合究竟如何实现，这对于托克维尔来说是一个开放的问题。无论在此处还是在《论美国的民主》一书的其他章节中，托克维尔都只是在描述一个正随着历史而展开的现象。这种不确定性或许可以帮助解释为什么他要以

---

① 关于这一点，见 Hereth, *Alexis de Tocqueville: Threats to Freedom*, 23。

② 正如克雷纳克所说，德性"必须用民主的语言说话"。Kraynak, "Tocqueville's Constitutionalism," 1182. 而兰贝蒂也同样注意到了托克维尔的"审慎的自我审查"，见其书 *Tocqueville and the Two Democracies*, 34。

③ Delba Winthrop, "Rights: A Point of Honor," 载 *Interpreting Tocqueville's "Democracy in America,"* ed. Masugi, 423。

零星的方式来处理贵族制荣誉在新的民主情境中的不同方面。不过无论其原因究竟如何,对荣誉的关键特征的这种零星处理,为一种以更丰富细微的方式研究现代民主制中政治自由之得以维持的道德心理学打开了大门。通过将作为性格品质的荣誉的根本特征(这些特征相对恒
85 定)与荣誉的外在维度(这些维度时常变化)相分离,托克维尔使我们能够在民主的情景中思考荣誉,而不必受到与封建贵族制以及宪政君主制相联系的不平等、不流动的社会条件的影响。

在《论美国的民主》全书接近结尾处,托克维尔写道,"我不但不认为有必要向我们的同时代人推荐谦卑,相反我还要努力让他们对他们自身以及自己的物种有一个更宏大的观念;谦卑对他们是完全无益的;他们最缺乏的,在我看来,是骄傲"(下卷3.19,第255页)。骄傲是贵族制荣誉的核心组成部分,为旧制度中"个体抵抗的行为提供了非凡的力量"(上卷2.9,第328页)。那些"胆敢孤身一人抵抗公共权威的压力"的人,是"对他们的个体价值有着高昂观念……的人"(同上)。骄傲,亦即对一个人的个体价值的高昂观念,是行动的驱动力,尤其是工具理性不大可能推荐的冒险而困难的行动的驱动力。相反,托克维尔担心的是,正如一位评论家所指出的,民主对骄傲的恐惧已经"抽干了所有强烈的激情,而没有了这些激情,所有的目的感以及所有行动的意志也都一并丧失了"[①]。托克维尔在1841年告诉一位朋友,激情"催生坚强,而坚强,无论于何处出现,在我们周围普遍的软弱中都显得卓尔不群。我看到的每一个人在精神上都是软弱的,他们就连对人类心灵的最微小的骚动都会感到颤抖,只敢提及这些激情威胁到我们的风险……我们不再知道如何欲求、如何爱、如何恨。怀疑使得我们失去了行动的能力"[②]。

① Lively, *The Social and Political Thought*, 102.

② Letter to Ampère (10 August 1841) 载 *Oeuvres et correspondance inédits*, ed. Gustave de Beaumont (Paris, 1861), ii, 116—117。转引自 Lively, *The Social and Political*

骄傲之所以与民主相冲突，是因为前者暗示着一种个人杰出感，从而与作为“有德性的民主人”的特征的那种对平等的热爱相抵触。如托克维尔所述，在民主人看来，他们这类人的恰当行为方式，至少在他们之间相互关系中的恰当行为方式，是谦卑而不是骄傲[①]。但谦卑却会让个体陷入“常见的泯然众人”之中（这是民主社会特有的彼此无法辨别的庸众的性质），从而松开行动的发条（同上）。谦卑的人自认为毫无特别之处，既不声称自己有任何特别，也不为自己要求任何特别的东西。在托克维尔看来，谦卑的问题在于，某些场合下民主公民确实应该为自己要求某些特别的东西。抵抗多数暴政、面对公共舆论坚持有原则的立场，或者反对对个体自由的侵犯，这些行动所要求的勇气与能量呈现 86
了个体性格与意志的非凡施展。一个因为并不自视特别所以不为自己要求任何特别的东西的公民，是不大可能应对得了这种挑战的。然而倘若这种挑战出现时，没有至少一小部分公民能够挺身面对，那么民主下的自由就注定要成为空谈了。

尽管骄傲本身并非一种德性，但骄傲却是德性的帮手。那些骄傲的人会耻于一毛不拔，耻于忍受侮辱，耻于多吃多占。因此骄傲能够支持慷慨、勇敢、公正。我们的骄傲使得我们认为自己值得费神，从而驱使我们为做正当的事情而费神。相反，谦卑则劝导我们唾面自干，甚至当有人打你左脸时，把右脸也转过去让他打。这并不总是一件坏事情，但是在政治中，打了左脸给右脸的做法，对自由而言却是灾难性的。而且倘若谦卑让我们相信我们的行动没有任何值得重视之处的话，它还会引诱我们把付出减少到低于我们理应给予他人或自己的程度。而骄傲则让我们相信我们所做的事情值得大书特书，相信我们自己足够特

---

*Thought*, 102。

① 我们或许可以说，人民主权的学说把个人的骄傲一般化到了国家甚至物种的层面上。民主国家的人民保留了面对别国人民时的骄傲，但托克维尔担心的是在民主国家的人民内部，人们相互之间会变得过分谦卑。

别、配得上这些行动所需的努力，从而为我们上紧了行动的发条。因此骄傲是与自尊密不可分的。在旧制度中鼓舞了对专横统治的抵抗的贵族式荣誉同样滋养着自尊，或者说“自傲”①。而正如一位托克维尔研究者所注意到的，在新政制下，“贵族式骄傲所能做出的最大贡献……就是展示在一个由平等个体组成的社会中，自尊如何要求着自治”②。骄傲与民主对平等的热爱相悖。但它对捍卫民主自由却是至关紧要的，因为它上紧了能动性的发条，而在托克维尔看来，现代民主人无时无刻不身陷于摒弃能动性的危险之中③。

骄傲同样与托克维尔所谓的“伟大野心”有着联系。托克维尔说道，尽管美国的几乎每个人都具有野心，但是几乎没有人具有任何伟大的野心（下卷 3.19，第 250 页）。通过移除由贵族制社会的固定等级强加于个体野心之上的人为障碍，民主制对公民们的野心的容许达到了史无前例的程度。实现野心的机会的增多促进了野心的扩散，因为“出人头地的欲望是每个人生来就有的，每个人都梦想着平步青云。野心是一种普遍的感受”（同上，第 251 页）。然而与此同时，条件的平等虽然扩散了野心，却也降低了野心的目标。原因在于，正如我们已经看到的，由于条件的平等，每个人都必须工作维生，这就导致了对获得物质必需
87 品以及舒适生活的持续关注。很少有人能奢侈地关注那些更伟大的目标。即便他们通过物质成功获得了这种奢侈，以较低的东西为目标的习惯也早已根深蒂固，很可能持续存在下去。结果就是，民主野心的对象往往停留在物质繁荣的“相当狭窄的界限”之内（同上），“人们几乎

① 托克维尔，《旧制度与大革命》，第二卷，第十一章，第 176—177 页。骄傲可以搭建起连通公民义务与自我利益的桥梁，正如克雷纳克在“Tocqueville's Constitutionalism,” 1186 中所指出的。

② Siedentop, *Tocqueville*, 95.

③ Lively, *The Social and Political Thought*, 103. 另外柯勒也同样注意到，托克维尔对现代民主的病症的一部分解决方案，是通过骄傲来拓展现代民主人的灵魂。Cohler, *Montesquieu's Comparative Politics*, 188. 相同论点另见 Lawler, *The Restless Mind*, 137f。

无法见到一种恰当、节制，而又广大的野心”（同上，第254页）。然而关注自我利益的个体们所倾向于具有的低微野心，又使他们成为潜在僭主与民主派系的活靶子。“我的心在颤抖，我坦白承认，”托克维尔说道，“因为（民主制的公民们）如此不顾一切地投入对眼前享乐的懦夫式的热爱……以至于他们会宁可选择虚弱地走完命运安排的道路，而不肯在必要的时候做出毅然决然的努力去拨乱反正”（下卷3.21，第269页）。

个体公民“自我蔑视到了这样的地步，以至于认为自己生来只是为了享受低俗的愉悦”，这一事实正体现了骄傲的匮乏如何导致了伟大野心的匮乏。这样一个人“心甘情愿地让自己沉溺于平庸的欲望，而不敢面对任何高大的志业；他甚至几乎从不想象这些高大的志业”（下卷3.19，第255页）。当然，伟大的野心可能是反复无常的，尤其在民主制中更是如此，因为条件的平等虽然一方面使得野心成为“一种普遍的感受”并一般而言将其导向物质繁荣，但是另一方面却也去除了对其极端表达形式的传统障碍[①]。结果就是，一旦野心勃勃之人攫取了权力，他们就认为自己能够“大胆地做任何事情”（同上，第254页）[②]。因为这个原因，托克维尔同意需要对野心加以控制（同上）。但是他也认为，试图“困顿”野心或者“对其加以不合理地限制”，对自由而言同样是危险的（同上）。过分狭隘地限制野心将会削弱个体能动性。托克维尔“新品种”的自由主义是受有时超越于物质利益之上的野心所驱使的，因此是一种把个体能动性置于核心地位的自由主义，它既把个体能动性作为目的本身，又将其视为政治自由的工具。

但是托克维尔也接受了早期自由主义者关于野心的缺点的警告。他所推荐的解决办法，不是铲除野心，而是通过有原则的行为准则对其加以指导。尽管民主个体主义的趋势是与对这些准则的敬畏相悖的，

① 见 Pontuso, “Tocqueville on Courage,” 102。

② 对民主制中野心的危险的进一步讨论，可见 Lamberti, *Tocqueville and the Two Democracies*, 205f。

但是托克维尔坚持认为，这种趋势并非不可动摇。举例来说，美国律师与法官的律法主义精神就抗衡着个体主义。这种精神保护着已确立的
88 法律，并产生一般性的对法律的尊重（上卷 2.8，第 274—288 页）[①]。司法机构在制度上的独立性，以及它对大众意志的压力的相对绝缘，意味着法官往往比普通大众更能坚持那些塑造了美国法律与政治传统的固有原则。用一位评论者的话说，律师们构成了一个"准贵族阶层"[②]，因为不同于民主"对新鲜事物的执迷"，律师们"尊重法律与旧事物"[③]。法学家体现了有原则的野心，甚至某种荣誉，并且将其传授给别人。民众陪审团体系同样教育公民们敬畏法律以及这个政体的法律传统，并且教育他们有原则地思考，而非只是工具性地思考[④]。这些有原则的野心依赖于自我关切的力量来激发行动，但他们超越了自我关切的激发力量，扩展到单靠利益本身所不能鼓舞的那些更广阔、更高尚的目标上。在激发艰难而冒险的行动上，无论是自我利益还是一般性的悲悯都比不上这些野心的力量[⑤]。出于这个原因，托克维尔推荐现代民主社会的领导人去试着拔高并引导公民们的野心，而不是通过悲悯来中和野心，或是用利益（尤其是物质利益）来取代野心。

除了骄傲与伟大野心之外，托克维尔还推荐现代民主人培养对作

---

① 关于这一点，见 Carrese, "Judicial Statesmanship," 482, 483, 486, 490; Jardin, *Alexis de Tocqueville*, 209; and George Wilson Pierson, "Le 'second voyage' de Tocqueville en Amérique," 载 *Alexis de Tocqueville: Livre du centenaire*, 78。

② Siedentop, *Tocqueville*, 62.

③ Ceaser, "Alexis de Tocqueville and Political Science," 665.

④ Carrese, "Judicial Statesmanship," 484; and Siedentop, *Tocqueville*, 63.

⑤ 托克维尔对伟大野心（这种野心尽管有其私心，却并不能化约为最狭隘形式的利己主义）的强调，意味着那些指责他把自利与"高贵的德性"截然二分的评论家们完全没有搞清状况。譬如见 Banfield, "The Illiberal Tocqueville," 251, and Schlesinger, "Individualism and Apathy in Tocqueville's *Democracy*," 105f。事实上，托克维尔对与荣誉息息相关的贵族品质（比如高昂的野心）的捍卫，表明他看到了把自我关切与一般化的悲悯或公民德性相联系起来的重要性。

为目的本身的自由的热爱，而这是他将其与贵族制风尚以及传统荣誉相联系的又一种品质。对自由的热爱指向追求更高的、非物质的目的的能力，以及来自自我做主的个体尊严。在托克维尔看来，追求各种非物质善的能力是人类的界定特征。宗教与家庭生活为非物质的各种善提供了重要来源，但自由才是其中的关键。尽管自由经常会带来物质效益，但那些仅仅为了这些效益才看重自由的人是无法长久保有自由的[①]。此外，对自由的热爱之所以无法由对物质优越的激情鼓舞，还因为自由所带来的物质优越"通常过于模糊"[②]。事实上，对自由的捍卫还可能呼吁对物质利益的牺牲。因此现代民主人不能仅仅将自由视为物质利益的工具加以热爱，而要同时将其视为目的本身而加以热爱。对自由的这种无条件的热爱，对于个体成为自由人的能力来说是必需的，因为"倘若一个人只在自由中寻找除自由之外的任何东西，那么他生来就是当奴才的料"[③]。使"某些人"一直为自由所吸引的，是"其自身的魅力，独立于它带来的任何效益；这种魅力就是能够在上帝与法律的唯一管理下、不受其他任何限制地说话和行动的那种愉悦感"[④]。在托克维尔看 89
来，这种"崇高的品位"是不可分析的，而且也不是普遍的。它只存在于"上帝所准备的用以接受这种品味的那些伟大心灵之中；它充盈这些心灵，它点亮这些心灵"[⑤]。

尽管托克维尔把对自由的品味与旧制度的贵族阶级相联系[⑥]，但他也明确指出这种联系并非必然。对自由的品味在欧洲贵族制的特殊情境之外仍然是可能的。它是在人的心中（或者说在某些人的心中）自然生发的一种品质，而且可以通过接触司法体系、参与中介性团体、占有

① 托克维尔，《旧制度与大革命》，第三卷，第三章，第 217 页。
② 出处同上。
③ 出处同上。
④ 出处同上。
⑤ 出处同上。
⑥ 出处同上，第二卷，第十一章，第 176 页。

个体权利，以及宗教，而在其他人的心中鼓舞起来。与荣誉一样，它关注的是一个人理应给予自己的事情，而非理应给予他人的事情[1]。它在根本上是自我服务的而非涉他的，尽管热爱并捍卫自由的人有可能间接地造福于别人。就算对自由的无条件热爱并不被人普遍地占据，它仍旧能对整个民主社会具有积极的效应[2]。热爱自由的一小部分人周期性的抵抗行为，可以通过制约侵蚀性权力而造福所有人。托克维尔认为，在美国的民主中，“自我利益”与“悲悯”的动机是在广泛的社会基础上运作的；与这两者不同，作为这两者的补充的“对自由的热爱”是即便可能只零星地显现，也仍然会起到广泛的效应。在托克维尔看来，骄傲、伟大野心、对自由的热爱，都蕴含着贵族式的意味。它们是他将之与贵族式荣誉相联系的性格品质，但他们并不局限于欧洲贵族制的情境。由于它们可以在民主社会中被偶尔发现，它们就暗示了荣誉的新的民主形式的可能性，在现代民主制中一种部分的、间歇性的贵族精神。

民主制中的公民社团与政治社团是这种初露峥嵘的荣誉的重要来源。这些社团可以相比拟于被孟德斯鸠认为对温和君主制至关紧要、被托克维尔等同于贵族制的诸种中介性团体。在托克维尔看来，试图将民主自由奠基于贵族特权之上无异于缘木求鱼，但这并不妨碍创建和发展对自由的某些制度支持，在其中恢复贵族特权的某些力量[3]。在贵族制中，“人民总能免于遭受专制的压迫，因为人们总是能够发现一
90 些有组织的力量随时准备着抵抗专制君主”（上卷 1.5，第 96 页）。民主制中替代这些力量的是承担行政与政治功能的“由普通公民临时组成的次级团体”（下卷 4.7，第 329 页）。这些次级团体与宪法规定的权力分立相辅相成。这些团体包括村镇、城市、郡县，也包括政党，以及所有

① Manent, *Tocqueville and the Nature of Democracy*, 119.

② 出处同上，第 118 页；Lawler, *The Restless Mind*, 136。

③ Eichthal, *Alexis de Tocqueville*, 123f.

自愿结成的公民社团(上卷 1.4,第 194 页)。尽管它们是由普通公民组成的,但托克维尔称这些团体为“贵族式的”,因为它们树立了可以用以抗争中央权威(包括政府与公共舆论)的抗衡性的权威场所,从而服务于政治权利的分割与平衡,而这很大程度上正是旧制度中托付给贵族阶层的功能(下卷 4.7,第 330 页)[①]。它们引入了“贵族制最大的政治优势”,亦即对权力的限制,而又不带有贵族制的“不公与危险”(同上)。

除了这一结构上的功能外,结社还在公民身上鼓励了某些有益的品质。参与公民社团和政治社团能够鼓励个体的思考超越于他们私人利益的狭隘范围,将更大群体的事务视为自己的利益,最终甚至将“整个国家的命运”视为自己的利益(上卷 2.4,第 111 页)。参与那些影响日常生活的决策和提供共同善的项目,为那些付出努力的人提供了一种他们自身的效能感。通过结社,个体使自身变得更加强大,更有能力对侵蚀性权力进行自我防御。在一个条件平等的社会里,个体主义与孤立原本是常态,然而中介性社团却减轻了这种社会中公民的软弱与消极。结社生活除了在我们应当为别人所做之事方面有所裨益之外,在我们应当为自己所做之事方面同样所教良多。除了社群感与团结之外,它还培育了骄傲、高亢的野心、对出人头地与自尊的欲望,以及积极果断的主见,而这些都是荣誉的核心特征[②]。在美国民主中,次级社团让所有公民都有机会培养起这些品质,从而使这些品质变得民主化,但这些品质本身仍旧保留着某种贵族特征,而这恰恰是因为这些品质必须要靠培养,而并非所有人都乐于或者有能力去这么做。

通过将人与人在一个较小的范围内团结起来,社团使个体重新变得可见。新英格兰的城镇为其公民提供了一个舞台,使他们能够出人

① 因此它们只在一种政治意义上才是“贵族式”的,因为他们并不将个体固定在某个社会层级的某个特定位置上。见 Manent, *Tocqueville and the Nature of Democracy*, 15。

② 见 Pontuso, “Tocqueville on Courage,” 103; and Mansfield andWinthrop, “Introduction,” liv。

头地，从而区别于大众社会彼此无法辨别的庸众。正是在城镇中，“才
91 集中了对声名的欲望、对大量利益的追求、对权力与关注度的嗜好”（上卷1.5，第66页）。通过提供出人头地的舞台，社团激励着公民们去努力追求托克维尔所谓的“伟大野心”，即便只有一小部分人真的会去这么做。社团于是激发了一小部分人的骄傲。而通过将一小部分人的伟大野心加以公开展示，社团又为我们其余的人提供了骄傲的理由。我们这些普通公民也许永远做不出我们那些伟大公民的非凡行动，但是如托克维尔所希望的，通过为这些伟大公民感到骄傲，我们也许会被引向对我们自身以及人性的“更高的评价”，从而被鼓舞着为捍卫我们的自由而付出比其他情况下更多的努力。因此结社生活通过缓解民主制导致个体隐匿与行动发条松弛的趋势，而缓解了民主对荣誉的侵蚀。不过尽管社团中个体更高的可见性鼓励了对出人头地的追求，可见性同时也节制了这种追求。对声望、出人头地，以及权力的激情曾经“如此频繁地困扰着社会”，但“当它们只是在民主的门厅，以及某种意义上在家庭的怀抱里被运用时”，它们的特征就发生了变化（同上）。可见性既使个体变得活跃，同时又使他们变得负责，既培养了精力，又促进了节制。

除了社团之外，托克维尔还指出，个体权利也是民主所需的贵族品质的来源。他将权利本身视为贵族特权的遗迹（下卷4.4，第306页），闭口不提自由主义理论在这方面的作用[①]。贵族特权为某些人保障了在政府中的发言权，并为私域中的个体行动提供了保护。有人或许会打比方说，权利就像封地一样，在其领地内，个体有资格发号施令。不过虽说封建贵族“既是家长，又是法官，也是指挥官”，其发号施令的范围包括他的家庭，以及他的封臣或者是领地上的居民，民主公民发号施令

① Winthrop, “Rights: A Point of Honor,” 395; and Lawler, *The Restless Mind*, 135. 另见 Bien, “Old Regime Origins of Democratic Liberty,” esp. 25, 50, 70。

的范围却是既更加广泛，又更为有限[①]。作为民主政府的参与者，他与所有公民共同统治；而在此情境之外，民主人的权利允许他发号施令的对象只有他自己。但是与贵族特权一样，民主权利促进了个体的能动性[②]。这些权利为人们提供了在公共领域中自我主张的权力与权威。通过提醒我们权利的贵族制来源，托克维尔让我们注意到权利与个体能动性之间的关联，注意到作为自我控制、个人责任，以及荣誉的条件的这种权利观[③]。 92

托克维尔的权利观强调个体自我做主的能力，而不仅仅是对需求的满足。这解释了为何他将权利称为"无非是被引入政治世界的德性观念而已"（上卷 2.6，第 248 页）。托克维尔之所以将权利的观念等同于德性的观念，是因为权利与德性一样，是自我做主与个体能动性的条件[④]。权利使自我控制的德性得以可能，而民主权利则将自我控制的德性的条件扩展到所有公民。权利与德性一样，拯救个体于奴性之中，将他们从对他人、对环境，以及对自身不加反思的冲动的屈从下救赎出来。通过支持自我控制，权利维持着个体能动性。权利同样还改变了服从的涵义。托克维尔说道，受到权利观念的指导，每个人都能够显示自己"独立而不傲慢，服从而不卑贱。服从暴力的人卑躬屈膝，作践自己；而当他服从于其同胞受到认可的对其加以命令的权利时，他就以某种方式将自己拔高到了命令他的人之上"（同上）。他之所以升到下达命令者之上，是因为通过认可另一个人命令他的权利，他自身对命令进行了授权。在这样做时，接受命令的人使自己成为了命令的发起者，从

① 对封建贵族的这种刻划来自热尼科。见 Genicot, *La noblesse dans l'Occident médiéval*, 55。

② 因此勒菲弗同样指出了托克维尔理论中自由本身的贵族式根源。Lefebvre, "A propos de Tocqueville," 316.

③ Winthrop, "Rights: A Point of Honor," 398.

④ 下书作者指出，对古代人来说，德性与罪恶之间的选择等同于当主人与当奴隶之间的选择。Kinneging, *Aristocracy, Antiquity, and History,* 145.

而保留了,或者说声张了他的尊严。在一个权利的政制中,个体可以以不奴颜婢骨的方式服从他人;他们即便在被统治的时候也能保留他们的尊严,并且声张他们的荣誉[1]。对作为目的本身的自由的热爱从而在对(维持着有荣誉心的自我控制的)民主权利中找到了表达[2]。

民主社会中荣誉的另一个潜在来源是宗教,因为宗教使得个体野心超越于物质欲望的层面[3]。宗教“将一个人欲望的对象放在尘世诸善之外与之上”,从而制约了民主“将人的灵魂向对物质愉悦的热爱无限敞开”的趋势(下卷 1.5,第 29 页)。对物质享受的过分沉迷使得人们易受任何能够有效提供物质利益的僭主的蛊惑[4]。由于宗教信仰为个体提供了更高的企图,因而它能够支援荣誉,尤其是在民主制中,正如托克维尔所认为的那样。“尤其是在民主的时代,”他说,“让精神方面的意见盛行才更为重要”(下卷 2.15,第 152 页),从而能够抗衡“民主使人倾向于认为所有东西都不过是物质”这样一种事实(同上,第 151 页)。
93 物质主义使公民失去活力,削弱了个体能动性。相反,“所有能够拔高、放大、扩展灵魂的东西,都会使它变得更有能力成功”(下卷 2.16,第 154 页),从而增强了个体能动性与自由的能力。由于宗教能够制约物质主义,所以它能够支持荣誉,而又由于现代民主社会包含的对物质主

---

① Winthrop, “Rights: A Point of Honor,” 397.

② 对权利的这种承诺之所以是荣誉之所系,乃是因为它无法仅仅在自我利益的基础上得到解释。见 Winthrop, “Rights: A Point of Honor,” 418, 422。

③ 对托克维尔宗教观的进一步讨论,见 Françoise Mélonio, “La religion selon Tocqueville: Ordre moral ou esprit de liberté?” *Études*, 360, no. 1(January—June 1984): 73—89; William A. Galston, “Tocqueville on Liberalism and Religion,” *Social Research*, 54, no. 3 (Autumn 1987): 499—518; Catherine Zuckert, “Not by Preaching: Tocqueville on the Role of Religion in American Democracy,” *Review of Politics*, 43, no. 2 (April 1981): 259—280; Lawler, *The Restless Mind*; and Joshua Mitchell, *The Fragility of Freedom: Tocqueville on Religion, Democracy, and the American Future* (Chicago: University of Chicago Press, 1995); and Lively, *The Social and Political Thought*, chap. 6。

④ 当然,过分地着迷于彼岸世界,同样可能导致暴政,因为这样会使公民们在政治中变得不够警醒。关于这一点,见 Lamberti, *Tocqueville and the Two Democracies*, 159。

义的制约寥寥无几，所以在民主制中荣誉与宗教之间的关系比在旧制度中更为密切。

如果说宗教能够拔高野心，那么它同样通过树立风尚与行为准则而对野心施加了限制。这些限制对于个体能动性是有好处的，因为后者受到原则限制与导向的支持。“当在宗教或政治事务中不再存在任何权威时，”托克维尔说，“人们很快就会因为这种无限的独立而感到恐慌……当智力世界的所有东西都变动不居时，他们就希望物质的秩序至少能够牢固而稳定”（下卷1.5，第29页）。由于无法回到他们旧有的信念中去，“他们就把自己交给某位主宰”（同上）。因此激进的主观主义可能导致暴政。出于这个原因，托克维尔怀疑“人们是否真的能够既支撑起完全的宗教独立，同时又支撑起完全的政治自由”（同上）。托克维尔在民主的公共舆论现象中也发现了这种动力学的效应，其中民主社会普遍存在的个体主义使得公民们缺少更为有原则的指导，从而甘愿屈从于公共舆论的主宰。通过培育风尚，宗教能够为个体野心提供限制与导向，从而支持荣誉与个体能动性（上卷1.2，第43页）[①]。宗教守护着风尚，平衡着倾向于侵蚀风尚的民主个体主义。

在讨论宗教时，托克维尔清楚地指出，美国民主拥有强大的习俗与根深蒂固、广受遵循的风尚。确实，美国的例子表明，“法律与风尚（后者比其他一切更为重要），使民主的人民得以保证处于自由状态”（上卷2.9，第329页）[②]。事实上，托克维尔在美国发现了“习惯之极其规律，与风尚之极其严格”（下卷1.19，第88页；下卷3.11，第212页）。尽管民主的个体主义精神是宗教“最危险的敌人”，但美国的民主却具有强烈的宗教性（上卷1.5，第34页）。这么说来，在现代民主社会中，尽管

① 马南在 *Tocqueville and the Nature of Democracy*, 85f., 87, 95f 中讨论了民主对宗教的独特需求。同样观点可见 Lawler, *The Restless Mind,* 133 and chap. 8。

② Manent, *Tocqueville and the Nature of Democracy*, 26; Winthrop, “Rights: A Point of Honor,” 92.

习俗性的行为准则容易遭到种种力量的侵蚀，但也有其他一些力量，比
94 如宗教、风尚、司法体系，支持着这些准则。因此在民主制中，升华并约束着个人野心、对荣誉而言极其关键的行为准则，或许并非不可能维持的。托克维尔在这些章节中提醒我们注意的、民主制中的宗教、风尚、社会习俗，正是他所认为对捍卫自由而言必不可少的贵族式性格品质的重要来源[1]。与公民和政治社团，以及个体权利一道，宗教与风尚支撑着荣誉的民主形式的可能性。

托克维尔对现代民主的分析既展示了民主与荣誉的冲突，又阐明了现代民主需要传统上与荣誉相联系的性格品质，并建议了这些品质在美国的来源。他的目的并不是要用贵族风尚取代民主风尚，而是要把荣誉的最能与平等主义的政治社会条件相容的那些方面融入到民主之中[2]。他试图使荣誉感与法律面前的平等相结合，并与自我利益（这是在现代民主制中占支配地位的动机）得以共存（无论两者之间有多少冲突）[3]。他极力避免使用“荣誉”这个字眼来称呼他所捍卫的贵族式性格品质，部分是出于慎重起见，部分是因为他所观察到的这些品质的结合（正如这种新政体本身一样）只是刚刚在他眼前展开的现象。托克维尔有时会将荣誉与公民德性混为一谈，这使得许多读者忽略了荣誉在他的分析中的重要性，而去关注社区主义与团结之类平等主义的品质，因为这些品质看起来更能够与民主和衷共济。然而托克维尔所认为的对捍卫民主自由必不可少的贵族式性格品质并不能被完全归入公民德性的名下。这些品质并不以集体利益为至高的目的，而是涉及到对个体

① 泽特鲍姆指出，自我利益可以支持公民德性与资产阶级德性，但无法超越这些德性。要超越它们，必须要有宗教、权利，以及社团。Zetterbaum, *Tocqueville and the Problem of Democracy*, 106f., 109.

② Lawler, *The Restless Mind*, 132.

③ Lefebvre, “A propos de Tocqueville,” 317.

杰出的追求，对个体自尊的欲望，对个体权利的捍卫——甚至可以想象为了这些目的而反对公共善。它们依赖于一种骄傲的、对一个人自身的责任感，而非对其同胞的责任感。尽管他们反映了高昂的野心，但他们并不构成一种过分自我牺牲的德性形式。与在孟德斯鸠笔下一样，托克维尔向我们建议的荣誉诸方面，尽管并不局促于最低级、最狭隘的自利形式，但仍旧是建立在自我关切的力量之上的。 95

尽管在现代民主和与荣誉相联系的贵族式品质之间存在切实的紧张关系，但托克维尔坚持认为，这些品质在现代民主人身上是可能的，即便它们并非新政体的支配动机。条件的平等使得荣誉在民主社会中不可能成为一个全社会范围内的理念，但平等并不意味着荣誉的偶然施展是不可能的。中介性的社团、个体权利、司法部门、宗教，都是民主荣誉的潜在来源与支柱。因此尽管民主削弱荣誉（以及更一般地削弱个体能动性）的倾向切实存在，但这种倾向并非不可战胜。托克维尔反复地警告，切勿惑于那种“有些东西是命定的，不管怎么努力都无法改变”的虚假信条（下卷 1.20，第 91 页），并反驳这种“宿命论信条”：“要想成为自己命运的主宰，要想管理他的同胞，一个人只需要成为自己的主宰。”（同上，第 92 页）后一种观点自然略有夸张，但托克维尔认为它“在当前时代”有其特别的作用，因为他的同时代人正面临着丧失对其自身能动性的信仰的危险。在我们的时代，同样地，我们会发现这样一种感觉在美国相当普遍：我们不是被我们自身统治，而是被我们的环境所统治，甚至被我们的环境所决定。尽管我们仍旧看重我们的自由，但我们却倾向于更多地去信仰托克维尔所谓的“非人格力量”，而不是信仰个体能动性的能力。无论是孟德斯鸠还是托克维尔都把某些性格品质与荣誉相联系，它们对于维系现代民主制中的个体能动性是至关重要的，正如它们在旧制度中一样。通过支持个体能动性的强力施展，这些品质催生着能够自我决定的个体与能够自我管理的公民。探寻这些品质的地方，既不是民主政府的常规运作，也不是普通公民的日常活

动，而是那些少见的、非同寻常的场合，其中的个体为了捍卫其原则与
96 自由，必须采取冒险而艰难的行动。

# 第四章

# 对名望的热爱以及南方绅士

关于荣誉在美国的故事,其最有意思的方面或许就是:有故事可说。这是一个充满着矛盾的故事,其矛盾来自荣誉与民主之间不可避免的紧张关系。不过在美国民主孕育之时,荣誉确实曾经是它的守卫者,正如美国革命者在费城签署《独立宣言》时所宣誓的,“用我们的生命,我们的财富,以及我们神圣的荣誉……来支持这份宣言”。诚然,自由在美国依赖过荣誉之外的许多动机,而且更经常地依赖于其他某些动机。但如果说荣誉并非美国民主最常见的支持,那么它至少曾经是其最重要的一种支持。或许荣誉最突出的贡献是在美国历史的决定时刻推动了勇敢地捍卫自由的伟大举动,首先是在建国之时,然后是在美国的建国原则面临挑战的关键转折点上,并常常在这些时刻改变了整个国家,重新确定了它前进的方向。正因如此,与美国民主对荣誉的疑虑伴随始终的,是对荣誉的政治重要性的某种认可,以及对在其行动中闪耀着荣誉光芒的那些少数人的不大自在的仰慕。

本章与下一章将考察荣誉在美国政治传统中的若干体现,包括建国时刻的荣誉,内战前夕南方的荣誉,林肯的领导下的荣誉,以及与其同时代的早期黑人改革派和女性活动家身上体现的荣誉,最后是20世纪中期黑人民权运动中的荣誉。在美国,《独立宣言》所阐述的自由与 97

平等的原则在很大程度上构成了荣誉准则的共同核心。这里所要考察的例子,除了南方绅士之外,都固守着这种美国式的准则。它们并未穷尽美国的荣誉事例,但它们展现了荣誉的一些变化和它的许多连续性,并表明了即便对现代民主公民而言,荣誉仍然是政治能动性潜在的强大引擎。关注美国历史与当代公共生活的人会在较小的举动中发现许多不那么出名的荣誉事例,这些举动所体现的有原则的野心与勇气帮助制约着公域与私域中各种伪装之下的权力滥用。事实上,除了美国建国文件所阐述的共同政治准则之外,在美国公民社会的许多自愿社团和中介性团体中,还可以找到各种各样更加个别的荣誉准则。与暗示着同质性的公民德性相反,荣誉可以具有多种面相,甚至在单个社会中也是如此。荣誉能够与自由主义政治相容,部分原因就在于其能够容纳多元主义。美国公民社会中的中介性团体,及其所包含的诸种荣誉形式,为民主(甚至在民主荣誉内部)潜在的同质化趋势提供了一种纠正机制。它们将孟德斯鸠笔下温和君主制的一个重要特征(其社会与道德的复杂性,以及使得荣誉的多元标准得以伸张的多种中介途径)以民主的形式复现了出来。荣誉的这些更具体更多变的施展形式将在第六章中得到讨论;在本章中我们暂且只考虑大写的荣誉,亦即将美国核心价值作为其准则的那种公共荣誉。

在美国发生的体现荣誉的那些伟大举动,在某些方面类似于孟德斯鸠的"士君子"与托克维尔的"热爱自由的贵族"的行动,但在另一些方面则与之存在着区别,而且即便在其自身内部也体现着巨大的多样性。正如我们已经看到的,托克维尔提醒我们注意荣誉的多样性,强调说与旧制度相联系的封建荣誉只是荣誉的一种表现形式,而非其全部。而孟德斯鸠更指出了法国旧制度内部也可能存在多种不同的荣誉准则。但是与旧制度中的荣誉不同的是,美国的公共荣誉并不系于政治上的不平等或者世袭制的社会秩序。公共荣誉是要靠赢得的,而不
98 是继承而来的。同样重要的是,当一个人赢得公共荣誉时,他并不因此

就有权多投一票或者得到一个政治职位。通过强调个体行动与良心，而非地位，公共荣誉在分配上的这种差别影响了作为性格品质的荣誉。尽管在旧制度中，个体行动与良心同样是荣誉的一部分，但在民主情境中，它们更加脱颖而出。公共荣誉在分配上的这种差别也让荣誉变得更加接近民主尊严的理念，尽管两者仍然互不相同。由于荣誉的各种美国形式寓居于现代民主政体之中，因此它们预设了全人类内在尊严的原则。因此，有荣誉心的美国人所作出的举动，常常是为了展示或伸张他们的尊严，而非他们的高人一等。

另一个区别是，包含在这个国家的建国文献中的美国式准则，乃是以抽象权利的普遍原则为基础的，而不是像旧制度中那样立足于管理各个行为领域的具体规则。不过尽管整体而言美国人普遍对美国式准则有所敬畏，但也存在重要的例外。比如内战前南方的农场主阶级所自称的荣誉，就是建立在明确否定《独立宣言》原则的基础上的。在考察南方荣誉时，我们将会看到当作为一种性格品质的荣誉服务于不正义的行为准则，当其与不受制约的权力同流合污时，情况会是多么危险。19 世纪中期的政治改革者同样对美国式荣誉准则的意义发出了挑战——但并非否定其原则，而是主张《独立宣言》对自由与平等的承诺应当得到更广泛的应用。这些挑战既反映了美国式荣誉的内在连续性，又代表了其意义的变迁。因此不但美国式荣誉的实质内容区别于旧制度荣誉的实质内容，而且美国式荣誉自身也是一种变化着的现象。

但是尽管有着这些区别，作为一种性格品质的荣誉的某些特征却是相对恒定的，不但在从旧制度到新政体的转型中保持恒定，而且在美国政治体内部的转型中也保持恒定。第一个特征是，荣誉将个人野心与有原则的行为准则相结合。这些准则的实质内容可能千差万别，但荣誉的一个界定特征就是，对出人头地的野心欲求受到独立于意愿或嗜欲的一系列原则的限制、指导、升华。荣誉的第二个恒定特征是其强调对于一个人自己的义务感，这既不同于自利，又不同于对他人的责 99

任。荣誉在美国案例中保持恒定的第三个特征是勇气这一元素，尤其是对侵蚀性权力的勇敢抵抗。在孟德斯鸠那里，荣誉的这一方面首先是与贵族抵抗王权、捍卫自身政治特权相联系的。贵族对侵蚀性权力的抵抗的形式既包括对君主的制度性制约（一如在议会的规谏行为中体现的），又包括个体的不服从行为（比如奥尔特子爵拒绝实施其国王屠杀无辜胡格诺教徒的命令）。托克维尔对现代民主制的阐述明确援引了荣誉在这方面的遗产，强调需要用与荣誉相联系的“贵族式的”勇气来捍卫民主权利，抵抗多数意见的暴政与“温和”专制的幽灵。有勇气的抵抗同样是美国式荣誉的一大特征。并且尽管处于民主的条件之下，但美国式荣誉的精神仍旧是贵族式的。尽管不再是某个固定社会等级的专属特权，但它仍然只属于一小部分人，属于任何有优点的人都能加入其中、由那些在危机降临时能够鼓起非凡勇气捍卫原则的个体所组成的“自然贵族”。在这里，骄傲同样是勇气的重要源泉。美国式荣誉保存了遗留自旧贵族的自我重要感的那种骄傲。尽管有荣誉心的美国人在行为上不如“士君子”那么爱出风头，但是他们的行动同样反映了“对自我以及对人性的高度评价”，而这在托克维尔看来对于保存民主自由是极其重要的。

## 建国时期的荣誉与对名望的热爱

正如我们在上一章里看到的，托克维尔批评他于1830年遇到的那些美国人缺少“伟大的野心”，说尽管他发现“美国有许多满怀野心的人”，但他“几乎没有见到抱负着伟大野心的人”[①]。他把这视为美国民主的一个潜在问题。事实上，他认为对于现代民主制而言，重要的是“将野心唤起到”更高的目标上，并且培养更多的骄傲[②]。他认为，只有通过

① 托克维尔，《论美国的民主》，下卷，第三部分，第十八章。

② 出处同上，下卷，第三部分，第十九章。

"给予(个体)关于他们自身以及人性的更高的想法",他们关于舒适与安全的那些温吞的野心才能够变得更为广大,并且转向更高尚的目标,包括对自由的热爱。但是尽管托克维尔在这一方面对杰克逊时代[①]的 100
美国感到失望,但他对建国一代的观感则要好得多。在他看来,制宪会议"囊括了新世界智识最高超、性格最高贵的人物"[②]。这些人的野心之"大",不但体现在范围上(这些野心的成就将会影响到许多世代的许多人,也许是无穷多世代的人),也体现在质量上(它们服务于自由与平等的高贵原则,以及"通过反思与选择"进行自我管理的崇高目的)。

对建国者们的这种仰慕观点在20世纪早期遭到了以查尔斯·比尔德为首的进步主义史学家们的攻击。比尔德在1913年的《美国宪法的经济学解释》一书中论证道,经济利益才是美国建国过程中的决定性动机。他的这一观点构成了接下来几代人争论的出发点[③]。后来的许多著作都挑战了这种经济解释,指出观念在美国革命与建国中作为独立变量扮演着重要角色,这些观念是超越经济差异的,因此无法完全以经济利益为基础来解释[④]。但是后面这一种"意识形态起源"的命题背后却又有着这样的假设:那些冒着失去财产、声望、甚至生命之险,挺身而出捍卫共和主义自由原则的人,其行动完全是出于牺牲精神,而非自我

① 安德鲁·杰克逊,美国第七任总统,任期1829年至1837年,其"杰克逊主义"一方面极力推动公众的政治参与,并最终让几乎所有成年白人男子都获得了选举权,另一方面则力图扩大行政部门权力,减弱立法与司法部门对其的制衡。——译注

② 出处同上,上卷,第一部分,第八章;另见上卷,第二部分,第七章。

③ Charles Beard, *An Economic Interpretation of the Constitution of the United States* (1913; New York: Free Press, 1986).

④ 譬如见 Bernard Bailyn, *The Ideological Origins of the American Revolution* (Cambridge: Harvard University Press, 1967); Gordon S.Wood, *The Creation of the American Republic, 1776—1787* (Chapel Hill: University of North Carolina Press, 1969); and Lance Banning, *The Jeffersonian Persuasion: Evolution of a Party Ideology* (Ithaca, N.Y.: Cornell University Press, 1978)。最近,迈克尔·桑德尔论述道,建国一代所坚持的是一种德性的政治经济学。他的这种论述预设了经济利益从属于关于好政府的政治信念,而不是本身决定了政府的性质。见其书 *Democracy's Discontent*,尤其是第五章。

服务的关切。这个假设反过来又遭到道格拉斯·阿代尔的驳斥，其在《名望与国父》一书中试图消解其时占据主流的人类动机理论中典型的对“自利”和“对共同善的无私奉献”的简单二分[1]。

根据阿代尔的说法，国父们是“热切地自私自利着的人”，但是他们的利益观并不局限于狭隘的物质关切。他们尤其受到对名望的热爱的驱使，亚历山大·汉密尔顿将其称为“主宰着最高贵心灵的激情”，这种激情在阿代尔看来“使得谋求自我扩张与个人奖赏的铅灰色欲望蜕变成为黄金般的对公共服务与推进公共利益的关切，因为后者能够作为获取荣耀的手段”[2]。阿代尔的解读让我们想起进步主义史学兴起之前（比如林肯口中）对于建国者的描绘。在1838年对伊利诺伊州春田市青年学苑的演讲中，林肯对建国历程，以及支持着“最初形式的”美国
101 政府之创建的那些动机进行了反思：

> 那个时候，所有人都感觉到这是一个尚无定论的实验；今天，我们知道这是一个成功的实验。当时，所有追求名誉与声望、追求出人头地的人，都期待着自己能从这个实验的成功中有所斩获。他们所有人都在其中参了一股——他们的命运与之不可分割地联系在了一起。他们的野心是，在一个满是仰慕的世界面前，以实践的方式展示某个命题之为真理，这一命题直到那之前都被人认为是成问题的或者更糟；这个命题就是，人民有自我管理的能力。一旦他们成功了，他们就将永垂不朽；他们的名字将会传播于各个国家各个城市，传播于河流之上，高山之间；他们将会被敬畏，被吟唱，被祝颂，直到永久。而如果他们失败了，就会被短暂地视为恶

① Douglas Adair, *Fame and the Founding Fathers* (New York: Norton, 1974). 对这一点的进一步讨论，见 James W. Ceasar, "Fame and *The Federalist*," 载 *The Noblest Minds*, ed. McNamara, 187—188，开篇几段一针见血的话。

② Adair, *Fame and the Founding Fathers*, 24.

> 棍、蠢货、疯子；然后湮没于历史之中，被人完全遗忘。他们成功了。这个实验是成功的；数以千计的人因为对其成功做出的贡献，而赢得了不朽的美名。①

阿代尔对名望与建国的解读，与林肯的生动描述有着异曲同工之妙。近年来，阿代尔的说法得到了政治理论家与史学家的重新重视与考察②。部分而言，这种重新产生的兴趣反映了这样一个事实，即当代的政治理论仍然执迷于阿代尔早在 1965 年就已指出此路不通、并试图纠正的那种对人类动机的“简单二分法”③。我们今天仍旧倾向于以“要么自利，要么自我牺牲”的二元模式来思考人类动机。对“对名望的热爱”的重新重视来自这样一种认识：无论自我利益还是自我牺牲（或者甚至是这两者的简单加和），都无法恰当地解释维持自由民主政体所需的那些动机的复杂性。

汉密尔顿坚持认为，对名望的热爱乃是“公共服务的非常强的（或许是最强的）动机”④，它能够“促使一个人为了公共利益，计划并采取广泛而艰巨的行动”，从而超越自利与自我牺牲的简单二分⑤。正如阿代尔所说，对于汉密尔顿及其同辈，对名望的热爱成了“马刺与马鞭”，驱策着他们中的一些人“做出高尚和伟大的行为，这种高尚和伟大在他们之前的生涯中几乎毫无预兆”⑥。对名望的热爱绝非汉密尔顿、华盛顿、亚当斯、杰弗逊、麦迪逊等人的唯一动机：它还要与一种新兴的爱国主

① Lincoln, “Address to the Young Men’s Lyceum of Springfield, Illinois,” 载 *Abraham Lincoln: Speeches and Writings, 1832—1858* (New York: Library of America, 1989), 33—34。

② 譬如见 McNamara, *The Noblest Minds* 中收集的文章。

③ 这个表述来自 Ceasar, “Fame and *The Federalist*,” 187。

④ *The Federalist*, no. 72. 对汉密尔顿以及对名望的热爱的进一步讨论，见 Peter McNamara, “Alexander Hamilton, the Love of Fame, and Modern Democratic Statesmanship,” 载 *The Noblest Minds*, ed. McNamara。

⑤ *The Federalist*, no. 72.

⑥ Adair, “Fame and the Founding Fathers,” 8.

义，以及一种服务于公共善的真诚愿望相结合。但用阿代尔的话说，这些人绝非“完全对利益无动于衷”[①]。不过尽管通常的物质利益对他们
102 而言并不陌生，但他们所寻求的个人利益却绝不局限于物质上的所得。举例而言，乔治·华盛顿就以其“对出人头地的热切”以及对公共荣誉的野心而闻名[②]。如两位评论者所注意到的，尽管华盛顿并没有特别地“谋划着如何成为令人模仿的对象”，但他确实展示了“对荣耀的极度渴望，以及有时候对其声望的过分敏感”[③]。托马斯·杰弗逊鼓吹个人骄傲的公共价值，因为他认为对名望的骄傲关切为公共服务提供了有力的激励[④]。他说，政治家对义务之呼唤的回应是以天然的自利动机为基础的，比如“值得称道的”野心，因品行高洁而感到的骄傲，对受人敬重的追求，以及对青史流芳的期望[⑤]。约翰·亚当斯同样认为“对出人头地的热切之情”是“吸引有才华的人参与公共服务，引诱他们为了公共善而牺牲暂时的、私人的、物质的利益”的关键手段[⑥]。在这一信念的基础上，1789年，时任副总统的亚当斯甚至试图为“新共和国行政官员与立法者中的领军人物”设计一套“宏大的头衔”。不过这种花哨头衔的想法对于他的同代人而言实在走得太远了，因为这让他们想起旧制度的世袭制层级，而亚当斯也因为这个想法而广遭嘲笑[⑦]。但是时人仍旧普遍认同，对出人头地的自利热情只能加以“调控”而非加以“抹杀”，如此

① Adair, “Fame and the Founding Fathers,” 8.

② Richard Brookhiser, *Founding Father* (New York: Free Press, 1996), 116.

③ Lorraine Smith Pangle and Thomas L. Pangle, “George Washington and the Life of Honor,” 载 *The Noblest Minds*, ed. McNamara, 59, 61。

④ Jean Yarbrough, *American Virtues: Thomas Jefferson on the Character of a Free People* (Lawrence: University Press of Kansas, 1998), 105.

⑤ 转引自前书第148页。

⑥ Paul A. Rahe, *Republics Ancient and Modern* (Chapel Hill: University of North Carolina Press, 1992), 716.

⑦ 出处同上。

方能使其“满足于、鼓舞于、合作于美德”[①]。就连詹姆斯·麦迪逊也“并非对留存青史和名望无动于衷”，尽管他对出人头地的个人欲望不如汉密尔顿那样“张扬”[②]。麦迪逊同样希望赢得“后代人中聪明人与好人”的仰慕，并对在他那个时代“关于他是如何推动了联邦之组建的更丰富的材料无法呈现在世界面前”表达了某种遗憾之情[③]。对于这些建国者而言，对名望的热爱在两个极端之间指出了一条中庸之道：一端是自我否定的利他主义，它过于崇高，因此不可信赖，而且有可能变得过于严苛；另一端是自我中心主义的自利，它过于狭隘，无法声援冒险而困难的公共目的[④]。

对名望的热爱与荣誉是两回事，但两者之间有着密切的关联，尤其在民主政体之中。之所以它们在民主政体中尤其接近，是因为在这里荣誉与名望一样，必须靠自己去赢得。在旧制度中，贵族们用不着做任何体现荣誉的事，甚至用不着做任何事，都可以在实际生活中坐享公共荣誉。孟德斯鸠对这种趋势提出了批评，他认为个体行动与良心是荣誉的关键组成部分，强调倘若作为一种性格品质的荣誉与作为认可的 103
公共荣誉之间发生脱节，将是一件危险的事情，在他看来，这种脱节正是君主制容易导致的一种腐化[⑤]。在民主情境中，一个人永远只有在做出点什么之后才会赢得名望。而当名望被定义为（正如汉密尔顿所定义的那样）“对良好判断力的敬重”时[⑥]，赢得名望就要求做出点什么特

① Paul A. Rahe, *Republics Ancient and Modern* (Chapel Hill: University of North Carolina Press, 1992), 716.

② Lance Banning, “James Madison: Memory, Service, and Fame,” 载 *The Noblest Minds*, ed. McNamara, 135。

③ 出处同上，第 135，134 页。

④ 举例来说，华盛顿就是普鲁塔克《名人传》的读者与仰慕者，但他认为古代人的德性过于严苛，并且潜在地过于不人道。见 Brookhiser, *Founding Father*, 125—126。杰弗逊同样警告说，过于完全的德性会压抑自我利益。Yarbrough, *American Virtues*, 104.

⑤ 孟德斯鸠，《论法的精神》，第八章，第七节。

⑥ *The Papers of Alexander Hamilton*, ed. Harold Syrett, 27 vols. (New York: Columbia

别有价值的事情。同样，在民主政制中，荣誉也必须靠自己赢得，因为各种公共荣誉不再是世袭头衔的囊中之物[①]。美国宪法对世袭头衔的禁止由此扭转了公共荣誉在过去的优势地位，改将作为一种性格品质的荣誉推到了台前。在民主情境中，各种公共荣誉仍旧是被视为整体的荣誉的一部分，但它们的主要作用是激励有荣誉心的性格的施展，而非像旧制度中那样，作为可以独立于性格之外加以主张的头衔。民主荣誉因此类似于对名望的热爱，都是阿代尔所说的"历史进程中的一个动态元素；它拒绝人类心灵中'就这么着吧'那种静态的自满情绪，而呼唤'要变得不同'的奋发努力——要变成一个与众不同的人，要变成历史中的一股不平常的力量"[②]。两种动机都鼓励"一个人去创造历史，去用他的作为和他的理念给世界留下印迹……去拒绝成为事件的受害者，去成为'创造事件'的人物"[③]。因此毫不奇怪，第一代美国人会宣誓以他们"神圣的荣誉"来捍卫《独立宣言》。这份文件表达了他们对在"人类事件的过程"中随波逐流、默认"一种绝对的暴政"的做法的集体拒绝。他们是历史的推动者，而非历史的卒子；而对于这一申言，美国革命者援引了他们的荣誉加以支持。

援引"我们神圣的荣誉"来捍卫美国独立，同样揭示了荣誉并不一定与通常所想的那样，是"不可避免地保守的"、"反动的"，或者系于现状的[④]。《独立宣言》的结尾一段显示，荣誉可以是积极革命的，因为它可以被用来捍卫新的模式与秩序。不但如此，美国革命者为之斗争的、国

---

University Press, 1961—1987), 17:366, 11 November 1794. 转引自 McNamara, "Alexander Hamilton," 149。

① 阿代尔忽视了这一点。他错误地将所有荣誉等同于封建荣誉。此外，在处理荣誉时，他只讨论了各种公共荣誉，而没有讨论作为一种性格品质的荣誉。事实上，作为一个整体来理解的荣誉，比阿代尔所意识到的更加接近于他对"名望"的定义。两者都激励着个体去努力做出受到原则指导的、被"关注者"所仰慕的非凡行为。

② Adair, "Fame and the Founding Fathers," 11.

③ 出处同上。

④ 出处同上，第 10 页。

父们后来所建立的这种新的政治秩序，并不仅仅对于他们而言是新的，而且对于整个世界都是全新的，是一种前所未有的、“在任何人类社会中”① 都“无法找到先例”② 的政府类型。在《联邦党人文集》第 14 篇中，麦迪逊将其所建议的政府形式称为“政治世界中的崭新事物”，“即便在最狂野的设计师的理论中都未尝占有一席之地”；他并且将“美利坚这 104
个剧场中上演的、力图促进私人权利与公共幸福的不计其数的创新”称为“美利坚人民的荣耀”。诚然，建国者们的野心是受到既有的自然权利原则指导的。就其总是试图保存对其加以指导的原则而言，荣誉确实具有内在的保守性。但荣誉在这种意义上的保守性绝不能与政治保守主义相混淆。通过保存自然权利的理念，第一代美国人带来了一场政治革命，并使得共和主义政治的性质本身发生了革命性的变化。

不过荣誉与名望也在关于“应得”的问题上为建国者们造成了困惑 ③。对出人头地的野心追求可能导致那些“因为超级邪恶或罪恶而被人记住”的行动 ④，而且公共荣誉也可能被颁给其行为虽然在大众想象中不同凡响、实际上却并没有什么特别高贵之处的那些个人。建国一代的观点是，如果一个人仅仅是以获得荣誉为目的，或者仅仅是为了赢得名望而赢得名望，那么他所获得的荣誉就不是他“应得”的 ⑤。因此，以华盛顿为例，他既试图以符合荣誉感的方式行动，又试图获得别人的推戴荣耀，而且他在内心里努力地斗争着以保证前者的优先性 ⑥。当他于 1789 年当选总统后决定接受这一职务时，由于之前曾经表态过在战争结束后放弃公共生活，因此他担心被人认为是“前后不一致”和“野

① *The Federalist*, no. 1.

② *The Federalist*, no. 14.

③ Pangle and Pangle, “George Washington,” 61.

④ Adair, “Fame and the Founding Fathers,” 11.

⑤ Pangle and Pangle, “George Washington,” 61.

⑥ 见 Lorraine Smith Pangle and Thomas L. Pangle, *The Learning of Liberty: The Educational Ideas of the American Founders* (Lawrence: University Press of Kansas, 1993), esp. 244f。

心勃勃”：

> 难道前面这两种指责没有一些明显的根据吗？只是，现在无论是从给我自己一个公道出发，还是良心上的安宁，都需要我出来做点事情，这虽然不能免于指责，至少也是可以辩护的。你也不要觉得我对声誉过分热心。尽管我确实看重，而且也应当看重，同胞公民对我的好评，但我知道，我绝不会以放弃自己的社会义务或道德美德为代价，去一味地追求或确保自己的受欢迎程度。[①]

国父们并不像孟德斯鸠那样乐于接受“虚假的荣誉”，至少对于他们自己而言[②]。汉密尔顿同样区分了对名望的热爱，与他所谓的不顾一切的野心。按照他的理解，对名望的热爱包含了对原则的依附，而不顾一切的野心则不受独立于个人利益或意愿的任何东西的指导。正是在此基础上，汉密尔顿比较了托马斯·杰弗逊与艾伦·伯尔的为人。尽
105 管两个人都是“极其有野心的人……但他认为杰弗逊明显要高出一筹，因为他的野心是受原则指导的，而伯尔则完全没有原则”[③]。汉密尔顿如此紧密地将名望与原则相联系，以至于在致友人的一封信中，他写道，他希望后世人能够记住，“伯尔先生从来不曾表现出对**名望**的任何热心；不受原则制约的宏大野心，或者说对荣耀的热爱，乃是不受控制的暴君，它永远不能在好人们能够认同的事业中长久存在……在良好判断力的指导下，无原则的野心从来不会长久。”[④]

---

① George Washington to Henry Lee, 22 September 1788, 载 *The Writings of George Washington from the Original Manuscript Sources,* ed. John C. Fitzpatrick, 39 vols. (Washington, D.C.: U.S. Government Printing Office, 1931—1940), 30:97—98。转引自 Pangle and Pangle, “George Washington,” 62。

② Pangle and Pangle, *The Learning of Liberty*, 14, 243.

③ McNamara, “Alexander Hamilton,” 151.

④ Hamilton, letter to Bayard, 16 January 1801, 载 *Papers,* 25:323。转引自 McNamara,

与汉密尔顿对原则的强调一样，华盛顿之提及良心，指出了作为一种性格品质的荣誉，其既内省、又外视的这样一种不可化约的二元性。作为一种性格品质的荣誉，不但包括了对公共声望的欲求，还包括了力图恪守一个人自身的准则的野心（以及对随之而来的自尊的欲求）。那些有荣誉心的人既试图恪守其准则，也希望能通过这么做而获得公共认可；而他们希望得到后一方面结果这一事实也不应当被视为减弱了前一方面野心的有效性。不过与此同时，荣誉内在维度与外在维度之间的平衡是动态而非静态的，因此具有潜在的不稳定性。因此，"在声誉与名望意义上的荣誉……总是威胁着要成为有荣誉心之人的生活的界定目的与目标"，从而篡夺了对原则的固执与对自尊的欲求[①]。我们难以确切地知道在某个具体情况中究竟是什么动机最终驱使着有荣誉感的人：究竟是由对出人头地的热切占据了支配地位，还是让对原则的执着掌控了大局？正如一位论者所指出的，这种不确定性使得"是什么驱动着最高贵的心灵"这个问题"留下了令人心痒难搔的模棱两可——而这种模棱两可在有荣誉心之人中间并不罕见"[②]。不过让荣誉变成一种"模棱两可"的动机的这种混合性质（其既内省又外视的这一事实）同样也是其能够强有力地激发艰险行动的一个根源。任何"纯化"荣誉的企图都必将削弱其能量与动力，因为其能量与动力恰恰来自可以视为其界定特征的这种微妙脆弱的平衡。

华盛顿"给我自己一个公道"的欲望同样强调了对自身的义务感，而这正是作为一种性格品质的荣誉的核心所在。它所指涉的动机既超越了自由主义的"正义"与社群主义的"公民德性"等当代范畴，又抵制

---

"Alexander Hamilton," 151，着重字体为本书作者所加。

① Thomas L. Pangle, "Classical and Modern Liberal Understandings of Honor," 载 *The Noblest Minds*, ed. McNamara, 210。

② 出处同上。

了对“利益”的通常理解[1]。正如一位评论者所说，荣誉是“与有荣誉心
106 之人为了自私的理由而寻求的更高原则相联系的”[2]。恪守其准则（这种准则体现在《独立宣言》与美国宪法之中，被他视为对所有美国人“都具有神圣的约束性”）乃是华盛顿该当为他自己而做的事情[3]。未能恪守这些原则，意味着变得令自己失望，从而意味着不公道地对待自己；尽管与此同时这也可能对他人造成伤害，但华盛顿告诉我们，他特别关心（尽管不是唯一关心）的是能给自己一个公道。因此华盛顿的荣誉感超越了对各种公共荣誉本身的欲求，而包括对“让自己配得上公共荣誉”的追求，而且他将荣誉的这一内在维度视为对其自身的义务，以及他能够获得自尊的条件[4]。就此而言，他的动机既不是完全对利益无动于衷

① 诚然，如果一个人的自尊被视作依赖于以符合荣誉的方式行动，则如我们已经看到的，我们可以说荣誉是人的一种“利益”。但是在通常的理解中，利益这个范畴把位于荣誉核心的许多东西（比如它的有原则的准则，以及“一个人的自尊必须系于他的准则”的非工具性的信念）都排除在外，使得把荣誉简单地视作一种利益的做法既不正确也不特别有帮助。更一般地说，尽管我们确实有理由把利益的范畴扩展到与传统功利主义相联系的、过分狭隘的物质主义建构之外，但是过分广泛的利益观在解释力方面同样有其局限。如果利益的范畴包括了所有可以想到的人类目标，那么它对人类行动的解释力就要大打折扣了。这一点在 Richard King, *Civil Rights and the Idea of Freedom*, 66—69 中得到了详细阐述。

② C. Bradley Thompson, “John Adams and the Quest for Fame,” 载 *The Noblest Minds*, ed. McNamara, 78。

③ Washington, Farewell Address, 19 September 1796. 转引自 William J. Bennett, *Our Sacred Honor* (New York: Simon and Schuster, 1997), 91。

④ 汤普森在其“John Adams”一文第 77 页对亚当斯做了同样的评论。强调对一个人自身的义务感，这种做法使潘格尔的如下论断变得可疑：真正的荣誉是“不自私”的、以利他主义的方式体现“公共精神”的，并且要求“不自私的、有公共精神的少数荣誉之士耗费他们的生命，为那些基本上自私或自利的多数人做牛做马，当他们的仆人”。Pangle, “The Classical and Modern Liberal Understandings of Honor,” 209. 事实上，潘格尔所指出的、作为荣誉的核心（并且成问题的）特征的“谜团”，亦即他所谓“最好的人”（指那些有公共精神的人）如何能够为那些他所谓“较低的人”（指那些自利的人）而活着的问题，部分地被对一个人自身的义务感，以及荣誉所带来的自尊的好处所解决了。荣誉之士与其说是为了他们那些不那么令人仰慕的同胞而活，不如说是为了他们自己以及他们的原则

的,又不是完全自私的[1]。

荣誉与自然权利在建国一代人中的关联,标志着对传统荣誉形式的一个重要背离。民主式荣誉经常是(虽然并不总是)系于普遍的正当性原则,而非系于仅仅适用于某个特定群体的具体的行为准则[2]。孟德斯鸠强调说,传统君主制中的荣誉有其“最高规则”,有荣誉感的人会将违反其准则视为“绝无可能之事”,即便在国王的命令面前亦是如此。但这些准则的内容在范围上却是相对狭隘的,只适用于一些群体而不适用于另一些群体,而且只规范着某些特定的行为领域。而且旧制度中的荣誉还受到世袭家族以及阶级忠诚的渗透,使其范围愈发狭隘。相反,受到美国建国者们如此“敬畏”,升华并约束了他们的个人野心的,乃是自由与平等的普遍原则,而他们的荣誉感也在很大程度上(尽管并非完全)独立于家族依附与世袭阶级地位[3]。如果说《独立宣言》为第一代美国人构建了一套荣誉的准则,那么建国时代的这种荣誉正体现了托克维尔所预言的,民主社会中荣誉的普世主义:“在人民未被划分为不同等级的社会中,荣誉的规定……总是比其他社会中来得更少。倘若这个世界上竟然出现了几乎没有任何阶级差异迹象的国家,那么荣誉将会局限于少数戒律,而且这些戒律将会越来越接近于人类一般接受的道德法则”[4]。美国建国文献所编纂的美国式荣誉,其普世主义倾向正反映了它的民主环境,后者通过消除等级,而为指导行为的准则赋

---

而活。他们确实造福了别人,但只是间接地。如孟德斯鸠所说,他们做他们想做的事,因为这些事是他们应当为自己做的,而不是因为他们认为自己是其他人的“仆人”。

① Pangle and Pangle, *The Learning of Liberty*, 248. 两位作者进一步说,通过在如何以可能的最深刻的方式来关爱自我方面提供榜样,华盛顿为他的国家提供了一份“最伟大的礼物”。

② 正如第六章将要展示的那样,荣誉的民主形式同样可能系于更具体的准则。第四章和第五章集中讨论的是美国政治传统中相当重要的一种荣誉形式,但这绝非美国民主中存在的唯一的荣誉形式。

③ Bennett, *Our Sacred Honor*, 26.

④ 托克维尔,《论美国的民主》,下卷,第三部分,第十八章。

107 予了一般性的范围。这种荣誉感支持的，是关于“一般意义上什么是正当的”的标准，而非关于“对某种特定社会角色的承担者而言什么是正当的”的标准。

这种转变部分地解释了如下事实：建国者们并不像孟德斯鸠那样情愿接受“虚假的荣誉”。民主式荣誉（尤其是大写的荣誉）比起孟德斯鸠的荣誉概念而言更加近乎重合于道德德性。不过这种更高的重合并不意味着简单的等同。尽管确实是系于更普遍的准则，但作为一种性格品质的荣誉仍旧保留了自我关切的片面性，正是这种片面性使其成为激励行动的强大力量[①]。有了荣誉，恪守一个人的准则就会被视为其自尊的前提条件，无论这一准则是狭隘的、渗透着家族忠诚的，还是系于自然权利的普遍理念。不管准则的内容多么普遍，一个人对它的依附总是特殊的。因此，片面性在激励行动方面的力量，即便在荣誉的最平等主义、普世主义的表现形式中，也仍然得以保留，而这一事实正是托克维尔所忽略的。正如我们在上一章中看到的，托克维尔认为民

① 关于片面的自我关切如何能够被用来服务于一般的原则，迈克尔·伊格纳季耶夫通过对现代“战士荣誉”的描述提供了一个范例［Michael Ignatieff, *The Warrior's Honor: Ethnic War and the Modern Conscience* (New York: Henry Holt, 1997)］。1864 年的日内瓦公约试图通过设立一套可以在任何情况下适用于士兵（无论其敌方的具体身份为何）的行为标准，将荣誉的传统军事准则的内容加以普遍化。它推动了这样的观念：对平民的不加区分的屠杀、对囚犯的谋杀与酷刑折磨，以及诸如此类的实践，在任何时候都“有损于士兵的尊严”（116）。相反，传统的战士准则的内容则“极其特殊主义”，它们的保护范围仅仅覆盖某些特定阶级的人。再举例来说，骑士准则所确立的保护同样也只应用于基督徒；一名战士在对待异教徒时可以不受任何约束（117）。不过尽管现代准则的内容反映了一种新的对普世主义的企望，但是对其加以维系的动机仍然依赖于士兵传统上对尊严与自尊的光荣欲求中的片面性。执守普遍的准则的动机仍然植根于某种形式的片面性，甚至是植根于自我关切，亦即认为假如一个人没能坚持自己的准则的话就没法再让自己体面地活下去。在伊格纳季耶夫看来，自尊与一般原则之间的这种联系同样可以拓展到战场之外，及于现代的平民生活。“要想在本世纪拥有良好的自我感觉，就必须相信道德的普遍原则”（55），这样一个事实，阐明了对自尊的欲求（“拥有良好的自我感觉”）以何种方式构成了以下两者之间的自然中介：一方面是我们对我们自身的强烈片面性，另一方面是道德与政治正当性的现代标准中的普世主义。

主式荣誉因为其准则的普世主义，一般而言力量要相对弱些。他认为片面依附是比抽象原则更为强有力的动机，并且怀疑在缺少"人与人之间的不相似和不平等"这些导致较片面的准则的情况下，荣誉是否还能够持久地存在[1]。

建国一代人中动机的多样性表明，托克维尔的如下想法是正确的：荣誉并不会垄断新政体中公民的动机，一如其曾经垄断旧秩序中某些群体的动机那样。与孟德斯鸠理论中将其视为传统君主制的驱动力不同，荣誉并不是美国式自由的**唯一**驱动力。荣誉在自由民主制中是非典型的，因为它（或至少它的较杰出的形式）发生得相对不频繁。以汉密尔顿为例，他就认为，美国革命者身上对名望的热爱与神圣的荣誉，"那种令人性超越自身、做出勇敢与英雄主义的行为的对自由的热情"，是一种非常罕见的东西[2]。他认为，"对利益的冷静算计或者……对更直接的激情的满足"将会在平常时候占据支配地位。然而尽管任何国家历史的绝大部分都是由平常的日子构成的，但是正如一位评论者所说，"没有一个政治共同体能够持续下去，没有一个政治共同体能够直面一个要求牺牲与流血的重大危机"，除非至少有一些公民能够偶尔地"受到超越于狭隘、庸常的自我利益关切之上的某种东西所鼓舞"[3]。诚然， 108
即便在建国一代人中，荣誉也只是一种偶而一见的现象而非全社会范围的理念，但是它已经被证明比托克维尔在上一段引用的评论里所预言的要有韧性得多。尽管并不是美国政治的支配理念，它却能周期性地体现在一小部分人身上，在整个政制中扮演着决定性的角色。

在荣誉与对名望的热爱的核心处存在着原则，这看似意味着这些动机表面上的感性成分最终要受到理性的支配。所以据说华盛顿的行

① 托克维尔，《论美国的民主》，下卷，第三部分，第十八章。

② Hamilton, "Farmer Refuted," 23 February 1775, *Papers,* 1:156. 转引自 McNamara, "Alexander Hamilton," 153。

③ Rahe, *Republics*, 772.

为“并非出自激情，而是出自原则，并非出自赢取荣誉的欲望，而是出自对成为配得上最伟大荣誉的人的追求”[①]。但是在激情与原则之间（以及在欲望与价值之间）的截然分割，却掩盖了或许是荣誉最独到的特征，亦即它不能被完全化约为两者之中的任何一个。华盛顿对成为配得上最高荣誉之人的追求并没有使其对实际获得这些荣誉漠不关心。就这一方面而言，从对各种公共荣誉本身的简单欲求，转变为对“因恪守自身的准则而获得公共认可”的这样一种有原则的欲求，这一转变的大方向是和康德提出的“应得”高于“幸福”的分级排序相一致的，但又并不完全走到康德最后的结论上去。即便在其最高贵的形式中，荣誉，用康德的术语来说，仍然是“他律”的，因为它从未完全独立于公共认可，也从未完全超越于一个人对自身原则与自尊的情感依附。华盛顿“成为配得上至高荣誉之人”的欲望并不是简单地代表着原则对激情的战胜，而是代表着原则与激情的互动，其中理性指导并引领着心灵的欲望部分，但从未完全超越后者。

我们绝对不能将荣誉视为表现了道德或政治动机的完备图案，更不用说是对灵魂的完备刻划；而我们之所以不能这么做，理由之一也在于荣誉的片面性。任何一个政治体都需要有能够灵活运用不偏不倚的理性，从而在关于正义、法律、公共政策的问题上超越于其具体依附的领导人物。普通公民同样需要不偏不倚的理性能力，以此来评估他们行为准则的有效性，以及判断其自身是否配得上自尊、配得上他们所赢得的公共认可。理性是政治能动性中的一个关键组成部分；缺少了理性，一个人的举动只能是对冲动、嗜欲，或者外在力量的反应，而无法上
109 升到有意图的、自我发起的行动的层次。但是倘若不偏不倚的理性完全压制了灵魂中的情感维度，这对于政治能动性的强力施展而言却同样并无裨益，因为这很有可能破坏行动的动力源。这会把个体从一位

① Pangle and Pangle, “George Washington,” 63.

公民变成一位哲学家，从自由的热忱捍卫者变成自由的研究者。正如约翰·亚当斯所说，“理性是生活的指导”，但“感觉、想象力，以及情感，才是行动的源泉。理性掌握着船舵，但激情才是鼓动船帆的风”[①]。

原则与激情之间的互动关系意味着，即便当荣誉受到有原则的行为准则的指导时，其“血气的”元素仍然不是完全被理性驯服的。国父们读过普鲁塔克的《希腊罗马名人传》，深谙其中提到的，荣誉内在的桀骜不驯。那些对出人头地有着极端野心的人，比如亚西比德或者科里奥兰纳斯，很难由政治共同体加以容纳，即便他们对于政治共同体的生存而言是必须的[②]。普鲁塔克既为国父们提供了许多仰慕荣誉的理由，也为他们提供了许多担忧荣誉的理由；正如一位历史学家所指出的，他们“对于伴随着对荣誉的追求而来的……危险有着充分的认识”[③]。因此在《联邦党人文集》第70篇中，尽管汉密尔顿是在为一个强有力的行政部门的必要性做辩护，他仍然指出，必须要保护自由“免受野心的威胁”；他说，“但凡对罗马历史略有了解的人都知道，罗马共和国曾经多次不得不寻求庇护……以对抗野心家们篡权僭政的阴谋”。

但是如果像霍布斯那样，仅仅把荣誉化约为对权力的嗜欲，那就大错特错了。华盛顿在其第二任总统任期结束时决定退休的例子，便很能说明问题。假如他当时想要再做第三任的话，是肯定能够当选的[④]。1796年夏天，杰弗逊曾在给詹姆斯·门罗的信中抱怨华盛顿，声称“（他）一个人对人民的影响力，已经超过了（国会中）所有人对人民的影响力……共和主义只好搁下手里的桨，把船只交给它的舵手，把桨用到舵手认为最好的事情上去”[⑤]。事实上，华盛顿最后还是自愿地把船交还给

① John Adams, *Discourses on Davila* (New York: DeCapo Press, 1973), no. 6, 41.

② 关于这一点，见 Paul A. Rahe, “Fame, Founders, and the Idea of Founding,” 载 *The Noblest Minds*, ed. McNamara, 11。

③ 出处同上。

④ Brookhiser, *Founding Father*, 100.

⑤ 转引自 Stanley Elkins and Eric McKitrick, *The Age of Federalism* (New York: Oxford

了桨手们，从而把共和主义的原则摆在了第一位，而不是将政治权力作为目的本身加以聚敛。对于他的同代人和后代人而言，华盛顿的退出公职，并不是荣誉的例外，而是荣誉的标志①。杰弗逊本人就认为，民主的繁荣昌盛所要求的对侵蚀性权力的热忱抵抗，预设了对自我加以管
110 理的欲望，而并不必然带有对他人加以支配的欲望②。他认为只有通过运用权力和责任，热忱才能得到发展，因此他呼吁政治参与；但是在新兴的美国体制中，对政治权力与责任的运用并不意味着（事实上，这甚至否定了）他人的屈从③。在这方面，我们也可以联想到孟德斯鸠笔下的奥尔特子爵。奥尔特违抗国王命令的目的是阻碍权力的滥用，而不是增加他自己的权力。当然，如果他从没有获得任何权力，那他也就没有办法有效地阻碍权力的滥用。但是他拒绝屠杀无辜的胡格诺教徒，并不是一桩试图获得更多权力的阴谋。霍布斯式的权力嗜欲既无法解释奥尔特的有荣誉心的不服从，也无法解释华盛顿的有荣誉心的退休。

不过我们同样不能否认荣誉潜在的桀骜不驯。毕竟，汉密尔顿就是死于试图捍卫其荣誉的一场决斗。正因为如孟德斯鸠所说，荣誉“以蔑视生活为荣耀”，所以它并不认可由通常意义上的利益所施加在行动之上的天然限制。出于这个原因，有人或许会偏好洛克所说的抵抗的权利，而非荣誉的动机。按照洛克的说法，不可剥夺的抵抗权是对政治主权者们的永恒威胁，以防后者受到诱惑而侵犯其臣民的生命、自由，或财产④。但是尽管人民总是拥有抵抗的权利，洛克却认为，由于其中涉及的风险，他们实际上很少会真正进行抵抗。他们知道抵抗很可能会

---

University Press, 1993), 448。

① Brookhiser, *Founding Father*, 103.

② 见 Yarbrough, *American Virtues*, 104, 114。

③ 出处同上，150f。

④ John Locke, *Second Treatise of Government*, 载 *Two Treatises of Government*, ed. Peter Laslett (Cambridge: Cambridge University Press, 1960), chap. XIX。

给他们带来“灭顶之灾”[①]。因此,民众造反的威胁克制着侵蚀性的统治者,而毁灭的威胁又克制着自利的造反者。这种平衡当然有其好处,但也同样存在着缺陷。具体而言,制约民众采取反抗行动的自利,可能会削弱个体能动性的源泉。自利既激励着对侵蚀性权力的抵抗,又约束了这种抵抗。尤其是在面对一个掌握着其臣民生杀大权的政治主权者时,自利既容易导向对其强有力的轻蔑,也同样容易导向对其畏惧的屈服。此外,正如托克维尔所指出的,自利并不足以激发对一个能够提供舒适生活的专制者(或者说一个能够满足其臣民的嗜欲,却又同时限制了他们的自由的统治者)的抵抗。因此就算有了抵抗的权利,从长远看,自由的维持仍然必须依赖于超越于自利之上的动机,即便这种依赖是偶然的,并且只体现在一小部分人身上。而且如果缺少了自由的热忱守卫者,也不会有哪个政体能够享受到对自由的热忱捍卫所带来的益 111
处。即便这些人偶尔桀骜不驯,他们给其同胞以及整个政体带来的风险也远远比不上一个将他们完全驯化的政体所产生的风险。

作为建国者们的个人动机,荣誉以及对名望的热爱的重要性展示了荣誉在美国政治传统中起作用的一种方式。但是建国者们是否考虑过要在他们所建立的政府体系中让荣誉扮演一个角色呢?如果有,这个角色是什么?一方面,他们坚信,无论“道德的”还是“宗教的”动机,本身都无法在政治中可靠地控制人类行动[②]。美国体系要想保障自由,必须依赖于制度上的权力分立,以及一套制约与平衡的设计。另一方面,尽管这套制度能够显著地减少对公民及其代表们的品格的依赖,但是它仍旧无法让自由完全地独立于品格。正如麦迪逊于 1788 年在弗吉尼亚批准美国宪法大会上所说,“如果我们之间……完全不存在美德……那么没有任何理论上的制约,没有任何一种政府体系,能够使我

① John Locke, *Second Treatise of Government*, 载 *Two Treatises of Government*, ed. Peter Laslett (Cambridge: Cambridge University Press, 1960), chap. XIX。

② *The Federalist*, no. 10.

们获得保障"[1]。在另一个场合,他论证说,宪法所确立的"权力的分割与内部制约……既不是宪政自由的唯一保障,也不是其首要保障。人民作为宪法的授权人,必须同样成为其守卫者。他们必须时刻擦亮自己的眼睛,必须时刻准备着发出自己的声音,必须时刻准备着挥舞自己的手臂,驱赶对宪法权威的侵犯,修复宪法的权威"[2]。在《联邦党人文集》第 51 篇中他说道,"要想防止各部门权力的逐渐集中",一个重要的措施是把各部门抵御其他部门侵蚀性权力的"必要宪法手段",同激发这类抵抗的最有效的"个人动机"结合起来。换句话说,缺少了个人动机的支持鼓舞,宪政制衡是空洞无力的,而麦迪逊所想到的这些动机,绝不能与自利简单等同起来。

诚然,国父们并非忽略了自利的动机。《联邦党人文集》第 10 篇就大谈特谈从"对不同程度与类型的财产的占有"中产生出来的"不同利益与党派",比如"土地主的利益、制造业的利益、商人的利益、金融业的利益",以及"其他更小的利益"。但是尽管人民代表必须关注其选民的
112 利益,这些代表本身却不能受到物质利益动机的支配。国父们并没有将对个人收益的追求视为新体系的主流。相反,按照一位评论者的话说,《联邦党人文集》预设了"在生产者与消费者之外的……荣誉的决心"[3]。汉密尔顿在《联邦党人文集》第 76 篇中强调了这一点,说道:"假设人性是普遍的贪腐,这和假设人性是普遍的清廉一样,都是政治推理

① Madison, Address to the Virginia Ratifying Convention, 20 June 1788, 载 *The Debates in the Several State Conventions*, ed. Jonathan Elliot (Philadelphia, 1876), III, 536—537。转引自 Banning, "James Madison: Memory, Service, Fame"。

② Madison, "Government of the United States," *National Gazette*, 4 February 1792, 载 *Papers of James Madison*, ed. William T. Hutchinson et al. (Chicago: University of Chicago Press and Charlottesville: University Press of Virginia, 1962—1977), 14:218。转引自 Banning, "James Madison: Memory, Service, Fame"。班宁认为,麦迪逊"相信,他和其他人的荣誉,与对《权利法案》之准备的承诺息息相关"。见前书,第 130 页。

③ David F. Epstein, *The Political Theory of ' The Federalist*" (Chicago: University of Chicago Press, 1984), 192.

上的大错误。权力授予制度暗示着在人类中存在一定程度的美德和荣誉,如此一来信心方能有合理的基础。而经验也证明了这个理论。”

汉密尔顿关于美德和荣誉的重要性的这些话,是他对总统提名大使以及其他行政部长的权力的讨论的一部分。这些话针对的是如下一种反对意见:“通过提名权的影响”,总统“可以保证参议员顺从于他的观点”[①]。为了驳斥这种反对意见,汉密尔顿诉诸“参议院的气节”,他称之为“抵御行政部门影响立法团体之危险的守卫者”[②]。参议员们的品格并非抵御行政部门侵蚀的唯一守卫者,但却是关键的守卫者。汉密尔顿在这一点上援引英国为例。许多人声称“英国下议院的贪腐”损害了立法权力的独立,从而威胁了权力的分立。他认为,事实上英国下议院比人们通常所想象地要有德性得多,“其中一大部分都是独立而有公共精神的人”,这些人通常都能够“控制国王的倾向”,从而维持立法与行政权力之间的分立[③]。所以同样,他说,美国人有理由对“参议院的廉洁”抱有信心[④]。在此基础上,美国人可以相信,尽管“行政部门或许能够偶尔影响参议院中的某些人,但是它能够普遍地收买整个团体的气节的这种假设,却是完全站不住脚的”[⑤]。因此,尽管汉密尔顿否认权力分立事实上在英国陷入危险或者很可能在美国陷入危险,但他还是认为,倘若人民代表中缺少“一定量的美德与荣誉”,权力分立确实会变得十分脆弱。毕竟,假如参议院整个儿放弃了“廉洁”,在任命问题上将其选票完全交给总统以换取个人利益,那么行政与立法权力分立这种独特的宪法手段也就会遭到严重的损害。《联邦党人文集》接受了这个命 113
题:品格是对宪政分权的必要(尽管并非充分)支持。

① *The Federalist*, no. 76.
② 出处同上。
③ 出处同上。
④ 出处同上。
⑤ 出处同上。

代议机制有助于将必要的一部分美德与荣誉整合到体系之中[1]。越大的共和国越能够充分利用这种机制，因为通过扩大潜在候选人的范围，同时保持对可选职务的数量限制，便增加了“合适人选”，或者说“拥有最有吸引力的优点、最广博牢靠的品格的那些人”被选上的概率[2]。合适人选具有“洞察其国家真正利益所在的智慧”，以及特别强烈的“爱国主义情绪和对正义的热爱”[3]，但他们同样具有“荣誉”和对名望的热爱[4]。尽管他们的智慧、爱国心，以及对正义的热爱使得他们能够代表其选民以及整个政治体的利益，然而能够对侵蚀性权力提供有效抵抗的则是他们的荣誉和对名望的热爱。当麦迪逊在《联邦党人文集》第51篇提到“野心必须用来对抗野心”，以及“人的利益必须与其职位的宪法权利相联系”时，他所想到的是“骄傲与虚荣”，正是它们使得每个代表都依附于“助长其骄傲，为其提供荣誉与出人头地的机会”的那种政府形式[5]。因为每个代表的个人地位都牢牢系于他所在的政府部门相对于其他部门的独立性，所以每个代表都具有个人动机，能够挺身而出捍卫其所在团体免遭其他部门的侵蚀。例如汉密尔顿曾举例说，假如在和别的国家就某个条约进行谈判的过程中，总统企图阻挠参议院的指示或者违背参议院的观点，那么“在参议员中，就会产生惩罚总统对他们

---

① *The Federalist*, no. 10.

② 出处同上。

③ 出处同上。

④ *The Federalist*, no. 72.

⑤ *The Federalist*, no. 57. 在《联邦党人文集》第51篇中提到，某些“私人利益”扮演着“公共权利”的“哨兵”的角色，从而“弥补了更好的动机的缺陷”；这些“私人利益”包括涉及到出人头地、声誉、名望的利益，但不包括物质利益。毕竟，正如近来的一位评论者所注意到的，一个完全以物质自利为基础采取行动的人，“更有可能成为一个逃票乘客，而不是一个有野心的人。他会让别的某个人去完成工作、承担风险、忍受竞选职位所招致的侮辱。而且事实上，假如‘用野心限制野心’的体系真那么有效的话，那么人们就无法期望从职位中获得任何个人的好处”。见 Harvey C. Mansfield, Jr., *America's Constitutional Soul* (Baltimore: Johns Hopkins University Press, 1991), 214。

信任的滥用，或者是维护他们自身的权威的意向。到了这一步，我们即
便不能信赖他们的美德，也可以信赖他们的骄傲”[1]。《联邦党人文集》中
很值得注意的一点是，其中所包容的野心是防御性的；它并不是一种统
治他人的企图，而是一种对权利、对制度特权，以及对自由本身的捍卫。
就这一方面而言，它类似于孟德斯鸠笔下中介性团体的野心，以及托克
维尔笔下热爱自由的贵族的野心[2]。书中鼓励总统“对声誉加以十分的
关切”，从而约束自己（如通过任命权等）侵蚀参议院权力的倾向[3]。支撑
总统美德的是以下考虑，即在提名任命过程中“任人唯亲……对自己的
声誉造成的危害”，“能够有效地阻挡”其把手伸到自己合法权威之外的 114
诱惑[4]。更一般而言，行政部门的“一元性”意味着总统无法轻易地在公
共舆论挑剔的眼皮底下躲藏起来，因此只要他对自己的声誉和任职上
的杰出还有所在乎，那么他独自担任行政首脑这一事实便能够限制他
对其他部门的权力进行有害的侵蚀，从而能够为共和国提供“安全”[5]。
某位评论者称之为“人类在出人头地中获得的骄傲”[6]，另一位评论者称

---

① *The Federalist*, no. 66. 这里汉密尔顿似乎接受了类似于孟德斯鸠所谓“虚假的荣誉”的某种东西，亦即对与德性并不严格等同的特权的骄傲捍卫。

② 关于这一点，见 William Kristol, “Ambition and the Separation of Powers,” 载 *Saving the Revolution*, ed. Charles R. Kesler (New York: Free Press, 1987), 123。这种捍卫性的野心的一个例子，是参议院罗伯特·伯德对逐条否决权的热忱抵抗（译注：逐条否决权使得行政部门首长可以对议会通过的某个法案的若干具体条款加以否决，而不必一并否决整个法案，由此大大增强了行政部门相对于立法部门的权力）。伯德在 1993 年对参议院的十四次演讲中告诫其同僚，要认识到一个独立的、“免受一个过分强大的行政部门支配”的议会的重要性。见 Robert C. Byrd, *The Senate of the Roman Republic: Addresses on the History of Roman Constitutionalism* (Washington, D.C.: U.S. Government Printing Office, 1995), 41。伯德申明他对美国宪法的“敬重”，并提醒其他参议院记住他们“保护与捍卫精妙而脆弱的宪政结构的庄严宣誓”（11, 15, 59）。伯德的演讲是现代的规谏举动，是对侵蚀性权力——尤其是行政权力的扩张（89—90, 169, 172）——加以阻挠的努力。

③ *The Federalist*, no. 76.

④ 出处同上。

⑤ *The Federalist*, no. 70.

⑥ Kristol, “Ambition and the Separation of Powers,” 123.

之为“有荣誉心的自我伸张”[①]的那种东西，乃是权力分立的关键所在。比起孟德斯鸠的温和君主制体系，美国体系以更明确的方式，将造成这种权力平衡的诸多喧动加以宪法化，同时又将促进这些喧动的那种动机向民选代表开放，而非将其极大地限制在世袭贵族内部，从而使这一动机得以民主化。

麦迪逊所谓的“不受利益干扰的智慧”与“正义”，和对名望的骄傲热爱，二者的同等重要性，或许可以解释为什么汉密尔顿在谈到新体系所预设的性格品质时，要费力地区分开德性和荣誉。“合适人选”的德性容许共同体的冷静情绪占据优势，有助于对人民的正确代表。而荣誉则通过激发对各个部门具体特权的热忱捍卫，防止其遭到其他部门的侵蚀，从而服务于对权力的限制[②]。因此，如果说人民代表身上的德性是为人民主权的民主原则服务的，那么他们身上的荣誉则是为有限权力的自由主义原则服务的。不过虽然说德性与荣誉之间存在区别，但它们也同样是相互支持的。民选代表的野心帮助维持了代表们对其选民以及整个政治体的忠诚，因为“无论一小部分有抱负的人物怀有怎样的希望或计划”，民选官员一旦实施了“与人民的权威相违背”的计划，获得的必然是骂名而非荣耀[③]。类似地，“那些在其他国家眼中代表了自己国家的尊严的人，将会对任何公共危险，或者公共事务任何不名誉地停滞的前景尤其敏感”[④]。从这个角度说，权力分立与制约平衡的体系还不仅仅是一种保障自由的办法；尽管这个体系并不直接培养品格，但它能够“召唤”品格的产生[⑤]。它把对狭隘利益的野心转化为对更高更广的关切的野心，因为代表们不得不通过追求共同利益（包括权力分立上

① Epstein, *The Political Theory of' The Federalist"*, 124, 125.

② Rahe, *Republics*, 601.

③ *The Federalist*, no. 57.

④ *The Federalist*, no. 59. 见 Rahe, *Republics*, 600。

⑤ Mansfield, *America's Constitutional Soul*, 215; Rahe, *Republics*, 601.

的共享利益）而为自身赢得名望。除此之外，正如一位历史学家所说， 115
“由于其能够成功地将一国最高官员的德性展示出来”，这个体系便“以最有效的方式（通过对它所树立的光辉榜样加以模仿）教育了普通公众”[①]。

对侵蚀性权力的抵抗，这一在孟德斯鸠处与荣誉相联系、在托克维尔处与贵族品格相联系的主题，被国父们放在更广泛的语境中加以阐述。举例而言，华盛顿赞美教育，称其“使得人民认识和珍重他们的权利，洞察和抵御对这些权利的侵犯”，并且“把对权力侵蚀的迅速而节制的警觉，与对法律的不容侵犯的尊重，结合了起来”[②]。这种“对权力侵蚀的警觉”与“对法律的不容侵犯的尊重”的结合，让我们想起了孟德斯鸠所提到的“有荣誉心的不服从”之中蕴含的公民性。自由民主政体的公民们必须像旧贵族珍重其特权一样珍重他们的权利。而他们也同样必须敬重法律，正如贵族们有责任敬重国王一样。麦迪逊同样强调“一旦我们的自由受到一点点试探之时，就要警钟长鸣”，并且认为“这种谨慎的守护乃是公民们的首要义务，以及上次革命最高贵的特征之一”[③]。对于杰弗逊而言，公民美德本身就包括了对侵蚀性权力的反对精神，以及遵守法律的精神[④]。正如汉密尔顿所说，抵抗的能力与抵抗的勇气使得人性“超越其自身”，展示了人类高贵心灵的潜力，或者说“人类这一种族的荣誉”[⑤]。

就其大部分而言，建国一代人并不把政治或者政治自由视为最高

① Rahe, *Republics*, 601.

② Washington, “First Annual Message to Congress,” 8 January 1790, 载 *A Compilation of the Messages and Papers of the Presidents, 1789—1897*, ed. James D. Richardson (Washington, D.C., 1896), I:66。转引自 Rahe, *Republics*, 713。

③ Madison, Memorial and Remonstrance against Religious Assessments, 20 June 1785, 载 *Papers of James Madison*, VIII:300。转引自 Rahe, *Republics*, 721。

④ Yarbrough, *American Virtues*, 104, 114, 156.

⑤ *The Federalist*, no. 11.

的人类目的，但他们确实认为人类种族的荣誉，或者说人类尊严，是系于自我管理的能力的[①]。《联邦党人文集》将社会对政府的选择视为关乎荣誉的问题[②]，称之为“人们为自身做出选择的光荣愿望”[③]。对国父们而言，一个虽然保护个体自由却并不树立人民主权的政府，当然比专制要好得多，但是这样的政府远远不如他们所发明的政体那样高贵。美国体系将人民主权与个体自由相结合，从而对人类作为主权者的尊严从两个方面加以尊重：既从政治内部（人民主权使个体得以在公域中活动或参与，即便是间接地），又从政治外部（以在私域中对个体行动加以保护的自由的形式）。这样看来，即便与旧制度中最温和的形式相比较，
116 它依然是对人类尊严的更完备的表达，因此也比“地球表面存在的”其他任何一种政府形式都更加“高贵”，正如麦迪逊在《联邦党人文集》第14篇中所说。美国体系以人类所特有的能动性的能力为荣。它同样引导着荣誉的发生，后者通过激发对侵蚀性权力的抵抗，支持着个体的自我控制与集体的自我管理。麦迪逊的这些说法让我们注意到荣誉与选择之间的关系，并且或许是令人惊讶地，暗示着荣誉与民主之间的一种特殊的亲和性。

对侵蚀性政治权力的抵抗是与荣誉相联系、与个体尊严以及集体自治相联系的；和其相类似的，还有拒绝顺从于环境的外在力量。美国体系声称“从反思与选择之中”建立，而非得自“变故与外力”[④]。通过表明自然世界的变故与外力并不能决定人民的品格、繁荣程度，或其政治秩序的性质，美国体系“维护了人类这一种族的荣誉”。这一断言是对当时某些“深奥的哲学家”的回应，这些哲学家“将某种物理优越性加

① Rahe, *Republics*, 571.

② Epstein, *The Political Theory of “The Federalist”*, 15.

③ *The Federalist*, no. 12. 类似地，《联邦党人文集》第42篇认为，简单地采取英国的法律体系，而非选择和创立自己的一套，将会使美国人“失去荣誉”。进一步的讨论可以见 Epstein, *The Political Theory of “The Federalist”*, 16。

④ *The Federalist*, no. 1.

之于(欧洲)居民……并且郑重其事地断言,所有动物,包括人类在内,到了美洲之后都会退化——在我们的空气中呼吸上一阵子之后,就连狗都不再会吠了”[①]。美国宪法的优美与高贵打了美洲退化论的脸,但是也并没有简单地主张美洲优越论。正如一位阐释者所说,美国的实验“对于全世界都有意义”,因为它表明,一般人类事务中的首要动因,是政治决断,而不是诸如物理环境或种族之类的前政治因素[②]。政治决断的首要性展示了人类自决的能力,后者乃是一种普遍的现象,而不仅仅限于美国的公民。因此美国的政府形式维护的是全人类的荣誉,而并不只是美国人的荣誉。

这些考量让人想起托克维尔对他那一时代的“民主史学家”的评价。这些人强调“非人格力量”在人类社会中的角色,否定“个体的具体行动”,给人以社会只能“不自知地服从于支配其运作的力量”[③]。正如我们在上一章里看到的,托克维尔否定了这种认为政治是由“盲目的宿命”所决定的观念[④],并且把这种观念的传播视为现代民主极其危险的一种发展。盲目宿命的看法会削弱个体能动性,“击垮(公民的)灵魂”[⑤], 117
使他们在侵蚀性权力面前变得消极和脆弱。美国实验升华了那些参与其中的人的灵魂,并为那些相信自己的生活受到盲目宿命的驱使,并因而沮丧失落的灵魂们提供了反例。它通过表明人类并不只是其环境的产物,而维护人类这一种族的尊严。通过证明一小部分人的荣誉,它证明了所有人潜在的荣誉。因此,美国体系作为一个整体所体现的荣誉,是对暴政的抵抗,其中既包括专制者的暴政,也包括自然与环境的暴政。它以个体和集体自治的形式,骄傲地断言了人类的尊严,甚至高贵。

① *The Federalist*, no. 11.

② Ceaser, “Fame and *The Federalist*”, 200.

③ 托克维尔,《论美国的民主》,下卷,第一部分,第二十章。

④ 出处同上。

⑤ 出处同上。

当然,这种断言在一定程度上只是夸口而已,因为没有人能够完全地抵抗自然或环境的力量,而即便那些挺身而出抵抗暴君的少数有荣誉心之人,也可能在与暴君的直接冲突中失败。有人可能会怀疑这样的夸口究竟是不是件好事情,并认为或许我们应该像马克思那样,以揭示历史运作的真正力量的名义,驳斥对人类能动性的这种夸口。但是,对人类独立性的这种夸口,恰恰是对自然、环境,以及暴君的真实力量的光荣回应,因为它使抵抗变得可望而且可及。从这个意义上说,它或许是我们所能拥有的任何能动性力量的必要条件。

在他的第一次就职演说中,杰弗逊声称美国人“心灵过于高傲,以至于无法忍受(欧洲暴君们施加的)屈辱”[①]。骄傲是许多德性的帮手,但却是荣誉的特殊盟友。我们可以想想奥尔特对采取那些他认为比他低贱的行动的骄傲拒绝。在旧制度中,认为某些行动比他低贱,与坚信某些人同样也比他低贱,这两种想法在一个贵族那里是相辅相成的。这也解释了为什么传统的荣誉被批评为“只不过是要找个人来藐视而已”[②]。相反,在民主的情境中,荣誉只保留了对某些类型的行动的骄傲蔑视,而不带有对任何特定阶级的人的蔑视。有荣誉感的人确实也会藐视某些人,但只是那些在他/她看来参与了堕落的行动(比如在暴君面前奴颜婢骨)的人。所以古维诺尔·莫里斯于1800年勉励美国人“发扬高昂、高傲、慷慨、高贵的精神,重视荣耀而非财富,守护荣誉胜于生
118 命”,并且“蔑视性格或行为中任何渺小和卑鄙的东西……将耻辱与不名誉视为最大的恶加以忌惮,敬重名誉与荣耀胜过人类的所有一切”[③]。民主式荣誉鄙夷“所有低下、庸俗的考量”,但并不蔑视出身卑微或未受

① Jefferson, First Inaugural Address, 4 March 1801. 转引自 Bennett, *Our Sacred Honor*, 347。

② Hulliung, *Montesquieu and the Old Regime*, 30.

③ Gouverneur Morris, “I am an American,” speech, 1800. 转引自 Bennett, *Our Sacred Honor*, 86。

教育的人[1]。事实上，正如《联邦党人文集》第11篇所言，一个统治阶级的存在恰恰冒犯了人类这一种族的荣誉[2]。不过，荣誉中内在的骄傲仍旧为其赋予了一种贵族性，因为它预设了不同的行动在性质上的差别，从而自然而然地预设了采取不同性质的行动的人之间的差别。即便当荣誉发生于消除了固定阶级结构的民主情境之中、受到强调所有人的自由与平等的原则指导，并且服务于对这些原则的促进以及对侵蚀性权利的抵抗时，有荣誉感的人之为其与众不同而骄傲，仍旧难以忽视。

与荣誉相联的骄傲在民主情境中造成了一些问题。正如一位评论者所注意到的，美国人“并不认为自己比任何人低下。这种态度能够带来个体的发展与社会的繁荣，但同时也导致了对其他人对优越性的主张的某种抵触，尽管某些时候这些主张有可能是合理的”[3]。即便在缺少对优越性的明确主张时，民主主义者也可能对那些只不过是展示了一个人的优越性的行动相当敏感。正如孟德斯鸠所说，“一个异乎寻常的伟大人物会让其他人显得渺小”[4]。尽管美国人对骄傲与差异的抵触有诸多好处，其本身也是与对侵蚀性权力的光荣抵抗的实践相吻合的，但是它却对民主制中的领导能力构成了挑战，因为“寻找一条能够运用政治领导能力的道路”，即便对反对派而言，“在美国这样一个由于平等主义而导致对任何优先权的主张都极其敏感的社会中”，都是一件棘手的事情[5]。因此，有荣誉心的民主人必须尽可能地避免表现出骄傲，尽管他们的行动体现着骄傲。不过美国民主对差异也并非简单地加以敌视。任何近来访问过林肯纪念堂，或者观看过其下方房间里的马丁·路德·金主题展的人都会明白，有一小部分杰出的美国人，是我们普通美

① Gouverneur Morris, “I am an American,” speech, 1800. 转引自 Bennett, *Our Sacred Honor*, 86。

② Epstein, *The Political Theory of “The Federalist”*, 121.

③ Steven Forde, “Ben Franklin, Hero,” 载 *The Noblest Minds*, ed. McNamara, 49。

④ 孟德斯鸠，《论法的精神》，第四章，第二节。

⑤ Forde, “Ben Franklin, Hero,” 49.

国人乐于爱戴的。而且我们也经常听到公民领袖与宗教领袖们说，美国需要更多的英雄——或者说"行为榜样"，民主语境中对"英雄"的委婉表述。尽管我们对其他人的优越性有着种种抵触，我们在仰慕那些做出了非凡之事的个体时，仍然能够感受到一种强有力的、升华灵魂的愉悦。能够找到某些美好的东西并向之看齐（这和对德性的强制培养相当不同），无论对于民主的人民还是对于其他任何人，都是一件极其珍贵的礼物。

119 没有人比乔治·华盛顿更好地理解这件礼物的价值。他从总统职位上自愿退休，为美国提供了一个权力和平交接的榜样，以及宪政民主高于个人崇拜的榜样。这一决定中所体现的荣誉感得到了他同时代人的仰慕与效仿。它把高昂的野心、对出人头地的欲求，与对共和主义原则的坚定承诺、对自己以及对其国家的义务感紧密地结合起来。华盛顿及其共同建国的战友们，将这种荣誉感视为对共和政府的关键支持。荣誉在《独立宣言》中得到召唤，誓以之捍卫美国的集体自由与新宣布的政治主权。它被认为能够激发对侵蚀性权力的热忱抵抗，既包括政府内部民选官员的抵抗，也包括政府之外个体公民的抵抗。它被视为对采取危险而艰巨的行动以维护公共善的独一无二的激励，因为单靠自我利益无法鼓舞这类行动，而公民德性又是一种无法依赖的鼓舞手段。不过由于荣誉潜在的桀骜不驯，也由于它总是骄傲的，因此国父们对荣誉的信心并非毫无约束。在接下来一节中，我们将会看到荣誉中所蕴含的某些危险，正是这些危险使得国父们对它抱有模棱两可的态度。

## 奴隶制与南方绅士

南方的荣誉集中体现了国父们所有的恐惧。它更多地是自命不凡的，而非有原则的，而且它所服务的原则是反动的，而非共和主义的。

它通过对他人的支配,而非仅仅通过民主的自我管理,来张扬其自身,而且它煽动对动荡情绪的荒谬展示,往往以个体的死亡为结局,并最终导致共和国的分崩离析。然而尽管有这些种种不是,内战前南方的荣誉毕竟还是美国式荣誉故事中的重要一段。

于 1800 年至 1860 年之间达到其巅峰的南方种植园经济及其社会结构,是美国曾经出现过的与旧世界最为接近的生活方式。美国南方的农场主阶级有意识地将自身定位为新共和国中的地主贵族[①]。种植园主对其家庭成员及其黑奴的统治,与早期现代欧洲封建领主的统治方式颇有异曲同工之处。社会层级,以及与其相伴随的资格和排斥,在南方扮演的角色比在北方各州明显得多。这与大土地主的存在,以及工 120
业和小规模独立农耕的相对不发达,有很大关系;而在北方,正是工业和小规模独立农耕创造了大量的中等收入人口。南方的更加根深蒂固的社会层级同样来自动产奴隶制的体制,以及自由白人与黑人奴隶之间一目了然的差别。同样地,对于传统上把道德身份视为社会地位的产物的看法,南方人一般而言也放弃得更慢些,而这种看法正可以为把不同地位的人区别对待的做法辩护[②]。南方白人并没有完全拒绝自然权利的观念(这种观念切断了个体道德身份与社会地位之间的联系),至少他们并没有拒绝将这种观念应用于他们自身。内战前南方在很多方面都是民主的,这一点恰恰构成了其许多关键的反讽之一。事实上,在南方,(白人的)人民主权以比北方各州更直接、更不加中介的方式得到了拥护[③]。南方荣誉本身也具有部分的民主性,因为荣誉或资格必须

① William Oliver Stevens, *Pistols at Ten Paces: The Story of the Code of Honor in America* (Boston: Houghton Mifflin, 1940), 31.

② Bertram Wyatt-Brown, *Yankee Saints and Southern Sinners* (Baton Rouge: Louisiana State Press, 1985), 8f.

③ BertramWyatt-Brown, *Southern Honor: Ethics and Behavior in the Old South* (Oxford: Oxford University Press, 1982), 439.

"在对公众好感的竞争中公平地赢得"[1]。对于白人而言,"荣誉并非一种排他性的、只有靠贵族血统才能接触或获得的物品"[2],所以"那些属于荣誉圈子的人在数量上比其他任何传统社会都大得多。民主,或者说白人的民主,使这一切得以可能"[3]。但是尽管南方的荣誉在某些方面比旧制度的荣誉更为平等主义,它还是预设了一种严格的种族层级,使得黑人被普遍地排斥在各种公共荣誉之外,而且白人还认为,作为一种性格品质的荣誉,与黑人作为奴隶的道德地位是相对立的[4]。白人的荣誉在很大程度上是通过与关联于黑人的奴隶地位的不名誉的明确对立来定义的。在这一意义上说,南方的荣誉寄生于奴隶制度所造就的屈辱之上;只有骑在他们的黑奴背上,南方的绅士们才能让自己变得"有荣誉"。

与国父们的荣誉一样,南方的荣誉也将对一个人自身的义务感、对自尊的欲求,与对公共认可的追求相结合。它立基于"一种个人价值感"[5],亦即托克维尔称为对一个人自身的"高度评价",这使得某些行动与生活方式对其而言显得过于低下。这正是杰弗逊在说美国人"心灵过于高傲,以至于无法忍受(欧洲暴君们的)堕落"时,他声称他们所具有的品质。对南方人而言,与在国父们那里一样,个人价值感被认为依
121 赖于一个人恪守一系列原则(或者说"荣誉法则")的决心[6]。这方面的失败将会令自己失望,将会违背华盛顿所说的"给自己一个公道"。当然,南方的荣誉同样涉及到公共认可。正如南卡罗来纳学院的一名年轻学生于1828年所写的,"荣誉是教导我们尊重自身的那一自然原则,

① Wyatt-Brown, *Yankee Saints*, 9.

② 出处同上,203。

③ Wyatt-Brown, *Southern Honor*, 61.

④ 值得注意的是,从种族层级的角度看,内战前的美国南方甚至比18世纪的法国都具有更为严格的层级制。

⑤ Wyatt-Brown, *Yankee Saints,* 186, and *Southern Honor*, 14.

⑥ Wyatt-Brown, *Southern Honor*, 113.

其目的是使我们获得他人的尊重”[1]。这个说法暗示着自尊相对于公共认可的某种优先性。但在实践中，南方的荣誉却存在着堕落成为对外在公共认可的简单欲望的倾向。在这一方面，荣誉一直都是脆弱的，但它在某些社会中会尤其脆弱；在这些社会中，根深蒂固的不平等与固定的层级使某些群体有权获得各种公共荣誉，却将其他群体排斥在这之外。当某些人仅仅因为他们的身份就能够获得公共尊重时，荣誉的内在维度就会因为遭到废弃而萎缩，而其外部标识则会大行其道。这种情况的发生，与涉及其中的准则的具体内容（或优劣）无关。无论准则的内容如何，只要不是以固定的社会层级为基础、以无视品格优劣的方式来分配公共声望与地位，那么荣誉的内在维度就容易占据主流。同样地，如果人们需要通过他们的行动来赢取其同胞的尊重，那么荣誉的各种外部标识就只会具有次要的地位；它们必须紧盯体现荣誉心的行动（这些行动因其坚持某些有原则的标准而被视为体现了荣誉），从而依附于这些行动。这一事实解释了为什么作为一种性格品质的荣誉从某些意义上说，能够被民主，而不是被旧制度的更加固化的秩序，更好地促进。

内战前南方的社会是旧欧洲秩序与新民主制之间的一种混血。部分因为固定的种族层级是这一体制的如此界定性的特征（南方种植园主们自己声称，他们的整个生活方式都是以奴隶制为基础的），部分因为地主士绅阶级的存在，所以南方的荣誉是以资格所扮演的显著角色为标志的。某些人，比如所有白人相对于所有黑人，以及所有大地主相对于无产者，仅仅因为他们的身份，就可以期望并获得一定程度的公共荣誉与敬重[2]。这种资格体系导致了“在树立个人价值的过程中对外在、公共因素的强调”，而不是对有原则的自尊的强调[3]。至少在美国南方，

① 转引自 Wyatt-Brown, *Southern Honor*,103。

② Wyatt-Brown, *Southern Honor*, 66.

③ 出处同上，46。

"依赖于荣誉的个体(必须)以从别人那里获得的尊重作为自我尊重的
122 首要手段"[1]。不过与此同时,白人中间的荣誉也并非简单由个人地位授予的,而同样具有部分的竞争性,对一个相当广泛的圈子开放,从而使得"南方的自耕农,和富有的种植园主一样,也能在荣誉的要求中找到意义"[2]。地位上明显(并且极端)的差异,与对非世袭的地位标志的开放竞争,两者之间的结合造成了南方的荣誉在导向上的过度外视。

南方作为旧世界与新政制的混血儿的特征从而加剧了荣誉特有的腐化。例如比起北方而言,南方社会是具有高度的"等级意识"的,而且根据一位历史学家的说法,奴隶制州的人尤其"倾向于根据头衔来划定地位"[3]。人们尤其热衷于用州民兵部队里的等级来表现差异。这些等级"尤其受到所拥有的财产不足以为他们提供地位的那些人的觊觎"[4]。州民兵的军官团是民主选举出来的,不过任何头衔一经获得,就可以终身拥有。因此,常常有人在通过选举获得了某个头衔之后迅速退伍;正如弗吉尼亚的一位军官失望地抱怨的,许多人好像"几乎毫不关心"与他们的职称相联系的义务[5]。然而一天为上校,终身为上校。内战前南方发生得极其频繁的决斗同样反映了这种混血社会特有的、对荣誉外在标识的激烈竞争。在旧制度中,决斗是在既有贵族阶层的成员之间解决争议的一种手段。平民们是不决斗的。在美国南方,决斗成为了展示地位,或者更确切地说,索取地位的一种手段[6]。人们通过决斗来证明自己的地位,并不是因为他们相信自己的地位要求自己去决斗。提出决斗的挑战,常常被当作"绅士世界的入场券"而受到欢迎[7],而把决

① Wyatt-Brown, *Southern Honor*, 186.
② 出处同上, xv。
③ 出处同上, 354。
④ 出处同上, 355。
⑤ 出处同上, 354。
⑥ 出处同上, 355。
⑦ 出处同上。

斗当作登上生活中更高地位的垫脚石来使用,又导致了高得出奇的决斗率。正如一位历史学家所报导的,决斗在美国南方的兴盛程度“在文明世界的其他地方闻所未闻,更不用说其残忍程度与死亡率之高了”[①]。在这个地方,“人们因为一点芝麻绿豆大的事就叫别人出来决斗,而这些事放在世界上的其他任何角落都根本不会引起注意”[②]。他们之所以敏感得如此夸张,原因在于这样一种欲望:要证明他们自己和任何“英国贵族或法国贵族”一样骄傲——因此也和他们“在识别侮辱方面于细微处一样敏锐”[③]。“我们全都是暴发户、冒牌货、附庸风雅之徒”,威 123
廉·格雷森于19世纪50年代承认道[④]。我们接下来还会继续讨论到决斗,不过到现在为止我们已经看到,在南方,决斗的首要功能并不是展示内在的性格品质,而是作为获取外在地位的手段。就这一方面而言,它与南方人强调荣誉的外在维度甚于其内在维度的倾向是一致的。

对地位外在标识的强调使得南方的荣誉区别于同时期北方的荣誉,后者倾向于强调荣誉的内在方面,尤其是良心[⑤],以及某位历史学家所谓的“个体尊严”[⑥]。南北荣誉之间的另一个区别是,“北方人将国家荣誉至于社区荣誉甚至家族荣誉之上”[⑦]。在南方的政治氛围中,“家族传承与地方忠诚是极其重要的”,政治党派的形成受到“意识形态差异”的影响远远小于“郡县社区结构与亲缘纽带”的影响[⑧]。结果导致“家族骄

① Stevens, *Pistols at Ten Paces*, 7. 此后史蒂文斯又于第272页补充道:“欧洲因为荣誉准则导致的死亡率记录根本比不上美国。在美国,决斗场上的碰面永远是用致命的武器完成的。”

② 出处同上,272。

③ 出处同上,31。

④ 转引自 Wyatt-Brown, *Southern Honor*, 355。

⑤ Wyatt-Brown, *Southern Honor*, 126f.

⑥ Wyatt-Brown, *Yankee Saints*, 189.

⑦ 出处同上,192。相同观点见 James M. McPherson, *For Causes and Comrades: Why Men Fought in the Civil War* (Oxford: Oxford University Press, 1997), 24。

⑧ Wyatt-Brown, *Yankee Saints*, 194.

傲与对朋友的忠诚”在地方选举中扮演着决定性的角色，“血缘的责任、过去的恩惠、现在的人情，以及其他承诺，黏合着政治上的忠诚”[①]。在这种情境中，指导个体野心、并为奖励公共荣誉提供标准的行为准则，就更加接近于刻划旧制度荣誉的那些各别的行为规则，而不是《独立宣言》中所包含的抽象正当性原则。南方的荣誉是一种“小范围共同体的伦理，其中的忠诚是个人的、强烈的”[②]。一个人的荣誉通常直接系于保护家人的理念。一位历史学家记录道，当南北内战爆发时，“佐治亚州的萨穆埃尔·戴维·桑德斯思索着南方邦联的征兵令：‘如果我躲在家里的话，我会很丢脸，配不上我的革命先祖。’”[③]出于类似的思维方式，阿拉巴马州参议员威廉·扬西在1860年于查尔斯顿召开的民主党大会中说道：“我们危在旦夕的是荣誉——孩子的荣誉，家庭的荣誉，而孩子与家庭，恐怕是我们所有人的生命意义所在。”[④]更一般地说，“害怕因为不能通过战争尽到自己服务于家庭和社区的义务而遭到谴责，这种害怕如此强烈，以至于内战前南方的白人和之前的人们一样，质疑靠屈服获得的和平的意义”[⑤]。与华盛顿、汉密尔顿、杰弗逊、麦迪逊等人的荣誉呈直接的对比，南方的荣誉是基于“对特定地域、特定人群及其
124 过去的忠诚，而非基于某些抽象的观念比如‘民主’或者‘自由’”[⑥]。

在强调差异的外在标识，以及其准则的更具体的性质的同时，南方的荣誉还与体魄上的强健有着密切的联系[⑦]。正如我们在第二章看到的，这是中世纪和近代早期荣誉观念的一个重要特征。在不稳定的、战火延绵的社会中，身体强壮是一种非常值得珍视的品质，它既是个人独

① Wyatt-Brown, *Yankee Saints*, 195.

② 出处同上，202。

③ 转引自 Wyatt-Brown, *Southern Honor*, 35。

④ 出处同上，39。

⑤ Wyatt-Brown, *Southern Honor*, 40.

⑥ 出处同上，112。

⑦ 出处同上，31f。

立的条件，又是集体安全的保障。民族国家的兴起逐渐确立了内部的和平与免遭外敌攻击的安全，也就冲淡了体魄强健与荣誉之间的联系。体魄之类的外在品质逐渐被内在品质所取代，这些内在品质将勇气与良心联系到了一起。当然，对集体安全的担忧从未过时，所以荣誉与战斗中的英勇之间总是保留着一丝关联。政治体不能不荣赏捍卫其边界所必需的那些品质。但是渐渐地，在体魄的强健与士兵们的作战英勇之外，还出现了另一类型的荣誉，强调的是政治勇气，或者说坚持信念的勇气，它激发着对政体内部侵蚀个人自由的行为的热忱抵抗。乔治・华盛顿身上同时体现着这两种荣誉，既有沙场上的作战英勇，又有作为民选官员在捍卫抽象原则时的勇气和野心。或许他最伟大的荣誉举动（从总统任上退休）远远不是一次简单的体现体魄强健的举动。从军事政制到宪政政制的历史变迁，使得荣誉在特征上更加政治化，或者说引入了以政治勇气为形式的一种新的荣誉类型。

除了从军事政制到宪政政制的历史变迁之外，现代技术也同样导致了荣誉与体魄强健之间联系的削弱。在 1813 年致约翰・亚当斯的一封信中，杰弗逊观察到，“火药的发明已经使得‘体力的强壮……成为出人头地的次要基础’”[①]。现代荣誉越来越与体魄强健无关，越来越用勇气与野心服务于抽象原则与政治行动，而非武力上的壮举。这些变化，以及其他别的变化，使得荣誉越来越为女性所及，这一点我们会在下一章中谈到。南方荣誉强调体魄强健作为其组成部分，反映了它的反动特征，或者说如下事实：内战前南方的荣誉在某些方面更接近于封建荣誉，而非国父们的荣誉[②]。这种强调也有助于解释决斗在南方的流 125

① Jefferson, letter to John Adams, 28 October 1813, 载 *The Adams-Jefferson Letters*, ed. Lester J. Cappon (Chapel Hill, 1959), II:387—392。转引自 Rahe, *Republics*, 702。

② 尽管国父中的某些人是南方的奴隶主，但对奴隶的拥有明显是与他们表现出的公共荣誉感所立足的自由平等的普遍原则相冲突的。其中的某些人，比如杰弗逊，似乎已经敏锐地意识到了这种矛盾。国父们中间拥有奴隶的那些人，与内战前夕的南方绅士的区别，在于后者明确地将黑人奴隶制视为一种好东西，并认为其是他自身荣誉的内在

行,因为尽管这些决斗往往用的是枪,但人们多认为决斗为展示体魄的强健提供了一个舞台。对外在地位标识,以及对荣誉准则的具体而非原则性的特征(包括体魄强健的核心地位)的强调,都加剧了荣誉中潜在的肤浅性与桀骜不驯性。南方荣誉的这些特征使其变得分裂甚至致命,正如与南方决斗相关联的高死亡率所体现的那样。

如果非要说南方的荣誉与什么抽象原则有任何联系的话,它倒是以对《独立宣言》中所阐明的自然权利原则的明确拒绝为基础的。南方邦联新任命的副总统亚历山大·斯蒂芬斯,于1861年在其佐治亚州同乡的集会上说道:

> 在旧宪法形成之时流行的、由(杰弗逊)以及大多数政治领袖所主张的观念,认为对非洲人的奴役是违背自然法则的;认为这种做法在原则上就是错的,无论从社会角度、道德角度,还是政治角度看,都是错的。……实际上,这些观念本身才是从根本上错了的。它们依赖于种族平等的假设。这种假设是错的。它把地基打在流沙之上,等到“暴雨一来,狂风一刮”,建筑在这种基础之上的政府就会轰然倒塌。
>
> 我们的新政府是建立在截然相反的观念之上的;它的地基是牢靠的,它的奠基石是这样一条伟大的真理:黑鬼们和白人并不平等;奴隶制(对更优越的种族的屈服)是黑鬼们天然而正常的状态。[①]

组成部分。相反,拥有奴隶是对国父们荣誉的违背,而非对其的维护。他们中的一些人确实选择了生活在这种违背之中,但这些例子只说明了人性中犯错的可能性,而不是荣誉的内在缺陷。一般而言,荣誉是比利他主义的自我牺牲更为可靠的动机,但正如本章所论,其道德价值并不能得到保障。而且就连那些在某些时候展现了高贵荣誉的人,也可能在其他时候无法恪守其准则。

① Alexander Stephens, The Cornerstone Speech, 21 March 1861, 载 Henry Cleveland, *Alexander H. Stephens in Public and Private* (Philadelphia, 1866), 717—729。转引自 Rahe,

可见在南北内战爆发之际，南方的荣誉已经围绕着奴隶制社会的界定性意识形态而成形了。正如一位历史学家所总结的，"在 1788 年这还只是一种根深蒂固的利益而已，几乎在任何地方都会引起羞耻感和相当程度的尴尬，可是到了 1861 年，对许多人来说却成了事关原则与荣誉、不惜一死也要加以捍卫的东西"①。在南部各州，"亲奴隶制的辩护士们不遗余力地贬损《独立宣言》，把人类平等的观念称为'自明的谎言'"，并且"鼓吹对黑人的奴役是一桩伟大而光荣的好事"②。阿拉巴马的一份报纸疾呼道："'自由社会'！我们受够了这个名称了！除了一堆油腻的机器、肮脏的工人、吝啬的农民、癫狂的理论家，他们还能剩下点什么？"③ 随着战争的临近与展开，南方荣誉准则的内容越来越通过与 126
自然权利理念的明确对立而得到界定。南方的荣誉因此变成了（事实上一直都是）对一种全然反自由主义的政体的热忱捍卫。

这个案例清楚地表明，荣誉并不总是值得仰慕的，因为它可能服务于极其不正义的原则。当然，在这一方面，荣誉类似于其他许多人类动机，包括自利、公民德性、团结、信仰、友谊、爱情，以及爱国主义，所有这些都有可能误入歧途，或者造成有害的影响。就连当代自由主义所提倡的正义感和统一动机，尽管看上去似乎可以避免这种危险，但实际上仍然可以在那些正义尚未完全得到实现的社会中，被用来强化已有的不平等与排斥。因此尽管荣誉有时会误入歧途，甚至错得一塌糊涂，但是这一事实并不能够将其与政治生活中必须的其他动机区分开来。不过它确实表明，作为对一种好的制度中的道德与政治能动性的说明，荣

---

*Republics*, 766f。

① Rahe, *Republics*, 767.

② Stephen B. Oates, *Abraham Lincoln: The Man behind the Myths* (New York: Harper & Row, 1984), 68.

③ 转引，出处同上，69。

誉是不完备的。任何自由主义的荣誉形式都预设了这样一种背景条件：由自由主义制度所规范的、承诺于所有人的自由平等的原则的一种基本上（即便并非完全）正义的社会。类似地，自由主义的荣誉形式必须与不偏不倚的理性共存，从而使荣誉准则的道德内容能够得到批判性地评估。缺少了自由主义的制度、正义，以及理性，荣誉就有可能陷入歧途。在内战前的南方，动产奴隶的制度意味着荣誉的背景条件不但是反自由主义的，而且甚至是专制的。

除了奴隶制的制度性不正义之外，南方的荣誉还过于广泛地影响到一些本该由其他规范来指导的活动，比如司法判决。在南方的法庭上，不偏不倚的理性过于频繁地让位于荣誉，使后者成为“裁决……具体案件时的媒介或筛子”[①]。法律“与家族荣誉紧密地联系在一起，成为解决亲属之间的争端（有时包括谋杀的指控）的最后手段”，而判决的做出“甚少根据抽象的原则，更多地根据（地方上所认为的）当下的偶然状况”[②]。这个体系把习俗性的荣誉准则，而不是正义的抽象原则，当作司法判决的指路牌，并纵容保全家族与社区荣誉的片面欲望凌驾于不偏不倚的理性之上。在这么做时，它将荣誉放在了其本不该在的位置上，为其提供了任何一个自由主义社会都不会允许的影响力。结果就
127 是“南方司法的随心所欲性”[③]。荣誉在法庭中的角色，本来最多只能局限于激励法官和陪审团恪守不偏不倚的判断规范，以及激励律师们坚持公平的程序。因此，南方荣誉的可恶，部分原因在于其服务于不值当的原则与不正义的政体（并且在奴隶主的手中被用来激发对他们的不受限制的权力的捍卫），另一部分原因则在于其影响范围的过分广泛。

如一位历史学家所注意到的，尽管“荣誉在南方地区实行奴隶制之前、之中、之后都一直存在”，但是随着时间推移，“在南方公众的心目

① Wyatt-Brown, *Southern Honor*, 364.

② 出处同上，363f。

③ 出处同上，364。

中，白人的荣誉与黑人的奴役渐渐变得无法区分了”[1]。为什么会出现这种情况？我们已经看到，在某种意义上，“宰制”的观念对于作为一种性格品质的荣誉而言有着核心的意义。荣誉凭借着对个体能动性的强力施展，对抗着有时候看似统治着我们的生活的“盲目的宿命”。通过激发对专制者的暴政以及自然和环境的暴政的热忱抵抗，荣誉骄傲地声张了人类抵御外在力量的能动性能力。在冒着生命之险捍卫自己的原则的勇气中，荣誉宰制了人性中对死亡的恐惧，以及更加庸常的追求安逸的自我保全的欲望。对美国建国者们来说，内在和外在宰制的主张是与个体和集体的自治相联系的。但在南方案例中，宰制的主张却是与主人对奴隶的实际统治相联系的。南方的荣誉逼迫我们思考，后者是否一种必然的联系。究竟是荣誉本身就预设了奴役呢，还是说南方荣誉与奴隶制之间的联系仅仅是一种偶然？

这种联系并不仅仅是一种偶然，但它也绝非必然。它之所以并不仅仅是一种偶然，乃是因为对他人加以统治的观念在荣誉的传统中有着深刻的根源。中世纪的骑士指挥他们的士兵，封建领主统治他们的封邑，在这两类情形中，拥有支配他人的权力，都是荣誉的一个条件。财产与地方统治是荣誉配备条件中的关键组成部分，因为只有通过对一个可观的领土和人口发号施令，贵族阶级的成员才能够有效地行动，以便制约国王的权力，从而防止其对所有人都运用不受约束的权力。这种有效性体现在，贵族们能够在紧要关头召集起反对国王的战斗力。后来，领主、教士、贵族、城镇的各种宪法特权为这些团体提供了他们所需的配备条件，使之成为“国王的无限权力”的有效“障碍”[2]。这些特权 128
包括地方统治的权利，以及控制某些公共活动领域的头衔（比如领主对领主法庭的控制）。在从旧制度到现代民主的转型中，特权团体的特

① Wyatt-Brown, *Southern Honor*,16.

② 孟德斯鸠，《论法的精神》，第二章，第四节。

殊权益被公民的个体权利所取代[1]。个体权利运作的方式有异曲同工之妙，它们同样确立了独立性的条件，使公民们得以在此基础上合法地、有效地抵抗侵蚀性的政治权力。权利确立了受保护的活动层域（比如宗教、言论，以及财产持有），使个体得以在其中成为其领域的宰制者，从而成为其自身的统治者。它们同样确立了分享政治权力运用（或者说集体统治）的条件。不过民主的权利虽然保留了"统治"这个元素，但却并不产生"征服"。在自由民主制中，荣誉预设了由公民们的公民权利和政治权利所确立的个体自治与集体自治的权力，但并不蕴含着对他人的宰制。至少当个体权利与宪政政府的配套条件存在时，一个人并不需要靠对其他人发号施令，来获得充分地自我控制以便做出体现荣誉的举动。而且即便没有这些配套条件，原则上说荣誉也能够与对他人的统治相切割。举例而言，在战场上，最底层的士兵也可以像最著名的将军一样光荣地死去，而这一事实也在美国也得到了国会荣誉勋章的认可，后者就是专门奖励这类行动的。当国父们通过建立民主自治的政体而维护了人类这一种族的荣誉时，他们已经证明了，荣誉与征服之间并不存在内在的关联。

然而南方的奴隶主们却利用了荣誉与对他人的统治之间在传统上的联系，以之作为白人辩护思潮的一部分。奴隶主们诉诸封建社会遗留的一种自由观，把自由视为治理一个人自己的领域的一种特权[2]。他们对州权原则的强调也植根于这种诉求，并且依附于荣誉的理念。州权被认为是荣誉的前提，因为假如联邦的权威被允许侵入地方的领域，那么地方上的白人就无法对他们视为其荣誉核心的宰制权力加以运用。南方种植园主声称，北方人对这种"独特体制"的攻击会导致南方

---

① 怀亚特—布朗指出，"英国人的权利"最初是被理解为各种荣誉的。见其书 *Southern Honor* 第 70 页以下。另见托克维尔，《论美国的民主》，下卷，第四部分，第四章；Winthrop, "Rights: A Point of Honor," 395；以及 Bien, "Old Regime Origins," 25, 50, 70。

② Wyatt-Brown, *Southern Honor*, 371.

人荣誉的丧失，因为这不仅削弱了他们对差异的公共标识，而且使他们难以（或者不可能）成为有荣誉的人，原因在于一旦根除了以奴隶为基础的经济，就会连带摧毁他们所认为的施行统治的条件。因此若干历 129
史学家都认为，对许多南方白人而言，分裂不但攸关经济利益，更是攸关荣誉[①]。当然，与荣誉关联最为紧密的种植园主阶级，也被认为"策划了分裂，挑起了战争"[②]。

南方的体系还以另一种方式将某些人的荣誉与对其他人的奴役联系了起来。奴隶主与其奴隶日常的接触似乎通过比较而强化了前者自身的宰制感，及其骄傲，因为奴隶们很显然没有办法控制他们的领域、他们的环境，甚至他们自己的人身。荣誉一直是通过与比喻意义上在嗜欲以及政治顺从中所体现的"奴性"之间的对立而界定自身的。南方人中间最经常导致决斗的，都是那些暗示着奴性品格（比如说谎）的侮辱[③]。赠送礼品，甚至赌博，在有荣誉心的人中间都很盛行，因为这两者都被认为证明了行为者相对于物质匮乏的独立性，前者是通过表现慷慨，后者则是通过表现对损失的毫不在乎[④]。南方白人将奴隶（比喻意义上的和非比喻意义上的）定义为缺乏荣誉之人[⑤]。他们"认为每个奴隶都已经选择了屈辱的生活，而非光荣地死去。这种苟且偷生，恰恰是他们身为奴隶的标志"[⑥]。这种看法被许多白人用来为奴隶制度辩护，同时它又强化了南方绅士自身的荣誉感。

然而南方白人的这种看法，实际上是和他们关于荣誉的必要条件

---

① Wyatt-Brown, *Southern Honor*, 5, 113; Wyatt-Brown, *Yankee Saints,* esp. chap. 7, "Honor and Secession"; Rahe, *Republics*, 767.

② Oates, *Abraham Lincoln*, 97.

③ Kenneth S. Greenberg, *Honor and Slavery* (Princeton: Princeton University Press, 1996), 62.

④ 出处同上，65f.，137，142。

⑤ 出处同上，xiii。

⑥ 出处同上，98。

（比如州权、对财产的占有，以及差异的外在标识等等）的信念自相矛盾的。南方白人很省事地忽略了这样一个事实：他们的黑奴并不拥有荣誉的任何一个基本配套条件，而这些条件在他们自己看来却是必需的。荣誉中所隐含的骄傲倾向于掩盖其条件，使得有荣誉感的人自以为他的令人仰慕的品格完全是靠自己打造出来的。事实上，荣誉与人类能动性本身一样，都是需要条件的。这也正是现代自由主义如此细心地关注于自由政府的程序与形式的原因之一，因为这些程序与形式确立了个体能动性的条件，从而确立了自由的条件。当然，荣誉的配套条件并不能确保其得到运用。另外，确实也有极少数人在配套条件匮乏的情况下，仍然能够成为强有力的政治能动者，或者做出伟大的荣誉之举。我们在下一章将会看到，黑奴弗雷德里克·道格拉斯就是这样的一个人。正如一位历史学家所注意到的，道格拉斯所描述的自己从
130 “奴隶制的坟墓中光荣复活并升上自由的天堂”[1]，恰恰“采取了一个有荣誉心的南方人的姿态，声明他将拼命捍卫自己的品格与身体免遭侮辱的决心”[2]。但是道格拉斯之采取一个有荣誉心的人的姿态，是在缺少财产、声望、地位、权利，甚至对自己人身的拥有的情况下做出的。在缺少荣誉的条件的情况下所做出的荣誉的举动，尽管往往不容易受到关注，却是格外光荣的。但是一般而言，荣誉还是要依赖于其配套条件的支持。

奴隶制与南方荣誉之间的联系既不仅仅是偶然的，也不具有内在的必然性。更一般地说，南方荣誉的种种可耻的方面（其坚持要宰制他人而非坚持自我主宰或者民主领导、荒谬却致死的决斗的泛滥、其强调对地位的空洞展示、其捍卫专制权力与不正义的政治体制）都是可以避免的，但是它们也确实反映出荣誉中所隐含着的危险。荣誉的潜在危

① 转引自 Kenneth S. Greenberg, *Honor and Slavery* (Princeton: Princeton University Press, 1996), 36。

② Greenberg, *Honor and Slavery*, 36.

险能够部分地通过确立政治自由与正义的政治体制、禁止以各种面貌呈现的专制、并使荣誉安于其位，而得到避免。反过来，对政治自由与正义体制的捍卫，以及对侵蚀性权力的抵抗，在缺少某种形式的荣誉的情况下是几乎不可能实现的。如果说荣誉必须安于其位，那么它同样也必须坚守其位，如此方能保全其自身得以运用的条件。在自由主义秩序的体制与使其得以运作的动机"发条"之间，存在着一种不可化约的互惠关系；这些发条中就包括了荣誉的发条，正如孟德斯鸠、托克维尔，以及美国国父们都知道的那样。南方的荣誉之所以可恶，是因为它所服务的原则和它所支持的体制存在着深刻的缺陷。它标志着一种倒退，将旧制度的一些最坏的方面据为己有，再通过动产奴隶制的专制实践，使其恶上加恶。在下一章中，我们将考察其他一些案例，其中荣誉在另一种意义上扭转了美国的方向（不是转向旧制度，而是转向其自身的建国原则），并且在这么做时，推动这个国家向着更全面地实现其对所有人的自由和平等的承诺而前进。 131

# 第五章

# 荣誉与民主改革

内战前夕南方的反动荣誉是美国荣誉故事的重要一部分，但它绝不能代表整个美国传统中的荣誉。即便是国父们的荣誉，也都是更具有创新性的，而非反动的。事实上，建国一代的荣誉还不仅仅是具有创新性；它还是革命性的，而且是在革命一词的最大意义上，因为其捍卫的是“人类社会中前所未见的”一种全新的政治秩序形式。从一开始（尽管并非完全如此），美国的荣誉就是被召唤来捍卫改革与进步的。本章通过考察若干体现了荣誉的关键特征的美国改革家，来探讨荣誉与美国民主改革的关系；这些改革家包括亚伯拉罕·林肯与弗雷德里克·道格拉斯、伊丽莎白·凯蒂·斯坦顿与苏珊·布朗内尔·安东尼，以及马丁·路德·金。对本章中考察的所有这些人而言，传统上与荣誉相联系的各种性格品质为个体能动性提供了一个有力的发条，并为政治改革提供了一种重要的动力。所有这些人都展现了荣誉所特有的品质的独到结合：高昂的野心、骄傲、捍卫原则的勇气、对出人头地与自尊的追求，以及对自我的义务感。不过在所有这些例子里，这些贵族式的品质服务的却是民主自由与民主改革。

# 林肯的有原则的野心

或许是因为他的壮烈牺牲，导致今天的很多美国人难以把林肯想象为一个极具个人野心的人[1]。但是林肯的野心在他的同伴中是众所周 132
知的。他喜欢“占据舞台的中心”[2]，他的朋友一般都认为他是他们所见到过的“最有野心的人之一”，“对人生更高位置的企望像炉火一样炙烤着他”[3]。他的“剧烈的、不眠的野心”在所有认识他的人眼里都明白无疑[4]。正如一位历史学家所说，“甚至在他离开家之前，林肯就已经努力尝试着向上逃离他在生活中所继承的位置，尝试着改善他在世界中的地位”[5]。他不仅希望沿着社会阶梯往上爬，而且追求公共认可与出人头地[6]。1832年，他在其第一次政治演讲中提到了这种追求，说他“最大的野心就是获得我的同胞们真正的尊重”[7]。他自学了法律，并在二十五岁

① 迈克尔·伯林盖姆曾说道：“对某些人来说，把林肯想成一个有野心的人，其困难程度就像让可敬的维多利亚时代的人们把自己的父母想成会性交的人一样。”见其 *The Inner World of Abraham Lincoln* (Urbana: University of Illinois Press, 1994), 236。

② Douglas L. Wilson, *Honor's Voice* (New York: Knopf, 1998), 109.

③ Oates, *Abraham Lincoln,* 51.

④ Don E. Fehrenbacher, *Prelude to Greatness: Lincoln in the 1850's* (Stanford: Stanford University Press, 1962), 24f. 林肯的律师事务合伙人威廉·亨顿把他描述成一个“野心无度的人”，“一个完全被自己野心吞没了的人”，甚至是“世界上最有野心的人”。转引自 Burlingame, *The Inner World*, 236。伯林盖姆为林肯的野心提供了丰富的证据，但倾向于把它心理学化，认为林肯的野心是其童年时代情感创伤的后果（尤其见该书第255页）。本文的分析不关注林肯野心的成因，只关注其政治效应以及对林肯个体能动性能力的效应。对林肯野心的进一步讨论，见 Harry V. Jaffa, *Crisis of the House Divided* (Garden City, N.Y.: Doubleday, 1959), 9; Mark Neely, *The Last Best Hope of Earth* (Cambridge: Harvard University Press, 1993), 17; and David Herbert Donald, *Lincoln* (New York: Touchstone, 1995), 162。

⑤ Wilson, *Honor's Voice*, 124.

⑥ 出处同上，293。

⑦ 转引自 Oates, *Abraham Lincoln*, 40。尽管后人对林肯卑微的出身大加传颂，但如

时赢得了伊利诺伊州议会的席位,很快又成为州里面辉格党的领导人物,一位"不知疲倦的政党竞选者",公共职务的一位经常的候选人[①]。奥维尔·布朗宁认识年轻时的林肯,将其描述为"永远都是最有野心的人",总是在试图"使自己适当地融入他所认为的某项重要而命定的工作"[②]。"甚至在他年轻的时候",布朗宁回忆道,林肯"就已经有了一种强烈的信念,认为自己生来就是要干大事的,尽管当时看起来这几乎没有可能",而且他相信自己"命中注定要做一些比自己当时正在做的工作更加高贵的事情"[③]。在1840年到1841年冬天的郁郁不乐之中,林肯亲口告诉一位朋友,他几乎不介意马上去死,只有一件事不能瞑目,那就是他还没有做出过"能让任何人记得他曾经活过"的成就[④]。

不过如果说林肯对各种公共荣誉如饥似渴,那么他同样也试图让自己配得上这些荣誉,正如乔治·华盛顿所追求的一样。因此他希望"通过让我自己配得上尊重"而获得尊重[⑤]。他并不只是一个拥有许多野心的人,而同样是一个拥有高昂野心的人,在这种人那里,对出人头地的欲求是受到有原则的行为准则所指导的[⑥]。林肯认为,指导他的野心的

---

奥茨告诉我们的,他自己却"对他的贫寒出身颇感尴尬,对此从来不愿多谈"。"他也几乎不怎么提到自己的父母,并且和他文盲父亲托马斯的关系一直非常疏远。事实上,林肯对其父在智识上的局限相当具有敌意,曾经说托马斯'除了笨拙地签下自己的名字以外,从来没写过别的什么字'。当他的父亲于1851年在伊利诺伊一个邻近的郡去世时,林肯并没有参加葬礼。" Stephen B. Oates, *Our Fiery Trial* (Amherst: University of Massachusetts Press, 1979), 64.

① Oates, *Abraham Lincoln*, 51.

② Wilson, *Honor's Voice*, 308.

③ 转引,出处同上。

④ Wilson, *Honor's Voice*, 309. 对林肯野心的多面性的进一步讨论,见 Burlingame, *The Inner World*, esp. 236—267。

⑤ Oates, *Abraham Lincoln*, 40.

⑥ 在这一点上,见 Burlingame, *The Inner World,* 236,他认为林肯尽管有野心,但并不以牺牲他的原则为代价。对林肯野心的原则性的进一步讨论,见 Lord Charnwood, *Abraham Lincoln* (Garden City, N.Y.: Garden City Pub. Co., 1938), 123; and James M.

那些原则就包含在《独立宣言》之中。自然权利并非他所坚持的唯一
理念。比如他同样也推广通过内部改进促进经济增长的价值观，并且
支持辉格党的经济政策，尽管有一段时间辉格党对奴隶制扩散的反对
（更不用说对奴隶制本身的反对）只有相当弱的力度而且顶多是出于
一些实际的考虑。不过自然权利仍旧是他野心的指导性原则（如果不
是排他性原则的话）。在 1861 年 2 月于费城独立厅发表的演说中，他
告诉参加集会的人们，“我的所有政治斗争都是为了实现从（这座）神 133
圣的厅堂中传播出来的教诲。倘若我哪天违背了这些教诲，就让我的
右手变得无法动弹，让我的舌头粘在我的下颚上”[1]。第二天他对在同一
地点集会的另一群听众说：“我所有的政治情操（只要我能说清它们的
来源的话）都来源于我们现在所站着的这座大厅中所产生的、并由此向
全世界扩散的那些情操。我在政治上的感受，没有哪个不是发源于《独
立宣言》中所体现的情操。”[2] 他把《独立宣言》中所阐明的自然权利原
则视为最高的政治真理[3]。正是这些原则，也只有这些原则，成就了“这
样一种政府的形式与实质，其首要目标是，改善人的境况（移开压在所
有肩膀上的人为负担），为所有人的值得称道的追求铺平道路——在
生命的竞赛中为所有人提供不受约束的起点与公平的机会”[4]。《独立宣
言》保证了美国人“站起来的权利”[5]，并成为了“全世界追求自由的人

---

McPherson, *Abraham Lincoln and the Second American Revolution* (New York: Oxford University Press, 1990), 126。

① Abraham Lincoln, *Speeches and Writings, 1859—1865*, ed. Don E. Fehrenbacher (New York: Library of America, 1989), 212.

② 出处同上，213。

③ Oates, *Abraham Lincoln*, 59.

④ Lincoln, “Message to Congress, 4 July 1861,” 载 *Speeches and Writings, 1859—1865*, 259。

⑤ Oates, *Abraham Lincoln*, 59f.

们”的榜样[1]。某位作者所谓的林肯“对《独立宣言》深深的个人敬畏”[2]，指引着他的个人野心，并成了他能动性的有力源泉。因此尽管如他在1858年的一场演讲中所说，他“从来没有对官位职务带来的荣誉无动于衷过”，但林肯也强调道，对他而言，“共和事业（是）比官职更高的目标”，并声称他看重他的原则胜过他的名望[3]。

当堪萨斯—内布拉斯加法案于1854年通过，使奴隶制得以合法地扩张到新的领土之后，林肯评论道：“1776年的精神与内布拉斯加法案的精神是根本上冲突的”。他为“前者正在迅速被后者取代”这个事实而哀叹。作为对这一法案的回应，他呼吁人们回到最初的原则：“我们的共和主义长袍如今已满是泥污，拖曳在尘土之中。让我们把它洗干净吧。让我们用独立革命的精神（如果不是用其鲜血的话）把它翻过来洗干净吧……让我们重新采纳《独立宣言》，重新采纳与其相容的实践与政策。”[4] 从这个角度看，他的评论正是国父们高昂野心的回响，而林肯早在1838年已经生动地将国父们的这种高昂野心描述出来了：“他们的野心……是在一个充满仰慕的世界面前，以实践的方式展示一个命题之为真……这个命题就是，人民有能力管理他们自身”，并且国父们希望能够因为这个成就而“永垂不朽……被敬畏，被吟唱，被祝颂，直
134 到永久”[5]。同样，林肯也追求名望与影响力，而与国父们一样，他的野心也是和其原则紧密结合的。当他于1863年1月1日签署《解放奴隶宣言》时，他停笔说道：“假如我的名字能够青史流芳，那一定是因为这个

① Oates, *Abraham Lincoln*,60.

② 出处同上。

③ Burlingame, *The Inner World*, 245, 246, 247.

④ Lincoln, “Speech on the Kansas-Nebraska Act,” 载 *Speeches and Writings, 1832—1858*, ed. Don E. Fehrenbacher (New York: Library of America, 1989), 340。

⑤ Lincoln, “Address to the Young Men’s Lyceum of Springfield, Illinois,” 载 *Speeches and Writings, 1832—1858*, 34。

法案”[①]。这个评论解释了原则与个人野心对他的共同驱使[②]。通过签署《解放奴隶宣言》,他既把自己公开捍卫多年的原则推动生效,也让自己的行为与理念在世界上留下了印迹,从而使得自己成为了阿代尔所说的“历史之中超出常人的一股力量”[③]。

林肯的例子展示了个人野心如何能够服务于政治正当性的一般原则:通过把这些原则从好人们的起居室里带出来,领进政治权力的大厅,使其能够直接地影响法律与公共政策。荣誉的这个方面令人想起约翰·肯尼迪总统所著的《勇敢者传略》一书。在全书接近结尾处,肯尼迪反思道:“本书中所描述的勇敢举动将会更加鼓舞人心,更加符合传统的英雄崇拜情结,倘若我们假设这里的每个人在献身于更高原则之时都是全然忘我的。”但他发现,这种希望显然高得不切实际,因为(引用约翰·亚当斯的话说),“事实上从来没有哪个人,能够真正做到热爱公众甚于热爱自身”。肯尼迪接着说道:

> 假如(亚当斯所说)是真的,那么到底是什么使得本书前面提到的那些政治家们做出他们所做的那些举动?这并不是因为他们“热爱公众甚于热爱自身”。相反,这恰恰是因为他们热爱自身(因为对他们每个人来说,保持对自己的尊重,远比受到其他人的欢迎更为重要),因为对他们来说,赢得或维持正直与勇敢的声誉的欲望,远比保住自己职位的欲望更为强大。[④]

正是由于个体个人野心的保驾护航,政治正当性的恰当原则才得

① 转引自 Oates, *With Malice toward None*, 35。

② 在这一点上,见 Charnwood, *Abraham Lincoln*, 118, 126; and Fehrenbacher, *Prelude to Greatness*, 22, 25。

③ Adair, *Fame and the Founding Fathers*, 11.

④ John F. Kennedy, *Profiles in Courage* (New York: Harper & Row, 1964), 250—251.

以闯进公共领域并获得显著地位。倘若公民们全都是天使的话，就不需要个人野心作为中介物了。但是只要公民们一天不是天使，自由民主制就必须依赖于荣誉之类的中介物（其中融合了个人野心、骄傲、对自尊的渴望，以及对公共出人头地的追求）使我们能够恪守自己的原则，并走向更美好的政治。

135 尽管他对“人性中的天使”有着某种愿景，但林肯本人绝不是一个天使。正如一位历史学家所揭示的，他一样会利用“诡计与秘密手段”来实现自己的政治目的[①]。当有人向他抱怨他的一位辉格党同僚在1840年哈里森竞选总统过程中所采用的下作手段时，林肯回应道：“我们必须用火来与恶魔作战；我们必须不择手段地打败民主党人，要不然这个国家就毁了。”[②] 众所周知，他“在其身份不为公众所知的条件下，常常为报纸写作一些手法卑劣的评论”[③]。他的政敌指控他两面三刀、操弄权术、冷酷无情[④]。有些人注意到他有一种残忍的倾向，尤其在他的早年，“可以用相当狠辣傲慢的办法”对政治上的反对者施加“痛苦与羞辱”[⑤]。就连威廉·亨顿（林肯的律师事务合伙人，后来成为他的传记作者）都注意到了林肯性格中的缺陷。亨顿“肯定了他的合伙人的基本诚实，说他‘完完全全配得上“诚实的亚伯”这个称呼’，但亨顿同样也在一次公

① Wilson, *Honor's Voice*, 205.

② 转引，出处同上，203。

③ Wilson, *Honor's Voice*, 301.

④ 出处同上，314f。另见 Philip B. Kunhardt, Jr., et al., *The American President* (New York: Riverhead Books, 1999), 105，其中昆哈特引用了林肯一位同僚的话，说林肯“远远地操纵别人”，就像“操纵棋盘上的棋子一样”。

⑤ Burlingame, *The Inner World*, 148. 另见 Carl Sandburg, *Abraham Lincoln: The Prairie Years*, 2 vols. (New York: Harcourt Brace, 1926), 1:392; and Benjamin P. Thomas, *Abraham Lincoln: A Biography* (New York: Alfred A. Knopf, 1952), 84，两本书都在 Burlingame, 148 中有所引用。根据 Burlingame, 149 的说法，林肯尤其善于模仿和嘲讽对手的口音、举止、手势，以及身体缺陷。

开演讲中指出,林肯‘并不总是对任何人、在任何时候绝对诚实的’”[1]。阿尔伯特·布雷德索曾经是林肯的朋友,但自从哈里森的竞选之后就与其渐渐疏远。布雷德索曾经说道,林肯“在所有日常生活事务中都是诚实可信的”,但“说到在人民面前为了政治职务和权力而竞争,他就不再是一个坚持真理的人了。相反,他认同的观念是‘政治中不管干什么都是公平的’。他最爱的一条座右铭是‘我们必须用火来与恶魔作战’;也就是说,用他自己的武器”[2]。尽管林肯“无法被收买或者贿赂”,但他也同样不是一位圣徒[3]。他的荣誉通过将其野心与有原则的政治正当性准则相联系,而升华了他的野心,但荣誉并没有将其动机变得纯净。

我们已经看到,当服务于合理的原则与正义的政体时,荣誉可以是高贵的。但荣誉从来不是纯净的。而且荣誉也并不预设整全的道德德性,尽管它可以与德性相结合。一个能够把荣誉与德性结合起来的人,会是一个既伟大又善良的人,就像亚里士多德所说的“伟岸之人”那样,其荣誉只是所有道德德性的“点缀”。然而孟德斯鸠所教给我们的、并在林肯身上体现的重要一课则是,荣誉对政治能动性的支持以及对自由民主政体的服务,并不需要预设道德上的完美。就算荣誉并未得到所有道德德性的伴随,它仍然可以是个体行动(尤其是在现代宪政体制中对侵蚀性权力加以制约的艰险行动)的强力发条。一个既有荣誉又
有德性的人,自然比一个只有荣誉的人更值得赞美,因为前者有着一个 136
更加完美的灵魂;但灵魂的完美绝非捍卫个体自由的先决条件。像林肯这样不完美的人,同样可以成为自由的热忱捍卫者,而且情况甚至有可能是,他们之所以能够如此积极有效地捍卫自由,恰恰是因为其自身有着某些方面的不完美。倘若一个灵魂过于完美,以至于完全超越了片面的野心,那么这样一个人很可能成为理想的哲学家或者牧师,但恐

[1] 转引自 Wilson, *Honor's Voice*, 315。

[2] 出处同上,315f。

[3] Wilson, *Honor's Voice*, 315.

怕不一定会成为一个伟大的自由主义公民或者民主制的领袖——至少在有野心的人远远多过天使的这样一个世界中。

林肯的荣誉的表现形式，是一位政治家与改革者的政治勇气，而非一名士兵的英勇厮杀。尽管他曾经被描述为一名“为美国梦而战的战士”①、尽管他带领着美国走过了其历史上最为恐怖的军事冲突，但他自己完全不是一个战争中人，而是一名法律人、政治人。某位历史学家曾经考证了林肯年轻时从一名只逞血气之勇的拳击好手，到以政治勇气为重的转变过程。他在1828年至1831年间决定“放弃拳击”，与他在政治上从忠诚于杰克逊主义的民主党转为忠诚于辉格党，是同时发生的；而政治忠诚的这种改变也导致了邻里和家人对他的疏远②。从这时候起，林肯便把在政治议题上“采取……某种立场所需要的勇气”，甚至“政治异议”本身（“如果做得无畏、做得好的话”）视为“荣誉”的标识③。显然，他最伟大的荣誉标识便是，在带领国家走过他所说的内战的“激烈审判”，保存这个国家（世界上唯一一个“献给了”所有人生而平等这个“命题”的国家）的生命力的过程中，他所表现出来的坚忍不拔与勇往直前。在这个过程中，他甘冒一切风险去捍卫原则，救赎了美国的自由，并让自己的名字永垂不朽。此外，通过壮大联邦政府的权力与声望、消灭奴隶制、让美国走上实现其对所有人自由平等的承诺的道路（尽管这条道路不乏曲折反复），林肯也从根本上改变了美国。林肯的荣誉导致了一场政治改革，并且是一场民主的改革④。

不过毫不令人意外的是，林肯把自己描述为美国实验的一名保管员、美国原则的一名守护人，而不是一位发明家。他保护《独立宣言》

① Oates, *Abraham Lincoln*, 126.

② Wilson, *Honor's Voice*, 296f.

③ 出处同上，297。

④ 因此他被称为“解放冲动时代在美国最主要的政治发言人。” Oates, *Abraham Lincoln,* xii.

原则的努力之所以会导致改革，部分原因在于根据他的阐释，这些原则具有内在的进步性。他在1857年一场关于德雷德·斯科特判决[1]的演讲中说道，《独立宣言》“思考的是所有地方、所有人的境况的进步式改善”[2]。他坚持说，当国父们宣称“所有人都生而平等”时，他们指的是**所** 137
**有**的人，不但包括白人，也包括黑人。他接着说，国父们的意思并不是要坚持一个“显然错误的命题，说所有人在当时实际上享受到了平等；他们的意思也不是说要马上把这种平等赋予所有人。事实上，他们并没有这么大的本事，可以把福祉一下子带给所有人。他们的意思只不过是要宣布这种**权利**，这样一来，一旦环境允许时，对这种权利的**执行**就能够马上展开”[3]。林肯并不认为国父们对奴隶制的妥协使他们所宣布的自然权利原则中的普世主义变得无效。他坚信，他们只是出于情势的必需而暂时接受了奴隶制度；他们相信这是当时能够让宪法获得批准通过（从而建立起这样一个政体，其建国原则最终将会使得奴隶制在其中无处容身）的唯一办法[4]。在林肯看来，这些原则，加上国父们禁止奴隶制扩张到新领土以及禁止奴隶贸易的做法，其目的都是为了在对蓄奴州的疏远不会达到令合众国无以为继、令自由政府的实验无从可能的地步的前提下，能够逐步地消灭奴隶制。

林肯相信，美国人对自由政府原则的投入将会最终转变公共舆论，使由《独立宣言》所阐明的、在理论上“不可剥夺”的权利，最终能够在实践中，让黑人与白人一样获得。在他看来，“所有人都生而平等”这

---

① 1857年的斯科特判决是美国联邦最高法院有史以来最臭名昭著的判决之一，九名最高法官以七比二的压倒性多数，宣判任何黑奴，或黑奴的后代，均不具有美国公民资格，不受美国宪法保护。——译注

② Lincoln, “Speech on the Dred Scott Decision,” 载 *Speeches and Writings, 1832—1858*, 400。

③ 出处同上，398。

④ Lincoln, “Speech on the Kansas-Nebraska Act,” 载 *Speeches and Writings, 1832—1858*, 337f。

个主张，“之所以被写进《独立宣言》……乃是为了后来的运用”[1]。它是一把开门的钥匙，这些门在建国时刻是紧锁着的，但国父们希望在将来的某个时候能够将其打开。正是在这一意义上，林肯将《独立宣言》称为“进步的”：“（国父们）试图为自由社会确立一条标准，这条标准应当为所有人熟悉，被所有人敬畏；时刻向之看齐，为之奋斗，并且就算永远无法完全达到这个标准，也能不断向其接近，使得这个标准不断得到散播，其影响不断加深，从而增进所有地方所有肤色的所有人的幸福与生命价值。”[2]《独立宣言》所确立的标准，随着时间推移，应当不断得到“散播”，其影响应当不断“加深”，以进步的方式拓展开来，使得自由与平等的原则可以被理解为适用于更广泛的人群，从而“增进……所有肤色的所有人的幸福”。《独立宣言》具有内在的改革性，因为它对所有人普遍
138 自由平等的承诺总要推动这个国家向前进、向上走，因而呼唤着实现这种承诺所需要的改革[3]。

不过，《独立宣言》中所隐藏的巨大改革潜力，预设了人们对它所确立的原则的敬畏。林肯强调道，这份文献必须“被所有人敬畏”，如此方能“不断向其接近”，即便永远无法完全达到其标准。这些强调让我们想起第二章中所讨论的，对一个人的准则的敬畏对于荣誉的重要性，以及敬畏与反身性之间的平衡。尽管荣誉能够引发政治反对，但倘若缺少了对其准则一定程度的敬畏，荣誉自身也无法维持，因为有荣誉感之人的野心是要受到原则的指导与约束的。对有原则的行为准则的敬畏，为我们提供了某种可以被严肃对待的东西，从而为我们提供了面对高风险与不确定的收益时仍然义无反顾地行动的理由。敬畏在维持荣

① Lincoln, “Speech on the Dred Scott Decision,” 载 *Speeches and Writings, 1832—1858*, 398f。

② 出处同上，398。

③ 关于林肯对《独立宣言》的进步主义阐释的进一步讨论，见 Jaffa, *Crisis of the House Divided*, 315—321。

誉上的重要性，有时候会被人当作是荣誉必然具有反动性的证明。这些人认为，既然荣誉依赖于敬畏，那么荣誉肯定内在地与改革相矛盾。但林肯的荣誉告诉我们，对正确的准则的敬畏，可以是改革的一个有力引擎。它同样显示，尽管以批判反思和理性慎思的形式呈现的反身性在任何自由民主政体中都必须占据中心地位，但倘若我们把反身性当作政治的全部，尽管有可能解放政治能动性，却也有同样大的可能会葬送政治能动性。

如果说通过不时坚持有原则的立场对抗主流的公共舆论，并通过在武装冲突面前坚决地捍卫自己的原则，林肯展示了其信念的勇气，那么他同样也体现了节制，而节制是荣誉的最佳形式的一大特征。他深知在具备高昂野心与非凡勇气的人身上，节制有着什么样的价值。与国父们一样，他深知野心勃勃之人很可能桀骜不驯。他说，当"身怀野心与天赋的人"横空出世时，他们"天然地追求对其心中占有统治地位的激情的满足"[①]。但这些人往往无法"在对别人所建的大厦的支持维护中"获得满足：

> 我们可以列举出许多伟大、善良、足以胜任他们承担的任何一项任务的人，这些人的野心仅仅止步于获得国会中的一席之地、州长的职位，或者总统的职位；**但这些人并不属于狮子的家族，或者雄鹰的部落**。什么？想想看吧，你觉得这些职位能够满足一个像亚历山大大帝、恺撒，或者拿破仑那样的人？永远不可能！一个不世出的天才，根本不屑于在这些被人们走滥了的老路上亦步亦趋……对于出人头地，他如饥似渴，如火焚身；如果有可能的话，他会以任何方式实现之，不管是通过解放奴隶，还是通过奴役自由人。[②] 139

① Lincoln, "Address to the Young Men's Lyceum," 1:34.

② 出处同上。

这段话说于林肯自己解放美国南方奴隶的二十五年以前。毫无疑问,他在言行上的谦卑使他根本不可能自称为“不世出的天才”。但回头看去,我们也很难否认,他是“狮子的家族,或者雄鹰的部落”中的一员。尽管他并没有完全“不屑于”老路,但他也并没有仅仅在老路上亦步亦趋。他敬畏《独立宣言》,一份由别人起草的文献;他热爱美国,一个由别人建立的政治体;但他并没有简单地满足于“维护大厦”。相反,他决心重建这座大厦。林肯同样是一位国父;通过召唤美国人回到他们的第一原则,他有效地重新奠基了这个政体[①]。在这个过程中,他解决了自建国以来就阴魂不散的两大问题:奴隶制与共和政体的矛盾,以及各州的权力与联邦权力根本上孰先孰后的问题。

林肯对联邦权威的扩张同样来自他对《独立宣言》所阐明的原则的信奉。在他看来,一个强有力的中央政府,乃是美国实验成功的必要条件,而他也一直都是国家统一和联邦权力的捍卫者[②]。分裂运动挑战了联邦政府的存活力,也挑战了美国实验以及每个地方的人民政府的存活力[③]。把林肯引向战争的,是他对保全住人民政府原则的承诺,而发

① 见 McPherson, *Abraham Lincoln and the Second American Founding*。

② Oates, *Abraham Lincoln*, 60. 从他政治生涯的早期以来,他一直呼吁成立“一个国家银行,由联邦政府出资的内部改善,由联邦补贴各州建设自己的运河、收费公路和铁路,以及旨在确保经济增长与稳定的各州银行”。一般而言,他把“去做那些人民需要的、但是通过他们个人努力无法做到或者无法做好的事情”视为“政府的合法目标”。Lincoln, *Collected Works*, ed. Roy P. Basler et al., 9 vols. (New Brunswick, N.J., 1953—1955), 2:220—221. 转引自 Oates, *Abraham Lincoln*, 60。

③ 在 1861 年 7 月 4 日致国会的一份特别信息中,林肯用世界历史的词汇来描述已于同年 4 月 12 日在萨姆特堡打响的内战:“它向全人类提出了这样一个问题:一个宪政共和国,或者说一个民主国家(一个由人民自我管理的政府)能否在其国内敌人的面前,维护自己的领土完整……它迫使我们问道:‘在所有共和国中,是否都存在这种内在的、致命的弱点?’‘一个政府是否必然地,要么太强大以至于其人民无法从中获得自由,要么太弱小以至于连其自身的存在都无法维系?’” Lincoln, “Message to Congress in Special Session,” 载 *Speeches and Writings, 1859—1865*, 250。

动这场战争导致的则是改革，并引发了“比冲突开始时双方所预想的更为根本而深刻的变化”[①]。正如一位历史学家所说，如果仅仅作为行政部门权威的一次运用来看，那么林肯的《解放奴隶宣言》可以说是“到当时为止由一位美国总统所做出的最为革命性的决策”，并且是“联邦军事力量针对各州制度的史无前例的运用”[②]。用另一位历史学家的话说，林肯“进行了迄今以来对总统权力最为巨大的扩张。在尚未征询国会许可的情况下，林肯动员了军队，发动了战争，禁止了报纸，解放了奴隶”[③]。以必要手段为名，他悬置了人身保护令，并“授权军队指挥官在战线后的各个区域宣布宵禁，以及在没有陪审团的军事法庭中审判平民”[④]。他同样强制推行了对敌方财产的没收充公。对公民自由权的悬置，以及对未经国会许可的行政动议的史无前例的实施，使得某些人把他视为一个独裁者[⑤]。首席大法官罗杰·塔尼本人就曾指控林肯“篡夺了权力”[⑥]。 140

但是林肯并没有把他所包揽的权力用于扩充个人权势。在他于战争的最初几个月宣布了广泛的紧急状态并包揽相应权力后，他转而寻求并且赢得了国会对这一事实的认可[⑦]。他在国会演说以及致国民的公开信中为自己的行为（包括对人身保护令的悬置）进行了公开辩护[⑧]。

① Oates, *Abraham Lincoln*, 111. 同样观点可见麦弗逊，其认为林肯在美国政治生活中造成了一场真正的革命，见 *Abraham Lincoln and the Second American Revolution,* 24, 42。相反，费伦巴赫尔认为林肯既不是保守派也不是激进派，而是二者的结合，是一个“喜欢缓慢地、稳固地朝着某个革命性的目标进步”的政治家，见其 *Prelude to Greatness*, 148。

② Oates, *Abraham Lincoln*, 111.

③ Kunhardt, *The American President*, 348.

④ Oates, *Abraham Lincoln*, 121.

⑤ Kunhardt, *The American President*, 348.

⑥ Oates, *Abraham Lincoln*, 122.

⑦ 出处同上，121。

⑧ 譬如见林肯致国会的特别信息，见 *Speeches and Writings, 1859—1865*, 246—261。对林肯为其行为辩护的努力的深入讨论，见 Oates, *Abraham Lincoln*, 122—123。

当1864年总统大选来临，而“合众国的命运仍旧不确定”时，“有些人呼吁林肯取消大选，免得万一获胜的是反战的民主党人，合众国的前途会被他们出卖”[①]。林肯拒绝了这个提议，认为“我们无法在缺少选举的情况下拥有自由的政府；倘若反叛者居然迫使我们放弃或推迟了一场全国性的选举，那么可以说我们已经被他们征服了”[②]。林肯拒绝暂停大选，说明个人权势的扩张并非他的目标。他的个人野心受到原则的限制；他的荣誉即便在促成史无前例的大胆举动与政治能动性的非凡施展的同时，仍然懂得有所节制。这种节制让人想起华盛顿从总统任上退休的行为。两者的举动都表明，荣誉并不能仅仅化约为对权力的无止境的追逐。

但是，或许因为他深知像自己这样的“狮子”和“雄鹰”能够导致的潜在危害，林肯也很注意表现出对其同胞意见的适当尊重。甚至在他对奴隶制表示最强烈反对、斩钉截铁地宣称《独立宣言》中不可剥夺的权利应当平等地适用于黑人的那些声明中，他也不断地辩称自己并不是想要在任何领域都推动种族平等，从而缓和了这些表态的激烈程度。比如在关于德雷德·斯科特判决的一场演说中，他攻击“某种荒谬的逻辑，这种逻辑认为，既然我不想把一名黑人女子当作**奴隶**，那么我一定是想娶她当我的**妻子**。但我根本用不着在这两者里头二选一，我完全可以让她自己过自己的。从某些方面说，她显然并非和我平等的同类”[③]。他一直否认自己倾向于种族的社会平等甚至政治平等，更不用说种族融合了。他在许多年里一直提议，通过殖民化的办法“把非洲人送回到他们土生土长的地方去”[④]。用我们如今的标准看，林肯在种族问

① Oates, *Abraham Lincoln*, 125.

② 转引，出处同上。

③ Lincoln, “Speech on the Dred Scott Decision,” 1:398.

④ 出处同上，1:402。

题上的许多观点都是顽固不化的，而且他肯定也不乏偏见[①]。尽管我们 141
没有必要为其开脱，但是这些观点还是要放在当时的历史情境下来看待。举例而言，林肯的政治对手们毫无顾忌地利用着美国白人的种族偏见与恐惧，而他则不得不一直为自己辩护，澄清别人对他立场的扭曲呈现[②]。他之所以要为殖民非洲、送走黑人的方案辩护，至少部分原因在于他深知，“倘若没有这种殖民化的承诺……绝大多数北方白人永远不可能接受黑奴的解放”。北方白人害怕，黑奴的解放会导致刚刚得到解放、试图找到工作的黑人大量涌入地方劳动力市场[③]。林肯最终在签署《解放奴隶宣言》之后放弃了殖民方案[④]。他并不是完全平等或种族融合的鼓吹者，但他在种族问题上仍旧超前于主流意见。弗雷德里克·道格拉斯曾经这样评价林肯，说他是“我在美国自由地交谈过的所有大人物中，第一个从未在任何场合让我注意到我和他之间存在肤色区别的人”[⑤]。尽管在其他场合中，道格拉斯对林肯有更多的批评[⑥]，但他和其他任何人一样，明白林肯之闪烁其辞的意义所在：“从真正的废奴主义观

① 出于这个原因，林肯作为“伟大解放者”的神话受到奥茨所谓关于林肯的“反神话”的挑战，这种“反神话”把林肯说成“一个顽固派，一个鼓吹种族隔离、反对赋予黑人公民权和政治权、想要把他们全都放逐出这个国家的白人种族主义者”。Oates, *Our Fiery Trial*, 61.

② 事实上，林肯在 1858 年参议院竞选中输给斯蒂芬·道格拉斯，很大程度上就是因为“他在奴隶制与黑人问题上的争议性观点……对于他（在伊利诺伊州）的邻人来说过于超前了”，Oates, *Abraham Lincoln*, 74。对林肯之所以在 1861 年就奴隶制问题采取了一种相对保守的立场的政治原因的深入讨论，见 McPherson, *Abraham Lincoln and the Second American Revolution*, 31。

③ Oates, *Abraham Lincoln*, 101, 113f.

④ 出处同上，113。

⑤ 转引，出处同上，118。

⑥ 譬如见 1862 年 7 月 4 日题为《奴隶主的造反》的演讲，收录于 *Frederick Douglass: Selected Speeches and Writings*, ed. Philip S. Foner (Chicago: Lawrence Hill, 1999), 501—503, 506；以及“Oration in Memory of Abraham Lincoln” (April 14, 1876), 载 *The Life and Writing of Frederick Douglass*, ed. Philip S. Foner (New York: International, 1975), 4:309—319。

点来看，林肯先生似乎反应迟缓、态度冷淡、了无新意、漠不关心，但如果把他和整个国家的情绪（这种情绪是他作为政治家不得不考虑在内的）相对比，就可以发现他灵活、热切、激进，而且充满决心。"①

我们还可以提到林肯其他节制的例子。比如，尽管他痛恨奴隶制，但是直到战争伊始，他都一直承认"奴隶制是南方各州根深蒂固的制度，受到美国宪法、国家和各州法律的保护"②。甚至在战争的第一年，他都极力避免直接攻击奴隶制，而代之以"在忠诚的边界各州中"推行一种在自愿基础上的、"逐步的、有补偿的解放奴隶项目"③。直到这种尝试失败、形式变得明显（奴隶制是叛乱得以维持的基础，联邦若不完全消灭奴隶制，就不可能达到决定性的胜利）之后，林肯才确定，对总统权威的运用是不可避免的④。他捍卫《解放奴隶宣言》为"一个正义的、得到宪法认可的、出于军事必需的行动"⑤。他从这份宣言的适用范围中豁免了所有当时未参加叛乱的蓄奴州，或各州未参加叛乱的地区，因为他认为，自己拥有的宪法权威只能推翻那些叛乱州的法律。

142 尽管黑奴解放在南方是强制推行的，而且是以相当暴力的方式强制推行，但我们绝不能因此说林肯本人狂热地将自己的原则强加于别人。在捍卫其原则的过程中，林肯辩论过，劝勉过，羞辱过，但他绝没有强迫过。他之所以最终诉诸武力，是因为他不认为共和国能够以其他任何方式得到保存，而作为总统他有明确的义务以他能够采取的任何方式去保存这个共和国。保存共和国的必要手段，与他长期以来所捍

① *Frederick Douglass: Selected Speeches and Writings*, ed. Philip S. Foner (Chicago: Lawrence Hill, 1999), 501—503, 506.

② Oates, *Abraham Lincoln*, 62.

③ 出处同上，101。

④ 出处同上，104。

⑤ Lincoln, "Final Emancipation Proclamation," 载 *Speeches and Writings, 1859—1865*, 425；另见其 1863 年 1 月 8 日致约翰 · A. 麦克勒南的信，收录于 *Speeches and Writings, 1859—1865*, 428。在这一点上，见 Neely, *The Last Best Hope*, 95。

卫的反奴隶制的原则恰好一致，这只是幸运而已。所以林肯并不只是在他的个人野心中展现了节制，而是在他对其原则的捍卫中也展现了节制。如果说他拒绝暂停1864年总统选举，表明他绝不会以公共善为代价追求个人权势，那么他对黑奴解放问题的处理，表明他绝不允许自己对自由政府理念的信奉威胁到对当时存在的唯一一个真正的（尽管是不完美的）自由政府的捍卫[①]。

毫无疑问，林肯节制的动机很大一部分来自审慎。如果他毫无节制地表达自己的反奴隶制观点，那么作为一名候选人，他将几乎无望当选，而作为一名总统，他将会处处受到掣肘。尽管对公共舆论的过分重视有可能导致毫无主见、随波逐流，以及放弃自己的原则，但是荣誉对公共认可的外在关切也能对一个人的行动起到节制的影响。有人或许会反对说，奴隶制是一种极端的恶，需要加以极端的反对，这种情况下甚至节制本身也是一种恶。这种反对自然是有道理的，而且或许是最为道德的观点。但是政治上最好的反应并不总是等同于道德上最好的反应，而政治上最好的反应之所以最好，恰恰是因为它能够成功地带来最为道德的后果。正如孟德斯鸠所说，政治中的极端主义，就算目的是好的，也往往会走上坏的道路。对其他人意见的慎重考虑往往会鼓励节制，而这正是荣誉的外视特征的潜在积极面。林肯这种人的政治荣誉，较之科里奥兰纳斯的军事荣誉，很可能要节制得多，而这恰恰是因为政治是深深植根于舆论世界之中的。尽管林肯与科里奥兰纳斯同属于狮子家族和雄鹰部落，但林肯不是科里奥兰纳斯。不管林肯的节制究竟是其政治角色的产物，还是其道德品格的结晶，还是来自他所服务

---

① 同样类型的节制也可以在林肯身上看到，即便他认为最高法院在德雷德·斯科特一案中的判决是“错误的”，他也不愿意对最高法院的权威提供“反抗”（见 Lincoln, “Speech on the Dred Scott Decision,” 393）。他强调“服从并尊重政府司法部门”的重要性（392），尽管他否认该判决“为这个国家树立了一个确定的信条”，并对该判决逐字逐句地加以攻击（393）。他显然试图影响法院以便其能够在将来推翻该判决，并且同样影响公共舆论，但他试图以一种公民式的做法来施展他的影响力。

的宪政政府的约束，它都是他荣誉中的一个重要维度。林肯的例子表明，就算是超乎寻常的野心与非同一般的政治勇气，也仍然可以与节制
143 相结合；荣誉并不会无可避免地堕落为对权力的纵情追逐，或者甚至仅仅是桀骜不驯。他的例子同样说明，荣誉可以服务于共和主义原则，甚至可以支持民主改革。

林肯白手起家的经历一直广受赞美。在民主人的眼中，他卑微的出身使他最后的成就愈发显得荣耀。这些出身揭示了他强大的个体能动性能力，他克服并超越自身环境的能力。他似乎不需要荣誉的任何传统上的配套条件，比如财富或贵族血统，就让自己获得了荣誉。不过尽管他并非出生于一个富裕或者显赫的家庭，但林肯至少还能享受到获得荣誉配套条件所必需的另一些条件。或许最重要的是，林肯生来就完全拥有自己的人身。他同样具有完全的公民权利，包括民权与政治权，包括投票权与被选举权。他可以拥有财产，并随意处置这些财产。他可以拥有工作，可以在自己选择的任何职业中工作并获得报酬，可以完全地支配自己挣来的报酬。所以，尽管他并非生来就拥有权力或财产，但他仍然拥有着获得这两者所必需的权利。类似地，尽管没有人为他提供教育，但他可以进行自我教育而不受任何阻挠，不招来他家人的愤怒或者是社会的嘲讽。不但如此，他还能合理地期待自己享有较高的地位和公共尊重，作为对其自学的努力以及后来的职业律师生涯的回报。通过他动人的演讲和灵活的政治手段，他还能赢得自己同胞的仰慕。所有这些因素都对作为一种性格品质的荣誉构成了支持，而在一个民主政体中，这些条件与机遇就构成了荣誉的配套条件。在接下来的几节中，我们将考察另一些美国人中的荣誉事例，这些人因为属于政治上被边缘化的群体（尤其是美国黑人，以及白人女性），而缺少荣誉的配套条件。

## 弗雷德里克·道格拉斯:荣誉的灵魂

杜波依斯在1906年的《尼亚加拉运动决议》中,把荣誉用作捍卫黑人自由的政治运动的催化剂。他呼吁美国黑人“在权利的祭坛上牺牲金钱、名誉,以及生命本身”,并“把我们自身、我们的荣誉、我们的财产,重新奉献给这个(约翰·布朗曾为其自由而死去的)种族的最后解 144
放”[①]。杜波依斯与国父们一样,把荣誉视为冒险而有原则的行动的发条。他提及荣誉乃是出于和《独立宣言》一样的目的,借此鼓舞政治能动性以及对自由的热忱捍卫。放眼美国黑人改革家的传统,在杜波依斯的先辈中,没有人能够比弗雷德里克·道格拉斯更好地展现出荣誉的各个方面了,正因如此,所以布克·华盛顿曾经把道格拉斯称为“荣誉的灵魂”[②]。道格拉斯于1818年出生在马里兰州的一个奴隶家庭,于1838年逃到纽约获得自由,并从此之后成为一名反奴隶制运动领袖,一位废奴主义演说家,作家,报纸编辑,是当时最著名、最受人仰慕的黑人。在他之后的黑人领袖们有时候对他有所批评,但一直都敬重他的骄傲、他高昂的野心、他高贵的言行、他对《独立宣言》所阐明的原则的坚持,以及(最重要的)他捍卫自由的勇气。如今他被认为是“美国黑人英雄的原型”,是“英雄主义之伟大”的民主化身,在他身上,英雄主义以及伟大,得以与平等的原则共同存在[③]。

对过分扩张的权力的抵抗是贯穿本书分析的核心主题,而道格拉斯正是荣誉这一面相的强有力的榜样。他的自传描述了这些抵抗举动

---

① W. E. B. Du Bois, “Resolutions of the Niagara Movement,” 载 *African-American Social and Political Thought*, ed. Howard Brotz (New Brunswick, N.J.: Transactions, 1995), 539。

② Booker T. Washington, “Early Problems of Freedom,” 载 *African-American Social and Political Thought*, ed. Brotz, 388f。

③ Waldo E. Martin, Jr., *The Mind of Frederick Douglass* (Chapel Hill: University of North Carolina Press, 1984), 253, 277.

其中的一桩，这件事被他自己视为其奴隶生涯中的转折点。在1834年时，道格拉斯还是科维的奴隶，此人是个“毒蛇般的”人物，惯以殴打自己的奴隶为乐[①]。在一顿特别残酷的殴打之后，道格拉斯下决心“服从每一个命令，不管命令多么不合理，只要我能做到，就一定服从”，但是“在我这么做了之后，假如科维先生再敢打我，我将尽一切能力来捍卫和保护我自己”[②]。第二天，科维再次攻击了他。道格拉斯后来是这样回忆接下来发生的事情的：

> 我现在完全忘记了自己的身份，只记得自己发过誓要**站起来捍卫自己**……四十八小时前，这个人最漫不经心的一句话都能让我像暴风里的树叶一样颤抖不已，但现在我居然有胆量去和这个人扭打，我自己都不知道这种胆量究竟是从哪里冒出来的；不管怎样，我已经**下定决心去战斗**，而更棒的是，我在打架方面还是很强的。战斗的疯狂在那一瞬间占据了我的头脑，然后我就发现，自己强壮的手指正牢牢地掐在我那懦弱的折磨者的喉咙上；在那个时候，我完全没有考虑这样做的后果，就好像我们俩在法律面前是完
> 145 全平等的人一样……“好你个恶棍，**你想要反抗**？”他说。对他这句话，我礼貌地回答道：“**是的，先生**。”一边坚定地盯着问话人的眼睛……科维很快扯着嗓子高喊起“救命”来；这倒不是因为我对他有着什么显著的优势，也不是因为我伤到了他，而是因为他在我这里占不到任何便宜，也没有办法单枪匹马地征服我……这个懦弱的暴君问我是否“打算反抗到底”。我告诉他：“**无论发生什么情况，我都会反抗到底**。”我告诉他，我在过去的六个月中被他像牲畜一样对待，但我受够了……科维最终（两个小时之后）放弃了打斗。他松开了我，大口喘息着说道：“现在，你这恶棍，快回去干你

---

① Frederick Douglass, *My Bondage and My Freedom* (New York: Dover, 1969), 251.

② 出处同上，241。

> 的活儿去；假如你刚才不反抗的话，你挨我抽的鞭子根本连刚才的一半都不会有。”事实上，**他刚才根本就没能拿鞭子抽到我**。[①]

在此事以后，道格拉斯继续为科维干了六个月活，而科维再也没有碰过道格拉斯一下。甚至在换了其他主人之后，道格拉斯也没有再挨过鞭子；他回忆道，尽管“他们有几次试着打我，但这些尝试无一例外没有成功”[②]。道格拉斯把这次事件描述为“我**奴隶生涯**中的转折点”，因为，他说，“它使我胸膛里自由的星火重又熊熊燃烧起来……使我找回了自己身为一个人的感觉”[③]。这场打斗“让我已经被碾碎的自尊，把我的自信，在生命中重新焕发，鼓舞着我下决心成为一个自由的人”[④]。他用政治词汇来描述这场打斗，说道：“一个人只有亲身参与过冒着危险击退一个暴君的不义的、残忍的侵犯的过程，才能够理解这场打斗在我精神上造成的影响。”[⑤]这不仅仅是对侵蚀性权力的抵抗举动，而且是对专制权力的抵抗举动，而道格拉斯将这种举动视为“荣誉”的标识[⑥]。它是荣誉的标识，因为它使他不但在自己眼中，并且在“人性”本身的眼中，变得可敬，因为正如他所说的，“人性的构成，使得它尽管能够**怜悯**一位无助的人，却无法以一位无助的人**为荣**”[⑦]。

道格拉斯把荣誉与人性联系到一起，反映了在建国一代中已经表现出来的、荣誉在涵义上的转变。对道格拉斯来说，有荣誉心的抵抗举

---

① Frederick Douglass, *My Bondage and My Freedom* (New York: Dover, 1969), 241—246。强调字体为原文所有。道格拉斯推测科维后来之所以不再惩罚他或者把他交给权威部门，是因为担心这么做有损自己的名声。这么做等于承认自己没有能力控制自己的奴隶。见出处同上，248。

② 出处同上，247。

③ 出处同上，246。

④ 出处同上，246f。

⑤ 出处同上，247。

⑥ 出处同上。

⑦ 出处同上。强调字体为原文所有。

动维护了他“身为一个人的地位”,或者他所谓的作为一个人的“根本尊严”,而不是他作为某个具体的社会阶层一员或者某种具体的社会角色承担者的地位。提及人性与人类尊严,而非社会角色与地位,乃是一般意义上的民主式荣誉的一大特征。道格拉斯所说的“人的根本尊严”[1]
146 依赖于行动的力量,依赖于能够成为自己的驱动者和主人,而非他人意愿的工具。就这一方面而言,道格拉斯对“尊严”一词的使用,与“荣誉”的联系更为紧密,而不像当代对“尊严”一词的用法那样,把它理解成每个人类个体的内在价值。道格拉斯并不否认内在尊严的理念;事实上,这个理念构成了他反对奴隶制的基础。但他同时也清楚地认识到,另一种人类尊严(那种像荣誉一样必须通过行动才能赢得的尊严)更是“自尊”与“自信”的先决条件。内在人类尊严的理念,仅仅通过身为人类一员这一条件本身,确实也能提供一点点儿自尊;但道格拉斯指出,对他而言,身为人类一员这个事实本身并不足以让他“找回自己被碾碎的自尊”;他必须还要付诸行动才行。让他赢得自尊与自信的,是行动,而不是理念。他告诉我们,在打斗之前,“我**什么都不是**”,而在打斗之后,“我成为了人”。是他的反抗导致了他的救赎,此后尽管他“在**形式上**还是一个奴隶”,但“在**事实上**已经是一个自由人”了。“当你无法再鞭打一个奴隶时,他就已经差不多是自由的了。他的男子气概的心试图捍卫的领域有多宽广,他拥有的领域就有多宽广”[2]。单靠作为普遍人身条件的内在人类尊严的理念,是无法造就这种救赎的。个体行动才是关键;没有个体行动,自由与自尊都没有可能。正如道格拉斯所看到的,倘若没有从个体能动性的运用中发出的“力量的信号”,那么一个人就“缺少了人类的根本尊严”。一位历史学家甚至把道格拉斯与科维之间的打斗描述为一场“决斗”,因为这种描述突出了道格拉斯性格中维

① Douglass, *My Bondage*, 247.

② 出处同上。

护自身尊严的那种荣誉品质[1]。当然，这场架事实上并非决斗，但它确实与荣誉有着很大的关系。

与真正的决斗一样，道格拉斯的反抗展示了他甘愿为了他的自尊和某种自由而冒生命危险的意愿，而这正是作为一种性格品质的荣誉的重要特征之一。它让我们想到托克维尔关于对自由的贵族式热爱的讨论，这种热爱激励着对专制者和潜在的专制者的蔑视。热爱自由与自尊胜过生命，这是传统上认为荣誉与奴隶制相矛盾的核心所在。道格拉斯本人就认为，如果一个人把性命（以及更一般意义上的物质自利）看得比其他一切东西都重的话，那么奴隶制就永远不可能被推翻。所以说“既然奴隶们宁可在鞭子下苟活，也不愿马上死去，那么就自然一直会有像科维那样虔诚的基督徒，来慷慨地满足他们的这种需求”[2]。
他说他自己“宁可去死，也不要过无望的奴隶生活”[3]。道格拉斯回忆道， 147
在科维事件发生时，他已经“达到了一个**对死亡毫不畏惧**的临界点”。他说，正是这种精神“使我成为了一个**事实上**的自由人”[4]。控制对死亡的畏惧，是他新获得的自由与“根本尊严”的条件。控制对死亡的畏惧一直都是荣誉的核心特征之一，也是传统上把荣誉和作战英勇相联系的一大理由。在对看似不可抗拒的自我保存的冲动加以抗拒的过程中，一名士兵便表明了他有能力完成有意的、自我发起的行动，或者说有能力施展能动性，从而表明他是自由的。道格拉斯对科维的抵抗就体现了荣誉的这个面相[5]。

---

① Kenneth S. Greenberg, *Honor and Slavery* (Princeton: Princeton University Press, 1996), 35f.

② Douglass, *My Bondage*, 247.

③ Frederick Douglass, *Narrative of the Life of Frederick Douglass* (New York: Dolphin, 1963), 86.

④ Douglass, *My Bondage*, 247.

⑤ 当道格拉斯说只要奴隶们害怕死亡，他们就永远会是奴隶时，我们可能会认为他很冷酷无情，或者用今天的话说，犯下了“谴责受害人”的过错。我们可能会觉得，最好把注意力放在奴隶主或者整个社会的可耻上，因为是它们强迫一个人在奴役与死亡之间绝

当然,道格拉斯的抵抗精神只是荣誉的一部分体现。他对这个事件的描述只展示了荣誉作为一种性格品质的某些核心特征,但并非全部。比如他就没有提到荣誉的任何准则,而且他当时也并没有对名望表示关切。有原则的野心与各种公共荣誉直到后来才在道格拉斯身上出现,不过如我们接下来要看到的,它们确实在他身上出现了,而且构成了他不断演化的荣誉感的重要面相。但在他与科维的打斗中,我们看到的还只是抵抗压迫性的权力的勇气,尽管这确实是荣誉的关键特征之一。荣誉与奴隶制的对立本来只是一个比喻,但在弗雷德里克·道格拉斯身上,这种对立却实打实地出现了。在这个极端的案例中,我们得以领会荣誉作为个体能动性源泉的力量,正是因为我们看到一种初生的荣誉感克服了人类奴役的可怕重压。这种初生的荣誉是一系列克服的起点,在这个过程中,道格拉斯最终成功地摆脱了奴隶身份。“在反抗了他之后,”道格拉斯告诉我们,“我感觉到了某种以前从没感觉到的东西。那是一种从黑暗瘴疠的奴隶制坟墓中复活,升上相对自由的天堂的感觉。”[①] 他在这件事里的勇气是一种血气之勇;以后的道格拉斯将会同样展现出可观的政治勇气,但这时候的他强调的还只是他的身体强壮、孔武有力,以及男子气概。事实上,这种初生的荣誉确实是以武力为根基的,因为道格拉斯认为,一个“缺少武力”的人是没有人类

---

望地做出选择。我们有多少人在面临这种选择时,能有足够的勇敢和坚毅去做出后一种选择,就算在反抗中死去确实能像道格拉斯所说那样给我们带来“事实上的自由”?要求受迫害的人去选择高贵的死亡而不是苟且偷生,这并不是解决不义问题的办法。对不义问题的全面解决(假如可以做到的话)要求的是完全消除这种选择的必然性。就算是部分的解决,或者对不义的渐进攻击,也要求对掌权者动机的关注不弱于对受压迫者动机的关注。没有任何一个正义理论是可行的,假如它要求的是在死亡面前的完全无畏。这样一种理论根本不适合于人性,以至于其本身就是不义的。但是如果说道格拉斯在这一点上的说法对正义理论并无多大贡献的话,他的例子倒是确实有助于我们理解个体能动性,而这正是本书研究的首要目标。对自由主义社会来说,正义的内涵与个体能动性的来源是相互联系的关切,但它们毕竟是两个不同的领域。

① Douglass, *My Bondage*, 247.

根本尊严的[①]。道格拉斯还说,“假如力量的信号没有(在这个人的身上)升起的话”,这样一个人甚至不会被他的同伴怜悯太久[②]。从这个意义上说,道格拉斯通过与科维的打斗展现出来的荣誉,与中世纪骑士对体格雄壮的强调最为相似。这一点当然毫不令人意外,因为道格拉斯所生存的体系就如封建时代战火延绵的诸侯国一样,是以蛮力为基础的,而对抗蛮力所需的同样也正是蛮力。

不过就算这种初步的荣誉也不能简单地化约为蛮力,或者对身体 148
力量的运用。至少从道格拉斯的描述看,他的战斗策略同样表现出明显的节制。尽管他一开始告诉我们,“战斗的疯狂在一瞬间占据了我的头脑”,但他一直都没有失控,也没有表现出盲目的愤怒或者对暴力的如饥似渴。相反,他说:“我招架住了(科维的)每一次进攻,尽管我并没有反过来攻击他。我完全是**防御性的**,只是阻止他伤害我,自己并没有试图去伤害他。”[③] 最后,道格拉斯承认他确实从科维的“被打出血”中体验到了一种“满足”,但他马上又强调说,“我的目的绝非伤害他,而是防止他伤害我”[④]。毫无疑问,道格拉斯有理由在公开著述中强调自己并非这一事件中的攻击方,而他在打斗发生的当时也有更好的理由克制自己不要过火地攻击科维。但是即便如此,他明显的克制仍然是意义重大的,因为这说明即便在其荣誉的初生形式中,也仍然有着超出于简单的蛮力或者支配他人的本能之外的东西。他想要表达自己拒绝被征服、拒绝被暴君宰制的愿望。他运用必要的武力来实现这个目标,但绝不使用超出必须的武力。对武力的运用,或者对他人的征服,本身并不是他的首要目标。这与奥尔特子爵的克制是相一致的,也是与国父们在美国体系的核心处所设置的野心的防御姿态相一致的。

① Douglass, *My Bondage*, 246f.
② 出处同上,247。
③ 出处同上,242。
④ 出处同上,246。

正如我们已经看到的,中世纪欧洲战乱社会中典型的把荣誉等同于蛮力的看法,随着政治稳定性的提高与宪政政府的兴起而逐渐消散了。以至于到了孟德斯鸠笔下,在荣誉对宪政君主制中的政治权力加以限制的过程中,蛮力几乎不扮演任何角色。我们当然不会认为 18 世纪的议会成员(像孟德斯鸠本人这样的知识界与上流社会中的人)是强健体格的典型代表。他们的荣誉依赖于其他的基础。类似地,在道格拉斯逃离奴隶制之后,他的荣誉就不再体现在对身体力量的运用中,而是通过政治原则的捍卫而显现了。当他作为宪政民主制的一位公民生活在北方时,他与林肯一样,不是通过打斗,而是通过鼓舞与说服人心的美妙演说来展示自己的荣誉,因为他看到,在宪政体制中,一个人要想获得影响力、证明自己的独立、赢来出人头地的一天,靠的是演讲与正当的政治行动,而不是像专制社会中那样靠动用武力。道格拉斯的
149 荣誉特征的这种转变说明,荣誉和强健的身体以及武力之间的等同程度,依赖于整个社会的稳定程度和文明程度。

道格拉斯挺身与科维打斗的巨大勇气,与南方绅士们的做作形成了鲜明的对比,使得后者的决斗看起来就像是假惺惺的表演。道格拉斯用自己初生的荣誉打倒了白人奴隶主的南方式荣誉,而后者恰恰是通过与他们认为黑奴所具有的特征的对立来界定自身的[1]。如果说比起与人为的阶级地位紧密联系的传统荣誉形式,民主式荣誉在某些方面更为自然,那么像道格拉斯这样一个奴隶的初生的荣誉或许就是所有荣誉中最自然的了,因为奴隶几乎缺乏任何外在的(和人为的)对荣誉的支持。与科维的打斗是他奴隶生涯中的"转折点",而在他逃离奴隶

① 与弗雷德里克·道格拉斯相联系,伦纳德·哈里斯强调"作为一种性格品质的荣誉和各种公共荣誉并不一定要同时存在"。哈里斯指出,"奴隶主拥有作为地位的荣誉,却并不必然拥有作为品质的荣誉。" Leonard Harris, "Honor and Insurrection," 载 *Frederick Douglass: A Critical Reader*, ed. Bill E. Lawson and Frank M. Kirkland (Oxford: Blackwell, 1999), 235。

制之后，道格拉斯过起了另一种生活。在他的新生活中，他成为了一个政治人与社会人，一名领袖，一位著名的改革家，以及最完全意义上的荣誉（包含了有原则的行为准则和公共杰出地位）的榜样。他在这个新生活里的荣誉，更接近于林肯的政治勇气，而非他自己一开始与荣誉联系起来的身体力量。但他的新荣誉仍然保留了早期反抗举动中所体现的蔑视权势、骄傲地热爱自由等等核心元素。

尽管在成为北方一名废奴主义者的最初十年中，道格拉斯深受加里森派学说的影响，认为“宪法完全是一个亲奴隶制的文本”，“主张摧毁美国联邦，认为靠选票来反对奴隶制是没用的”，但他在 19 世纪 50 年代初就已经修改了自己的这些观点[①]。到了 1853 年，他已经和加里森派决裂，转而相信联邦具有自我救赎的潜力，相信美国的建国文献有能力帮助这个救赎的实现[②]。从此以后，直到他于 1895 年逝世，他一直致力于捍卫《独立宣言》与宪法中所阐明的那些原则。比如他在 1857 年的一场演讲中说道：“宪法与《独立宣言》，以及共和国建国者们的情操，为我们提供了一个足够宽阔、足够坚实的讲台，让我们支持关于这个国家中所有人的自由与升华的最完备的计划，而不必考虑他们的肤色、阶

---

① Philip S. Foner, “Introduction” to Douglass, *My Bondage,* x. 对弗雷德里克·道格拉斯与加里森学派的关系以及后来的决裂的进一步讨论，见 David E. Schrader, “Natural Law in the Constitutional Thought of Frederick Douglass”, 载 *Frederick Douglass: A Critical Reader*, ed. Lawson and Kirkland, 86; Charles W. Mills, “Whose Fourth of July? Frederick Douglass and ‘Original Intent,’” 载 *Frederick Douglass: A Critical Reader*, ed. Lawson and Kirkland, 104; Diana Schaub, “Frederick Douglass’s Constitution,” 载 *The American Experiment: Essays on the Theory and Practice of Liberty*, ed. Peter Augustine Lawler and Robert Martin Schaefer (Lanham, Md.: Rowman & Littlefield, 1994); and Herbert Storing, “Frederick Douglass,” 载 *American Political Thought*, ed. Morton Frisch and Richard Stevens (Itasca, Ill.: F. E. Peacock, 1983)。

② 对道格拉斯与加里森派分道扬镳的进一步讨论，见 David W. Blight, *Frederick Douglass' Civil War: Keeping Faith in Jubilee* (Baton Rouge: Louisiana State University Press, 1989), 32f。

级、或者出生地。”[1]《独立宣言》所阐明的原则从此构成了他个人野心的指导标准，在他一场接一场的演说中得到阐述，在他的公共行动中得到体现[2]。

150 在1865年一场题为“黑人想要什么”的演说中，道格拉斯呼吁“联邦各州毫不迟疑地、无条件地给予黑人普遍的选举权”，并以《独立宣言》的原则与承诺为基础，对这个要求进行了捍卫[3]。他说，倘若没有选举权，“（黑人）的自由就只是个笑话；没有这个东西，你们还不如直接用奴隶制这个旧名词来称呼一个黑人的状况；因为这样一来，尽管他不是某个个别主人的奴隶，但他却是整个社会的奴隶，他的自由只是一种特权，而不是一种权利。他只能任由暴民们摆布，而没有任何手段可以保护自己”[4]。他诉诸“美国人的荣誉感”，请他们认识到“这场战争绝不会终结，除非南方每一个被解放的奴隶都获得选举权”，试图以此激励白人公民们向他们的宪法原则看齐[5]。在另一个场合，他指责美国白人们给《独立宣言》“丢脸”了，因为他们“拿它所阐发的永恒的权利原则去做交易”[6]。对个体自由的热忱主张，以及对他口中否定自由的“暴民们”的斥责，反映出他的骄傲和对自由的贵族式热爱，而这在托克维尔看来，对捍卫民主制中的自由免遭多数暴政侵犯而言是至关紧要的。道格拉斯的骄傲使他无法接受美国白人关于他是“低等人种”的指控[7]，

---

① Frederick Douglass, “Speech on the Dred Scott Decision,” 载 *African-American Social and Political Thought*, ed. Brotz, 253。

② 凯利·米勒认为，弗雷德里克·道格拉斯的行为来自《独立宣言》与宪法中所发现的原则的激发。Kelly Miller, “Radicals and Conservatives” 载 *Critical Essays on Frederick Douglass*, ed. William L. Andrews (Boston: G. K. Hall, 1991), 36。

③ Frederick Douglass, “What the Black ManWants,” 载 *African-American Social and Political Thought*, ed. Brotz, 278。

④ 出处同上。

⑤ 出处同上，282。

⑥ Douglass, “The Slaveholders’ Rebellion,” 500.

⑦ Douglass, “What the Black Man Wants,” 281.

这说明他有着托克维尔所谓的“对自身(及其种族)的较高评价”。此外，对于他在北方作为一个自由人而享受到的各种机会,他也不愿仅仅利用它们来促进自己的个人利益。相反,他把自己的野心转向了对其原则以及社会政治改革的推动。在1862年7月4日的独立日演讲中,他提到了原则与个体能动性之间的联系,声称一个人若是放弃了“诚实的原则与高尚的目标”,则必然会被“宿命的力量席卷裹挟”①。

1866年有一个全国大会,是专门为了在黑人选举权问题上寻求国人共识而组织的。道格拉斯被罗切斯特市推选为该市出席这次大会的唯一代表。白人代表们对他的当选颇有犹疑。接下来的事情则戏剧性地展现了已经成为道格拉斯荣誉中一大界定特征的政治勇气。当他乘坐火车前往费城开会,途经宾夕法尼亚州的哈里斯堡时,火车接上了从西部来的几节车厢,里面坐着西部数州的代表。道格拉斯后来这样回忆接下来发生的事情:

> 当我的在场被这些绅士们得知之后……便有一个由我的代表兄弟们组成的委员会在等候着我,试图向我解释,倘若我在全国效忠者大会(National Loyalists' Convention)上出现,会是一件多么 151
> 糟糕的事情②……(他们说)我必须知道,北方和南方一样,都存在着对我的种族的强烈而刻骨的偏见,一旦我参加了这次效忠者的全国大会,共和党就会在社会政治平等问题上遭到沸沸扬扬的反

① Douglass, “The Slaveholders' Rebellion,” 499—500.

② 美国内战前后的“效忠者”,本指南方各州中认同国家统一、效忠于联邦而非南方邦联的人士。林肯遇刺后,副总统、民主党人安德鲁·约翰逊继任总统,因在战后南方如何“重建”的问题上对南方旧势力过于宽大甚至纵容,遭到占国会绝大多数、主张激进改革路线的共和党人的攻击。约翰逊的友人于是发起此次全国大会,希望能够借此博得全国上下对总统及其宽大政策的支持。但许多与会者,包括道格拉斯以及文中前来劝说他的这些共和党人在内,都并不买约翰逊的帐。两年后,约翰逊遭到国会弹劾,最终仅以一票之差逃过罢免。——译注

> 对……我非常认真地听完了他的游说，一句话也没有插嘴；但是当他说完之后，我对着说话人和整个委员会，用最能表达出我的坚决态度的语气和神情，说道："先生们，我没有丝毫不敬的意思，不过你们要劝我不参加我通过正当程序当选代表的这个会议，那倒不如拿一把上了膛的手枪抵在我脑门上，把我的脑浆一枪崩出来算了……如果你们不让我出席，公众一定会问：'道格拉斯上哪儿去了？怎么没在大会上看到他？'然后你们会发现，比起任何关于你们过分追求政治平等或社会平等的指责，公众的这些质疑要更难回应得多；但是姑且先把所有政策问题放在一边不谈，单就事情本身的对错而言，我就不能不去参加这次大会；若是不这么做，就违背了我人生的原则与实践。"①

布克·华盛顿提到，当道格拉斯抵达费城独立厅作会议签到时，"他不但受到众人的冷落，而且有人暗示说，倘若他试图穿过几条街道到会场去开会……他很有可能会被嘲笑，被侮辱，甚至被暴民围殴"②。华盛顿强调道："面对这些情况，采取行动是需要不小的勇气的，但道格拉斯从未退缩。他是如此坚强，即便遭到他有理由当作朋友的人的遗弃，他也毫不颤抖。"③最终道格拉斯不但参加了大会，而且"在大会上争取通过了一个有利于其同族人民选举权的决议。他发表了一次有力的、令人信服的演讲，这种演讲是他在受到刺激后特别善于发表的。结果他完全引导控制了与会者的情绪，使大会通过了自己的决议"④。在道格拉斯作为一个身负重任的政治改革家的新生活中，他的荣誉不再是以身体力量的形式表现，而是体现在捍卫原则的政治勇气与决心之中。不

① Washington, "Early Problems of Freedom," 393.
② 出处同上，394。
③ 出处同上。
④ 出处同上，395。

过同在科维的打斗中一样,他的荣誉感生发出了一种对个体能动性的非同寻常的伸张,以及对自由的骄傲而热忱的捍卫。

道格拉斯是一个"白手起家之人……在这个词最完全的意义上"[①]。华盛顿提到,道格拉斯成了"演讲台上最受欢迎的人之一,而且在……英雄辈出的各路人物……使美国的学园达到鼎盛之际",他的演讲"展 152
现出了广泛的阅读面,以及对雄辩艺术的掌握"[②]。道格拉斯是"大胆的、直接的、无畏的",他既体现了"审慎与洞察力",又体现了"伟大的个人魅力",所有这些都"使他在其党派的顾问团中广受欢迎"[③]。除了这些品质以外,他还成功地保持着对重要人物的影响,并成功获得了能够有效推进他的改革方案的政治权力。他建立了"公共生活中广泛的交情",而他的"领导能力与个人吸引力"使得"国会内外的许多人……都乐意跟随他的领导"。确实,"在当时,这个国家里没有其他哪个黑人能够像他这样,和国会内外的政治领袖相互熟识"[④]。他同样还受到林肯总统的尊重,并数次在白宫里受到接待,包括林肯的第二次就职典礼。正如华盛顿所说,道格拉斯总有办法"接近掌权的人物,抵达他们的内心深处,博得他们对他所参与的事业的同情"[⑤]。

一个没有野心的人不可能达到道格拉斯那样的政治影响,而在 19 世纪中期,一个没有超乎寻常的野心的黑人,更不可能实现这种成就的一星半点。道格拉斯的野心是其荣誉中的一个关键组成部分,因为它使他得以有效地推行自己的原则,成为美国黑人的一名强大领袖和有

① Washington, "Early Problems of Freedom," 388. 道格拉斯著名的、最广为传颂的演讲,"白手起家之人",展示了他的自我认识之极其"伟大"(在托克维尔的意义上),不仅可以作为黑人甚至美国人的典范,甚至作为全人类的典范。Frederick Douglass, "Self-Made Men," 载 *The Frederick Douglass Papers*, ed. JohnW. Blassingame (New Haven: Yale University Press, 1979—1992), vol. 5。

② Washington, "Early Problems of Freedom," 388.

③ 出处同上。

④ 出处同上。

⑤ 出处同上。

力的鼓呼者。到 19 世纪 60 年代，他已经相当出人头地，拥有极大的能量和极高的地位，无论参加任何公共事务，都会被认为是“该场合中的大人物之一”①。正如华盛顿后来所说，道格拉斯“在与黑人、北方，或南方有关的每件事务上的权威，都几乎无人质疑”，而且“他的领导地位，直到现在都没有太多争议”②。

不过除开他的野心，以及他作为黑人在公共层面达到了前所未有的出人头地这个事实，道格拉斯并没有像国父们甚至林肯那样，展现出类似的对名望的热爱。布克·华盛顿提到，在第十三、十四、十五修正案通过之后，朋友们都劝道格拉斯到南方某个重建州去参选国会议员。华盛顿说，当时“许多人纷纷猜测，弗雷德里克·道格拉斯会在他帮助创造出来的更广泛的公民世界中坐上哪一把交椅。他的许多朋友和仰
153 慕者都认为，既然他能够成功地带领他的人民走出奴隶制的蛮荒之地，那他现在就应该让自己坐上一个好位置，以便进一步指导这些人，作为共和国的公民，如何对权利与特权加以恰当的运用”③。道格拉斯最终决定不参选国家职务，其理由是“这个想法并不完全符合我更好的判断和我对行事得体的感觉。为了赢取人们的选票、获得职位上的荣誉而去和人们打成一片，这种念头和我的自尊感水火不容”④。在之后的人生里，他“从没后悔过自己不加入国会荣誉圈子的决定”⑤。在道格拉斯身上，荣誉在内在维度和外在维度之间的平衡是偏向于前者的。他似乎热爱自尊胜过热爱公共敬重，无意追求名望，即便是亚历山大·汉密尔顿或者乔治·华盛顿或者亚伯拉罕·林肯的那种有原则的名望。不过他当然也不是一名隐士。尽管他表面上似乎对各种公共荣誉缺乏兴趣，

① Washington, “Early Problems of Freedom,”, 395.

② 出处同上，388。

③ 出处同上，395。

④ 转引，出处同上，395f。

⑤ Washington, “Early Problems of Freedom,” 396.

但他的野心仍然包含一种特别公共的维度。比如他让自己在公共舞台中成了一个名人，而且他也追求政治影响力。事实上，尽管他自称从没这么做，但是自19世纪70年代以后，与他同时的一些批评者纷纷指责他为了获得职位而过分忠诚于共和党，从而放弃了他早期的激进主张[①]。无论他的批评者在这方面说得对不对，他很明显地着意培养起了诸如口才、学问、魅力之类的公共品质。通过让自己变得与众不同，这些品质为他所推动的原则带来了差异。就算他并没有把名望本身作为目的加以追求，他还是赢得了名望，并且运用名望来促进他的事业。此外，对于自己的名望将会如何影响到事业的成功，他也并非一无所知。他把自己看作，而且希望自己被别人看作，“所有人，尤其是黑人的榜样和对他们的鼓舞”[②]。用一位历史学家的话说，他是一位“自觉的英雄”[③]。

道格拉斯矢口不提作为个人动机的对名望的热爱，一个原因或许在于，作为一个黑人，他深知作为名望来源的公共舆论是多么地善变。有一次他乘坐一趟满员的火车从波士顿去往新贝德福德，上车后他试图坐在一个白人乘客身边的空座上。此人拒绝让他入座，情绪激动到甚至要舍弃自己的座位。不久之后，道格拉斯的一位熟人，克利福德上校，走过来跟他问好：

> 他在对我问好时显然毫不在意自己的军衔，表现出老朋友才
> 有的那种亲热。这种态度当然没有逃过我身边那位一个小时前 154
> 刚刚被我最严重地冒犯过尊严的先生的火眼金睛。克利福德上校
> 是布里斯托尔郡中众所周知身份最尊贵的绅士；显然有人觉得，我
> 一定是个什么大人物，要不然我怎么可能被这样杰出的人注意到

① 见 Wilson Moses, “Where Honor Is Due: Frederick Douglass as Representative Black Man,” *Prospects*, 17 (1992): 177—189。

② Martin, *The Mind of Frederick Douglass*, 253.

③ 出处同上，272。

呢。[①]

马上,在两人分别之后,道格拉斯“发现自己身边突然围上来一大堆朋友;在这些人里,我那位刚才被我冒犯的朋友站得离我最近,并不断为他刚才的无礼而向我道歉”[②]。道格拉斯从这件事得出结论,白人公众给予黑人的尊重完全是建立在“骄傲和时髦”的基础上的[③]。在同一段中,他还回忆说,他“曾经听到一位长得很普通的人(他长着一副斗鸡眼,五官也以非常笨拙的方式凑到一起)说过,只要公众意见一发生改变,他就可以直接成为一个帅哥了”[④]。名望、出人头地、各种公共荣誉,对于被边缘化的群体的一员来说,这些都是特别靠不住的东西。就连在道格拉斯已经赢得公共地位,比如当选为效忠者大会的代表之后,这种地位也常常伴随着公共蔑视甚至暴戾的敌意。从某种程度上说,这是民主社会中杰出个体一直都要面对的问题,因为民主的公民们倾向于憎恶高人一等的公共标识,就算这些标识是他们亲自赠予这些人的。但是就边缘群体的成员而言,拥有公共地位便显得更加危险,因为他们受到的憎恶会更加猛烈。在某些人看来较为低等的群体,其中的成员居然可以高人一等,这种暗示往往被属于多数群体的人们(尤其是其中那些对自己的地位和能力有所怀疑的人)看作是一种特别的冒犯。对像道格拉斯这样的人,各种公共荣誉不但不可信赖,而且具有潜在的致命性。

此外,至少在 20 世纪 60 年代彻底废除吉姆·克罗法[⑤]之前,美国

---

① Douglass, *My Bondage*, 404.

② 出处同上,404f。

③ 出处同上,405。

④ 出处同上。

⑤ 吉姆·克罗是 19 世纪美国流行音乐中典型的一个丑化了的黑人形象。美国内战后,联邦一度试图对南方进行重建,通过一系列立法甚至宪法修正案来保护南方黑人的权利,但随着 1877 年最后一支联邦军队的撤离,南方旧势力迅速卷土重来,夺回了政治权力。南

黑人一直面临着制度化的公共羞辱，因此像道格拉斯这样的一位黑人青年，根本没有多少理由把目光放在各种公共荣誉上。对一个奴隶而言，像美国国父们曾经希望的那样，通过伟大的成就赢得人民、国家、后代的仰慕，这种念头实在太不靠谱了，根本不可能作为行动的严肃动机。所以各种公共荣誉的遥不可及就成了道格拉斯专注于荣誉内在维度（尤其是骄傲与自尊），而非外在的公共声望的另一个原因。这些品质在道格拉斯身上是得到高度发展的。在另一次乘坐火车的旅途中，他因为自己的肤色，而被强迫在运货车厢的角落里坐了几个小时。布 155
克·华盛顿后来重述这个故事道：

> 一位朋友走进货车厢安慰他，对他说道，自己痛恨看到像他这样一个智力出众的人沦入这种受人侮辱的境地："我为他们贬损了你而感到羞愧。"但道格拉斯在座位上挺直了身子，看着他朋友的脸，说道："他们贬损不了弗雷德里克·道格拉斯。"所以说，如果一个人不肯自损，别人就贬损不了他。[①]

道格拉斯拒绝把白人社会的观感当作自己个人价值感的基础，这反映出他对自尊的看重远远超出对公共声望的看重。在这种拒绝之中，以及在华盛顿关于"没有人能够贬损一个（不肯自损的）伟大人物或伟大种族"的论断中，隐含着对自我控制的一种夸口式的张扬。无论一个人的性格多么坚强，假如他一辈子遭受的都是不公正的待遇，这种坚强到头来也一定会消磨殆尽。但这夸口却是一种高贵的夸口。它让我们

---

方各州纷纷制定法律推行种族隔离，以各种手段限制黑人选举权、阻碍黑人参与公共事务等等。这些种族歧视的法律被泛称为吉姆·克罗法。直到 1964 年《民权法案》、1965 年《选举权法案》获得通过，南方各州的吉姆·克罗法才被彻底推翻。——译注

① Booker T.Washington, "On Making Our Race Life Count in the Life of the Nation," 载 *African-American Social and Political Thought*, ed. Brotz, 382。

想起国父们曾说过的,美国体系通过抵御暴政“维护了人类的荣誉”,而他们所说的暴政既包括专制者的暴政,也包括自然与环境的暴政。对人类独立性的吹嘘和夸大,是对自然、环境,以及暴君们的真实力量的光荣回应,因为只有如此,以个体和集体的自我管理的方式进行的抵抗,才变得可以想象。类似地,在充满偏见的多数人所施加的公共贬损面前丝毫不为所动,这种高贵的夸口代表了对不义的真实力量的一种光荣回应。它使抵抗不义所需的政治能动性变得可以想象。当然,要让这种抵抗变得可能,还必须要有配套条件和运气。荣誉的夸口式的道德心理本身是不完备的,但它是政治能动性的一个强有力的组成部分。道格拉斯的例子同样说明了骄傲如何能够与民主平等相调和,因为它显示出,一个人可以超乎寻常地骄傲,同时又不拿着这种骄傲到别人头上逞威风。道格拉斯确有一种优越感,他知道自己比白人社会所以为的他要来得高贵得多,但这种优越感并没有把其他任何人(更不用说任何固定的阶层)贬损到低人一等的地位上去。而且他的优越感的政治效应也是去促进更多的平等,而非维系不平等的存在。骄傲与政治平等之间这种调和的可能性,正是托克维尔在劝导现代民主人多一
156 点骄傲时没有任何迟疑的原因所在。

在缺乏公共尊重的条件下对自尊加以有力的声张,是道格拉斯荣誉的核心特征之一,也与南方式荣誉构成了截然的对比,后者往往被公共声望的外在维度所主宰。当某些阶层的人们总是被保证能够获得公共声望,譬如在美国南方以及旧制度中那样时,荣誉的外在维度往往就会占据荣誉的全部。相反,当公共声望特别不可靠时,荣誉的内在维度就自然而然地占得了先机。在这个方面,边缘群体的成员中的荣誉,便突出了一般意义上民主荣誉的一大特征,也就是荣誉与良心相关的各个面相的相对优势,尤其是对一个人自身的义务感,以及对自尊的欲求。

尽管道格拉斯看重自尊胜过各种公共荣誉,但他对公共舆论也保持着充分的合拍,以便有效地为其种族鼓呼。他雄辩的口才、优雅的外

表，“伟大的个人魅力”，以及对权势人物施加影响的能力，通通都表现出了其性格中公共的或者说外视的维度。尽管根据华盛顿的说法，道格拉斯“远远比其他一些最坚定的废奴主义同道都更激进”，但他总是会很小心地照顾到多数人的看法（和恐惧）。因此在为黑人选举权辩护的时候，“他总是宣称，政治平等与社会平等是不同的两件事。他极力澄清说，选举权并不意味着黑人会在蓄奴州占据主宰地位，如果白人中最优秀的人物能够智慧地承担起领导黑人的任务的话”[①]。但是他也会毫不迟疑地对安德鲁·约翰逊总统的“不恰当的、充满偏见的”看法做出直接而公开的指控，或者在国会面前公开批评那些他认为对自己种族不利的措施[②]。他把对自己原则的捍卫，和对多数意见的吸引（但不是敬畏）结合了起来，因为他知道自己不能够无视后者。这种结合便产生了与林肯相似的一种政治节制。比起林肯来说，道格拉斯更乐于直言不讳地谴责多数人的意见，而且他对林肯在这方面的过分沉默（在道格拉斯看来）也经常提出批评[③]。但是与林肯的节制一样，道格拉斯的相对节制在促进改革上被证明是有效的，这些改革比单靠多数人自己所能想象的任何东西都要激进，而又比单靠激进派自己所能实现的东西要有效得多。尽管道格拉斯并没有把自己和对名望的热爱联系起来，也 157
并没有在追求公共认可上投入太多精力，但他的荣誉感还是有着充分的外视性，从而处事周到，足以成为有效政治行动的源泉。

这种外视性同样把荣誉与个人良心区分了开来，后者不必对别人的看法有任何兴趣，因此也就容易变成一种狂热。道格拉斯当然是一个有良心的人，但他也绝不仅仅是一个有良心的人。他不但处事周到，而且还受着《独立宣言》中所包含的公共原则的指导，在公共行动中捍

① Washington, “Early Problems of Freedom,” 389.

② 出处同上，390，392。

③ 譬如见道格拉斯 1876 年在自由民纪念碑揭幕仪式上的演讲。对这一点的进一步讨论，见 Storing, “Frederick Douglass”。

卫这些原则，并以政治改革为目的。而且良心这个范畴也无法抓住作为道格拉斯特征的骄傲与高昂野心，把这些品质与荣誉相联系是更为恰当的。道格拉斯的荣誉不同于孟德斯鸠笔下的荣誉，而且也不是原则与公共声望之间的完美平衡。但是恐怕这种不那么完美的平衡才是更适应于他所在的环境的。他的荣誉是能动性的更加有力的源头，因为在一个不管他做什么都无法合理地依赖于各种公共荣誉的世界中，他的荣誉感对这些公共荣誉本来就不那么关注。不过尽管道格拉斯的荣誉在某些方面不同于早期的荣誉形式，但其各种特征仍然是清晰可辨的。布克·华盛顿把道格拉斯称为“荣誉的灵魂”，实在是一语中的。高昂而有原则的野心、骄傲、对压迫性权力的勇敢抵抗，以及对自尊的欲求，这些都抓住了荣誉作为一种性格品质的关键特征，并使其成为政治能动性的重要来源。

杜波依斯在 1903 年写道：“放眼当今，对《独立宣言》中纯粹人类精神的最真格的倡导者，非美国黑人莫属。”他说，在“金钱与奸诈的沙漠”中逐渐迷失方向的美国白人，早已自我陶醉在他们的自由之中。对他们而言，建国原则已经失去了它们的迫切性。自由作为目的本身，已经被在其基础上发展起来的物质繁荣所掩盖。相反，美国黑人仍然对《独立宣言》中的承诺保持着“简单的信仰与敬畏”，因为他们仍然必须要为实现这些承诺而奋斗。杜波依斯认为，尽管美国政治体拒绝完全地接纳黑人，但黑人在某种意义上才是它最真实的公民，或者说是对其建国精神最为真诚的公民。弗雷德里克·道格拉斯的荣誉让这种精神复活，对美国造成了深刻而持久的影响。不过道格拉斯并非一个人在
158 战斗。在同一时期，美国的第一波女权主义浪潮也在兴起，表明女性也在为实现美国建国的承诺而奋斗，而她们的奋斗也同样依赖于她们的荣誉感。

# 荣誉和自我主权:伊丽莎白·凯蒂·斯坦顿与苏珊·布朗内尔·安东尼

历史上,荣誉(至少本书中所讨论的荣誉类型,亦即鼓舞着冒险施展个体能动性以捍卫自由的那种高昂而有原则的野心)主要是与男性相联系的。直到相当晚近的时候,政治与战场(荣誉的传统场所)都一直是被男性主宰的。因此毫不令人意外,我们更经常看到、并且赞美男性(而非女性)表现出与这些实践相联系的性格品质。传统上一般把女性的荣誉等同于贞洁,或者是对男性的谦恭。当然,如果说女性不能够具备那些与广义上的贵族式荣誉相联系的品质,比如高昂的野心、勇气、对原则的捍卫、对出人头地的追求、对一个人自身的义务感、骄傲、独立、自我作主等等,那就大错特错了。但是荣誉与作战英勇,或者身体强壮之间的传统联系,确实让很多人以为女性从生理上就不适合于作为一种性格品质的荣誉。所以曾经有某位评论家把荣誉归为具有内在男子气概的一类东西,其理由是它本质上等同于"杀戮的本能"[①],一种在他看来只有雄性物种才会具备的本能。人类不同性别的性格与行为背后的生物决定论问题超出了本书的探讨范围,但把荣誉等同于一种杀戮的生物本能,是完全错误的。至少在现代世界中,荣誉总是覆盖着厚厚的历史与习俗积淀,而且既通过有原则的准则的形式受到理性的调节,也通过各种公共荣誉的形式受到社会的调节。孟德斯鸠笔下有荣誉心的士兵,奥尔特子爵,之所以体现了荣誉,恰恰是因为他拒绝杀戮无辜之人,而不是对杀戮的生物本能机械地作出反应。而且孟德斯鸠本身也并没有把荣誉的例子局限于战士的英勇。如我们已经看到的,他笔下的"士君子"主要并非战争的人,而是社会的人,是被既有的、固定的法律以及18世纪的法国风尚给精致化、文雅化(甚至可以说阴

① Stevens, *Pistols at Ten Paces*, 1.

159 柔化)的人。更一般地说,荣誉作为一种性格品质的界定特征之一,就是拒绝被诸如自我保存的本能之类的生物本能所决定。荣誉体现着对自我控制的一种声张,既反抗政治专制者的命令,也反抗历史、社会,以及自然本身的非人格力量的支配。我们完全可以在不走到后现代主义极端否定人性的那一步的前提下,质疑把荣誉化约为对生物必然性的表达的做法。

就算是血气之勇(在和科维的打斗中,弗雷德里克·道格拉斯把血气之勇与他的荣誉以及"男人的气概"联系了起来)对女性来说也并不陌生①。道格拉斯本人就描述了和他住在同一个种植园的一个名叫内莉的女奴的"高贵抵抗",这个事件与他自己从奴隶制中"重生"到相对自由的境界的经历并没有太大不同。种植园监工要为内莉的"无礼放肆"而惩罚她,这个指控在道格拉斯看来倒并不是莫须有的,因为"在内莉身上存在着犯下这种过失的所有必要条件"。他仰慕地说道,她是"一个生气勃勃、充满活力的女人,是整个种植园里最有可能犯下无礼放肆这种罪过的人"②。监工开始鞭打她后,她尖叫起来,并且咒骂他。当道格拉斯到达现场时,"内莉正在极力地反抗"。道格拉斯回忆道,监工的脸上因为扭打而"留下了数不清的血印",包括"内莉指甲的抓痕"③。尽管她进行了"高贵的反抗",她还是被"重重地鞭打了"④。但是就算她的背上"流满了鲜血",她仍旧"没有屈服,继续谴责着监工,用各种难听的话骂他。他把她打得皮开肉绽,却丝毫不能征服她顽强的精神"⑤。如果

① 尽管道格拉斯常常把"(男)人的气概"与身为男性相联系,但是其所包含的自尊与荣誉却是来自"从被奴役境况中挣扎出来,从而根本上从生来的境地中挣扎出来"的成就。"这种斗争……以自尊和荣誉的名义,将字面上的(换言之,生物意义上的)生存置于风险之中。" R. King, *Civil Rights and the Idea of Freedom*, 79. 金同样也讨论了与民权运动中黑人女性的荣誉感息息相关的"冲突模式的自由",见同书第 79—81 页。

② Douglass, *My Bondage*, 92.

③ 出处同上,93。

④ 出处同上,95。

⑤ 出处同上。

说在道格拉斯对科维的反抗中有种初生的荣誉，那么在内莉的反抗中同样也有着荣誉。另外，还可以考虑一下玛莎·狄金森的例子。作为公开拍卖市场上待售的一名女奴，她对一名买家侮辱性的戳戳探探进行了反抗。如一位历史学家所说，当买家把手伸进她嘴里检查她的牙齿时，“她一口把他的手指咬得见骨”，也因此遭来了一顿毒打[①]。

无可否认，在前现代时期，由于荣誉被等同于武力，被认为直接派生自在战斗中打倒敌人的能力，因此男性相比于女性而言在体格与力量上占据的优势，加上女性被禁锢在家庭生活之中，使得人们在荣誉与男子气概之间建立了一种天然的联系。但在美国民主制中，荣誉与政治勇气之间的联系，一直都不弱于其同作战英勇或体格强壮之间的联 160
系。而荣誉也确实可以在美国历史上那些高贵的女性（尤其是那些超越了传统女性角色的限制、在公共层域中行动的改革者们）身上找到，正如伊丽莎白·凯蒂·斯坦顿以及苏珊·布朗内尔·安东尼的人生所表明的那样。这些女性展示了高昂的野心、对原则的勇敢捍卫、对出人头地与自尊的欲求，以及对一个人自身的义务感，这些都使得荣誉成为能动性的如此强大的发条。除此之外，她们还极力从自身内部召唤荣誉并在此基础上行动，而不依赖于各种公共荣誉的承诺，即便在面对强烈社会反对时也是如此。当然，她们也追求公共认可与个人的出人头地，但是与林肯、华盛顿、杰弗逊这些男性不同，唤起她们高昂野心的，并非对声望的合理希冀，点燃她们高昂野心的，并非她们同时代人的仰慕。尽管林肯因为他“激进”反奴隶制立场的内容而受到攻击，但他毕竟从未因为挺身而出公开捍卫自己立场的举动而遭到鄙夷。在这个方面，女性的公共荣誉（与黑人改革家的公共荣誉一样）是双倍地超乎寻常的，因为它代表着对两个方向的同时抵抗——既抵抗侵蚀性权力，这种权力否定了她们自由平等的权利；又抵抗公共舆论的暴政，这些舆

① Greenberg, *Honor and Slavery*, 39.

论因为她们的抵抗行动本身而对她们大肆嘲讽。

如果说在内莉的初生的荣誉中,我们依稀可以窥见一名士兵的血气之勇的影子,那么在伊丽莎白·凯蒂·斯坦顿与苏珊·布朗内尔·安东尼这些女性活动家的荣誉中,则体现着伟大改革者的政治勇气。斯坦顿曾经说过,宁可"忍受偶尔的侮辱或干脆直接死去,也不能过一种**懦夫**的生活,或者只要没有保护者就寸步不敢挪动。一个女性能够拥有的最好的保护者,一个能够在任何时间任何地点服务于她的保护者,就是她自己的**勇气**"①。斯坦顿与安东尼是19世纪美国女性权利运动最著名的代表,尽管两人在性格气质与政策着重点上都存在差别,但她们在荣誉方面有着充分的相似,足以让本书把她们放在一起加以讨论。两人都是具有高昂野心与非凡勇气的女性,而且也都对美国式信念有着深刻的执着。她们的野心受着《独立宣言》所阐述的原则的指导,她们之所以挺身反抗美国家庭、社会与政治中未受充分限制的男性权力,正是为了让女性获得那份文献中所承诺的各种自由。她们追求的是斯
161 坦顿所谓的"自我主权",或者说塑造她们自身命运的能力。她们试图到达美国社会中"荣誉的最高位置",这既是为了满足她们自己的野心,也是为了给其他女性打开通往自我主权的大门。与建国者们一样,她们坚持"其改变社会并影响历史的权利与能力",并且声称在对自身的义务感的基础上行动,而对一个人自身的义务感正是荣誉的核心特征之一②。

毫无疑问,由于荣誉与作战英勇之间常见的联系,斯坦顿与安东尼两人都频繁地援引军事比喻,并将她们自己与士兵相类比。当安东尼

① Elizabeth Cady Stanton, "Address to the Woman's Convention, Held at Akron, Ohio, May 25, 1851," 重印于 *The Female Experience: An American Documentary,* ed. Gerda Lerner (Indianapolis: Bobbs-Merrill, 1977), 416。强调字体为原文所有。

② Ellen Carol DuBois, ed., *Elizabeth Cady Stanton, Susan B. Anthony: Correspondence, Writings, Speeches* (New York: Schocken, 1981), "Introduction," xiii.

请求斯坦顿帮她写一篇演讲稿以便在1856年纽约州教师会议上发表时，她要她的朋友“**帮我的枪上好膛**，以便我只需要扣动扳机，就能让子弹飞射”[①]。她经常提到“为了选票，打响我们的战役”[②]，而在1857年，当斯坦顿因为生下第七个孩子而长期卧床不起时，安东尼写信给她说道：“哦，斯坦顿女士，我的灵魂是多么渴望在伟大的战场上与你重逢啊。这样的时刻何时将会到来？”[③]同样，斯坦顿也提到，必须不断“把我们的枪口朝向新的堡垒”，这样一来“无论是哪个地方、哪个阶层的女性遭受苦难，无论是在家里、在教会、在法庭上、在工作场合、在法律典籍中遭受苦难，人们都能听到有一个声音在代表她们发出抗议”[④]。两位女性都援引了国父们的光荣精神，把自己称为“1776年革命英雄们的女儿”[⑤]。通过把自己等同于士兵，她们象征性地对荣誉加以声张，而对军事比喻的运用则表明，她们认识到了她们这一工程的危险和艰巨。安东尼晚年曾对一位年轻的妇女参政论者勉励道：“采取立场，并坚持之；然后该来的就让它来吧，像一名好士兵一样承受打击”；不过当她说这番话时，她想到的是政治勇气，而非血气之勇。“你唯一需要害怕的，”她说，“是没能和你相信正确的事情站在一边。”[⑥]

她们所采取和坚持的立场，最早公开见诸1848年在纽约州塞尼卡

① Susan B. Anthony, letter to Elizabeth Cady Stanton, 5 June 1856, 载 *Correspondence, Writings, Speeches*, ed. DuBois, 62。

② Susan B. Anthony, “Constitutional Argument,” 载 *Correspondence, Writings, Speeches*, ed. DuBois, 165。

③ Anthony, letter to Stanton, 29 September 1857, 载 *Correspondence, Writings, Speeches*, ed. DuBois, 67。

④ Elizabeth Cady Stanton, “Address to the Founding Convention of the National American Woman Suffrage Association,” February 1890, 载 *Correspondence, Writings, Speeches*, ed. DuBois, 226。

⑤ Elizabeth Cady Stanton, “Address to the Legislature of New York on Women’s Rights,” 14 February 1854, 载 *Correspondence, Writings, Speeches*, ed. DuBois, 44。

⑥ 转引自 Anna Howard Shaw, “The Passing of Aunt Susan,” 载 *Correspondence, Writings, Speeches*, ed. DuBois, 260。

福尔斯召开的女性权利大会中，由斯坦顿执笔的《感伤宣言与决议》。这份文献以《独立宣言》为基础，试图将后者的承诺明确地应用于女性。在这一点上，她们所展现的荣誉形式与本章以及前一章所探讨的美国公共荣誉的形式是相一贯的[①]。“我们认为以下真理是不言而喻的，”斯坦顿写道，“所有男人和女人都生而平等；造物主赋予他们和她们若干
162 不可剥夺的权利；其中包括生命、自由，以及追求幸福的权利；为了保障这些权利，人类才在他们以及她们之间建立政府，而政府的正当权力，是经被治理者的同意而产生的。”[②]《感伤宣言》反对将美国白人女性排斥在选举权之外，这种排斥使她们“被迫……服从于一部她们对其制定毫无发言权的法律”。宣言中也对其他现象提出了反对意见，这些现象既包括法律上的“夫妻一体”原则，这个原则意味着“男人们”让已婚女性“在法律眼中成了民事意义上的死人”；也包括男人“从女人手中夺走了所有财产权，甚至对她们挣来的工资的处置权”的事实；包括“他们封锁住了她们通往财富与出人头地的所有道路，把这两者当作属于他们自己的最光荣的东西”的事实；包括“他们否定了她们获得完整教育的机会，所有大学都不向她们开放”的事实；以及包括“他们垄断了几乎所有收入丰厚的职业”的事实。最后，这份文献宣称，男人一直“以他们能够做到的各种方式，试图摧毁（女性）对其自身力量的信心，削弱她们的自尊，使她们心甘情愿地过着一种依附他人的、卑躬屈膝的生活”[③]。这些罪行加在一起，就构成了“男人对女人反复伤害与蹂躏的历

---

① 并非美国历史上所有有荣誉心的女性都分享这种特殊的荣誉形式，或者把她们的野心系于这一系列原则。对某些女性来说，荣誉感系于更传统的、专为女性而设的行为准则与活动领域。

② Elizabeth Cady Stanton, Lucretia Mott, et al., “Declaration of Sentiments and Resolutions,” 载 *From Many, One: Readings in American Political and Social Thought*, ed. Richard C. Sinopoli (Washington, D.C.: Georgetown University Press, 1997), 119。

③ 出处同上，120。

史，其直接目的是建立对她们绝对的暴政”[①]。

当斯坦顿与安东尼说到男性的“暴政”时，她们的意思并不是说所有男人都是残暴的家伙。她们用“暴政”一词所指的，和弗雷德里克·道格拉斯以及国父们（甚至孟德斯鸠）用这个词所指的根本上是同一种东西：专断权力。“我们并非提议向议会情愿，以便让我们的丈夫变得公正、慷慨、勇敢，让每个男人都坐在摇篮前帮着照顾孩子，或者让每个女人都穿上男人的装束，”斯坦顿对塞尼卡福尔斯的集会成员说道。“这些事情不管在男性领导人看来多么重要，都不在本次大会所触及的重点上。”她继续说道，与此相反：

> 我们在此集会，是要抗议一种未经被治理者同意而存在的政府形式，是要宣布我们有权像男人一样自由，要在我们交税支持的政府中获得代表，要（废除）所有可耻的法律，这些法律给了男人惩罚监禁他的妻子、夺走她挣来的工资、她继承的财产，以及在分居时夺走她所爱的儿女的权力；这些法律使她只能指望靠着他的宽大仁慈而生活。[②]

倘若女性没有平等的公民权与政治权，则男性个体对女性个体的权力便不会受到有效的制约。在这种条件下，能够阻止男人滥用他们权力的，便只剩下他们的大发善心了。早期的妇女参政论者很清楚，美国有许多好心的男性和公道的丈夫，但她们和孟德斯鸠、托克维尔，以及美国国父们一样，并不认为善心能够充分地制约政治权力。“有谁曾 163

① Elizabeth Cady Stanton, Lucretia Mott, et al., “Declaration of Sentiments and Resolutions,” 载 *From Many, One: Readings in American Political and Social Thought*, ed. Richard C. Sinopoli (Washington, D.C.: Georgetown University Press, 1997), 119。

② Elizabeth Cady Stanton, “Address Delivered at Seneca Falls,” 载 *Correspondence, Writings, Speeches*, ed. DuBois, 31。

经见过一个人不会对无限制的权力加以滥用?"她们问道[①]。她们把《联邦党人文集》的逻辑加以拓展:《联邦党人文集》认为,假如(男)人是天使的话,就没必要对他们的权力施加任何外在的制约;但既然(男)人不是天使,就必须找到有效的机制,以便对他们相互能够做出的举动加以限制。斯坦顿和安东尼论证道,仅仅防止男人相互之间的支配是不够的;还必须防止他们支配女性。

因此《感伤宣言与决议》要求让女性"马上获得她们作为美国公民应当具有的所有权利和特权"[②]。这份文献明确呼吁美国人回归这个国家赖以建国的自由平等原则,并把这些原则阐释得将女性包括在其范围之内[③]。将近二十五年以后,安东尼的演讲"宪法论证"同样采取了诉诸《独立宣言》与宪法的方式;并且在她们的一生中,两人都一直援引"不可剥夺的权利"的理念,或者斯坦顿所谓的"在自我主权方面生而具有的权利",来作为她们奋斗的指导原则[④]。正如斯坦顿在1888年所说,一直以来她们的目标都是"在新世界建立这样一个政府,其中我们的宪法与《独立宣言》的正当原则能够得到完全的实现,其中没有特权阶级,只有所有人的平等权利"[⑤]。

如果说指导她们奋斗的是原则,那么驱动她们奋斗的则是野心。斯坦顿与安东尼两人都是极其有野心的女性。两人都在女性公共活动的早期论坛(比如禁酒运动与废奴运动)中追求过领导地位。正如一位历史学家注意到的,参与这些论坛为女性提供了"(她们)在当家庭教师

① Stanton, "Address to the Legislature of New York on Women's Rights," 49.

② Stanton, "Declaration of Sentiments," 120.

③ 因此米洛夫注意到,斯坦顿同时既颠覆又实现了传统的美国价值。Miroff, *Icons of Democracy*, 126.

④ Stanton, "Address to the Legislature of New York on Women's Rights," 46; and Elizabeth Cady Stanton, "The Solitude of Self," 载 *Correspondence, Writings, Speeches*, ed. DuBois, 247。

⑤ Elizabeth Cady Stanton, "Address of Welcome to the International Council of Women," 载 *Correspondence, Writings, Speeches*, ed. DuBois, 215。

之外更广泛的工作领域”，几乎是当时向有职业野心的女性（或者那些职业野心超越于家庭工作之外的女性）开放的唯一有名誉的职业[①]。在1852年致女性刊物《百合》的一封信中，安东尼写道：“我访问过的几乎每个村镇都成立了辅助禁酒协会，女人们纷纷开始感到，她们终于可以 164
在禁酒事业中做点什么事情，女人们可以像在家庭圈子里一样，在公共场合发言和行动。”[②]不过当她们因为试图推动其女性选举权项目，而在1853年被驱逐出纽约州妇女禁酒协会之后，斯坦顿与安东尼就把她们的野心完全集中在女性权利方面上了[③]。她们的野心是托克维尔意义上的“伟大”野心，因为她们和国父们一样，寻求的是成为“历史的推动者”而非它的“卒子”。具体而言，如安东尼所说，她们想要让女性“在职业的世界中，在农业、制造业、机械、发明、艺术与科学中”展示出“她们对平等的声张”，“在教育、文学，以及政治中”确立她们的地位，并“通过她们自己双手与大脑的辛勤工作，通过选举与任命，在实际获得荣誉与报酬的最高位置上”抢占一席之地[④]。她们有一种贵族式的骄傲（尽管这种骄傲披着民主的外衣），拒绝别人强加在她们生活中的限制，试图为她们自己以及她们的同性博取更多东西，甚至包括“荣誉与报酬的最高位置”。不这么做，在“自尊的女性”眼里便是“令人反感”的，安东尼说到[⑤]。

斯坦顿与安东尼不但想要博取更多，而且想要成就更崇高的东西：对美国建国原则更完美的实现。她们试图为女性争取“那些……比生命本身更珍贵的权利（已经深深渗入血液之中的权利），而对这些权利

① DuBois, “Introduction,” 16.

② Anthony, letter to *The Lily*, 26 August 1852, 载 *Correspondence, Writings, Speeches*, ed. DuBois, 40。另见 DuBois, “Introduction,” 16f., 21。

③ DuBois, “Introduction,” 17.

④ Anthony, “Homes of Single Women,” 载 *Correspondence, Writings, Speeches*, ed. DuBois, 148。

⑤ 出处同上。

的维护现在甚至在旧世界的各个王国中都开始有了基础”[①]。斯坦顿于1854年告诉纽约州议会：“你们的法律仅仅允许我们活着，允许我们呼吸，允许我们获得生活的必需品，这对我们来说是不够的。”[②]美国女性衣食无忧，但缺少自由，而为了自由，斯坦顿“要求全面承认我们作为帝国州[③]的公民的所有权利”[④]。这种精神正是托克维尔希望能够在现代民主制中涌现（即便只是偶然涌现）的对自由的“贵族式”热爱，它绝不满足于物质上的舒适，而是挺身捍卫作为目的本身的自由。自由，或者说“自我主权”，是早期妇女参政论者的伟大野心。她们自称是“1776年英雄们”的“女儿”，继承了美国革命的遗产，因为没有自由的生命对她们来说是不够好的[⑤]。“只要精神上还受着奴役，”斯坦顿在1888年对国际妇女理事会说道，“那么不管是关在想要什么就有什么的金笼子里，
165 还是流浪在死气沉沉的人生荒漠之中，其实都没有什么两样。”[⑥]斯坦顿与安东尼具有对荣誉来说极为重要的高昂野心；她们想要站起来，她们想要美国女性作为一个整体站起来，而指导她们野心的则是《独立宣言》中所阐述的原则。

正如杰弗逊对所有美国人的描述那样，她们“心灵过于高傲，以至于无法忍受（任何）屈辱”，只愿意接受自治。1872年，安东尼在因为参与投票而遭到逮捕之后指出：“女性正在没有代表的情况下被征税，在未经她们同意的情况下被治理，在缺少由她们参与的陪审团的情况下被审判、定罪、惩罚。”她注意到，对“自由政府……的伟大基本原则”的这些严重侵犯，曾经驱使着“我们革命时代的国父们奋起反抗英王乔

① Stanton, “Address Delivered at Seneca Falls,” 33.

② Stanton, “Address to the Legislature of New York on Women’s Rights,” 45.

③ 纽约州的别称。——译注

④ Stanton, “Address to the Legislature of New York on Women’s Rights,” 45.

⑤ 出处同上，44。另见米洛夫，强调对于斯坦顿而言，法律改革的目标并不仅仅是女性的利益，而在于她们作为目的本身的自由与尊严。Miroff, *Icons of Democracy,* 133.

⑥ Stanton, “Address of Welcome to the International Council of Women,” 210.

治”。“我们今天的民主共和政府之下的所有这些暴政对女性造成的侮辱与损害，”她质问道，“比起一百年前他们的贵族君主政府之下同样的暴政对男性造成的侮辱与损害，难道会少上一丝一毫吗？”[1] 出于自尊，她拒绝忍受这种侮辱与损害。斯坦顿认同安东尼这种适当的骄傲，在其回忆录里把安东尼称为“那位具有伟大灵魂的女性”[2]。与安东尼一样，斯坦顿认为在“屈从于别人的绝对意志”的情况下，“不可能有真正的尊严”，“没有自由，便没有幸福。”[3] 她说，“继续沉默地屈从”，对“女性的尊严”而言是一种“太过严重的侮辱”[4]。

斯坦顿鼓励女性“对自己作为文明中的一分子有着恰当的理解”[5]，或者用托克维尔的话说，有着更多的“骄傲”[6]。“让（女人）知道，她的精神能够达到和男人的精神一样高的层次，”她在塞尼卡福尔斯勉励道，“知道她的灵魂和男人的灵魂一样需要纯粹高贵的食粮。”[7] 她从不否认家庭德性与实践（包括生儿育女在内）的内在价值，但她反对把女性完全限定在家庭层面之内。她认为每个女人都有义务去追求其精神所适合的最高层面，无论它具体是什么。这样做是一种“对自己的公道”，斯

① Anthony, “Constitutional Argument,” 163.

② Elizabeth Cady Stanton, *Eighty Years and More: Reminiscences, 1815—1897* (New York: T. Fischer Unwin, 1898), 187.

③ Stanton, “Address Delivered at Seneca Falls,” 34.

④ 出处同上，32。

⑤ Stanton, “Address of Welcome to the International Council of Women,” 209.

⑥ 伊丽莎白·格里芬注意到，斯坦顿“最显著的特征是她的自信”。Elizabeth Griffin, *In Her Own Right* (New York: Oxford University Press, 1984), xiv.

⑦ Stanton, “Address Delivered at Seneca Falls,” 3. 在其以下著作中，斯坦顿把夏娃刻划成一个有着“崇高野心”的女性，受到“人类心灵最高奋斗”的驱使。Elizabeth Cady Stanton, *The Woman's Bible* (Boston: Northeastern University Press, 1993), 24—25. 像林肯以及美国国父们一样，她为追求出人头地的热情辩护，将其视为政治生活中一个有价值的动机。见 Miroff, *Icons of Democracy,* 148—149。如格里芬所指出的，斯坦顿的自传是一份自觉的“英雄主义”建构物，她以历史和英雄主义的语词来想象自己，完全期待着被历史所铭记。Griffin, *In Her Own Right*, xvii, xix.

坦顿说[①]。通过主张并运用自由平等原则所辩护的权利,而极力依循自由平等原则而生活,这是每个女性该当为她自己而做的事。斯坦顿对乔治·华盛顿所谓的"对我自己的公道"相当关切,这种动机驱使她采取勇敢无畏的行动以捍卫她的原则。尽管她骄傲的自我张扬有时候带
166 有一种高人一等的味道,但她同样也试图在别的女性身上鼓励这种气质,而且她之所以这么做,恰恰是因为看到了它在政治能动性方面的强大效应[②]。斯坦顿与安东尼召唤着在物质充足之中酣睡的美国(中产阶级白人)女性,,试图让她们醒来争取自由。

尽管她们拒绝把物质充足当作目的本身,但斯坦顿与安东尼都认识到,它是自由的一个关键条件。安东尼在捍卫女性的"财务独立"方面尤其活跃[③]。她在演讲中引用亚历山大·汉密尔顿的话,他"早在一百年前就说过:'假如你夺走了我对生活必需品的权利,那么你就对作为道德存在的我具有了绝对的权力。'"[④]财产权,加上"控制她自己的人身"的权利与"对她自己的收入的所有权",构成了早期女性权利平台的核心部分。斯坦顿在1853年对纽约州议会中的男人们说道:"你们的手中都掌握有自我保护的手段。我们却没有。法律给了男人占有他能够得到的所有东西的权利,也给了男人占有我们得到的所有东西的权利。新的财产法保护了我们继承的东西,却没有保护我们一起挣来的东西。"[⑤]女性和男性一样,需要法律和经济上的基础,才能够实现一位历史学家所谓的"光荣的独立"[⑥]。斯坦顿与安东尼同样呼吁获得"完备

① Stanton, "Address Delivered at Seneca Falls," 29.

② 关于斯坦顿骄傲的高人一等感,见 Miroff, *Icons of Democracy*, 155。

③ Susan B. Anthony, "Suffrage and theWorkingWoman," 载 *Correspondence, Writings, Speeches*, ed. DuBois, 139。

④ 出处同上,139,140。

⑤ Elizabeth Cady Stanton, "Appeal for the Maine Law," 载 *Correspondence, Writings, Speeches*, ed. DuBois, 42。

⑥ DuBois, "Introduction" to part 2, *Correspondence, Writings, Speeches*, ed. DuBois, 99.

教育”的机会、政治平等、“市场上的信誉、工作场合的酬劳、在选择谁来制定和实施法律方面的发言权、在她们面临审判时对陪审团有所选择，以及在决定对她们的惩罚的法官上有所选择”[1]。这些配套措施为能动性提供了条件。没有这些配套条件，如安东尼所说，就意味着女性“不被允许控制她自身的环境。每个男人的骄傲都在于他能够自由地塑造自己的命运。一个女人就没有这样的骄傲”[2]。斯坦顿认为，“说什么庇护女人免遭人生中猛烈风暴的侵袭之类”，都是毫无用处的。人生的风暴“一直从每个方向上打击着她，正像打击男人一样”，只不过“（对女人的打击）后果更为致命，因为男人已经在如何保护自己、如何抵抗、如何征服方面受到过训练了”[3]。与国父们一样，斯坦顿与安东尼追寻的是“人类这个种族的荣誉”，是对个体能动性与自治的无畏断言。

相比于她们同时代的许多同性，斯坦顿与安东尼二人自己拥有着更为齐全的荣誉配套条件。两人都出生于具有改革派头脑的、相对富裕的家庭，比当时大多数女性都受到更好的教育。安东尼一生未婚，而斯坦顿的丈夫则极大地包容了（并且经常支持）她的活动家事业。不过斯坦顿还是时不时要面临她丈夫、她父亲，以及她朋友们的“痛苦的反 167
对”。在1855年致安东尼的一封信中，她提到自己之前“经受了父亲一顿恐怖的重责”。她继续说道：

> 我从来没有更加真切地感受到自己的性别受到的贬抑。想到我身上所有这些品质，假如我是男人，我的父亲会因为它们而感到相当骄傲，而就因为我是女人，这些品质却使他深受伤害。这个念头刺痛了我，让我做出一个激烈的决定，一旦我能自作主张，就要廾口发言。但现在我身上的压力实在太大了。亨利和我的朋友们

[1] Stanton, “The Solitude of Self,” 249.

[2] Anthony, “Suffrage and the Working Woman,” 140.

[3] Stanton, “The Solitude of Self,” 251.

站在一边，都在我心灵最珍视的那些事情上反对我。他们甚至不愿意我就妇女问题写下只言片语。但我不但要写，而且要说。[①]

作为七个孩子的母亲，她感觉自己在政治的“真正联合的生活”中所能达到的成就大受限制[②]。“我是多么渴望能从家务和育儿的负担中解脱出来，”她在1852年向安东尼坦白，“以便有更多时间能够自由地阅读、思考、写作啊。”[③]在另一封信中，她把自己比作一只“关在笼子里的母狮”，“在我的这两间厢房中间上下来回地走着、四顾、洗澡、穿戴、哺乳，推着一张小婴儿床里的宝贝们在房间的角落闲逛”[④]。三十年后，她回想起“那些发起了女性选举权运动的人，她们常年忍受着嘲弄与迫害的无情风暴，被朋友们哀叹，被社会生活流放，被敌人污蔑，被牧师们谴责，被报社牺牲和丑化”[⑤]。斯坦顿与安东尼从来没能赢得多少公共荣誉，至少远远无法与她们做出的贡献相比。这也许只是因为她们没能活着看到宪法第十九修正案的通过和女性选举权的确立[⑥]。女性的公共边缘化的后果，是使得她们身上荣誉的内在维度表现得尤为显著，就像在弗雷德里克·道格拉斯身上一样。但是尽管有这种转换，荣誉的关键特征在这些例子中仍然是保持不变的，并且更一般地显示了政治能动性（尤其是在面对明显的风险与不确定的收益时挺身而出捍卫个体自由的那种对能动性的非凡施展）的源泉与条件。

---

① Stanton, letter to Anthony, 10 September 1855, 载 *Correspondence, Writings, Speeches*, ed. DuBois, 58, 59。

② Stanton, letter to Anthony, 20 June 1853, 载 *Correspondence, Writings, Speeches*, ed. DuBois, 56。

③ Stanton, letter to Anthony, 2 April 1852, 载 *Correspondence, Writings, Speeches*, ed. DuBois, 55。

④ Stanton, letter to Anthony, 10 June 1856, 载 *Correspondence, Writings, Speeches*, ed. DuBois, 63。

⑤ Stanton, “Address of Welcome to the International Council of Women,” 211.

⑥ 斯坦顿死于1902年，安东尼死于1906年；第十九修正案于1920年通过。

## 民权运动中的荣誉

荣誉的同样特征也展示在马丁·路德·金的身上。马丁·路德·金是一个复杂的人物,具有许多混合的、并不总是透明的动机,把荣誉说 168
成他行动的唯一动力是大错特错的。甚至在他作为民权运动领袖的公共生活中,我们也可以发现一系列不同的动机,包括信仰、公民德性、正义感,以及自利。但荣誉,或者说与荣誉相联系的品质,比如高昂而有原则的野心、骄傲、出人头地感、对侵蚀性权力的勇敢抵抗、对自尊的欲求,以及对一个人自身的义务感,同样也在其中扮演着一定角色。这些品质支持着他政治能动性的非凡能力。马丁·路德·金的荣誉同样鼓舞着其他人的政治能动性,荣誉与能动性之间的联系对整个民权运动来说是相当重要的。

把荣誉和马丁·路德·金放在一块儿讨论似乎有点奇怪,毕竟他的谦卑是名声在外的。当《时代》杂志在 1957 年 2 月发表一篇关于他的主题报导时,报导者把马丁·路德·金描述成一位"谦卑、擅于表达、教育水平很高的人"①。这些品质后来界定了他的公共形象。在私人生活中,他的言行同样不怎么带有自负和虚荣;他并不拿腔做势。正如一位朋友回忆的,"马丁并没有许多同样受过高等教育、并且同样拥有领导地位与权力的那些人典型的自大和傲慢。"另一位朋友回忆道,他发现马丁·路德·金"完全不受这个世界对他的关注的影响。他一直都是任何人身边的那个马丁……他在心态上完全没有任何炫耀"②。除了马丁·路德·金的个人作风外,在许多观察者看来,他所捍卫的非暴力抵抗的整个方法,也给人一种谦卑的决心——甚至(如一位批评者所

① *Time,* 18 February 1957. 转引自 Stephen B. Oates, *Let the Trumpet Sound: A Life of Martin Luther King, Jr.* (New York: Harper Perennial, 1994), 115。

② 转引自 Oates, *Trumpet*, 280。

认为的)"自我贬抑"——的印象[①]。马丁·路德·金不是亚历山大·汉密尔顿:自负、公开的野心勃勃、坦白地追逐名望。当然,假如一个傲慢的人试图在20世纪50年代到60年代的美国南方从事马丁·路德·金所从事的那种事业,那么他只会让他试图领导的黑人大众,以及他试图改变的大权在握的白人一道,疏远他而去。但他谦卑言行的政治效用绝不能用来怀疑这种谦卑的正宗性。毕竟马丁·路德·金是一个有宗教信仰的人,而没有哪种宗教信仰是能够离开谦卑而存在的。但他同样也是一个有着非凡野心的人,而他谦卑的言行也绝不应该让我们无视这种野心,以及使这种野心得以可能的骄傲。

毕竟,马丁·路德·金伟大的、甚至宏大到有些浮夸的努力(召唤美国重返其建国基础,同时对其加以激进的改革)无论如何都不能以"谦卑"二字冠之。事实上,他高昂的野心与他的谦卑一样,在认识他
169 的人眼里是相当明显的。"他对发生在自己身上的事情有一种谦卑和敬畏感,但他同样也有着某种命运感",一位来自蒙哥马利的朋友回忆道[②]。马丁·路德·金深知自己所参与的事业的分量;尽管他有时也会陷入自我否定与抑郁,但从整体而言,他拥有承担这一重负所需的信心甚至骄傲。他对自己有着足够高的看法,能够设想并实现"伟大的野心"。出于这个原因,一位传记作者曾说"在他的人格中有两股力量交替地占据支配地位——雄伟与常识"[③]。当马丁·路德·金于1959年向他在蒙哥马利的教众们宣布,他准备搬到亚特兰大去,在那里继续他的工作时,他告诉他们:"我不能现在停下来。历史塞给了我一点事情,我不能掉头不管。我现在该放你们走了。"[④] 马丁·路德·金的命运感,他所声称担负的一种世界历史的使命,暗示着一种强烈的出人头地感,

① David L. Lewis, *King: A Critical Biography* (New York: Praeger, 1970), x.

② 转引自 Oates, *Trumpet*, 127。

③ Lewis, *King*, 60.

④ 转引自 R. King, *Civil Rights and the Idea of Freedom*, 92。

无论他的个人言行多么谦卑。他的这段话后来被许多评论家解读成“在高昂野心（甚至自大）与谦卑之间的一种精微的结合”[①]，以及“对自大、堂皇，以及历史先见的一种混合”[②]。一位历史学家所指出的马丁·路德·金“在让人注意到他自己的野心方面抱有的迟疑态度”[③]，尽管他的同伴们依然注意到他的野心，但这种野心在很大程度上逃过了后人的视线。

马丁·路德·金生于亚特兰大的黑人贵族，他的家庭背景为其提供了荣誉的某些配套条件。金氏家族“在物质上无疑是成功的”，并“在社区的政治中”有着良好的地位[④]。他的外祖父阿尔弗雷德·达尼埃尔·威廉姆斯神父在亚特兰大建立了埃比尼泽浸礼会教堂，而且是“黑人社区中在经济上有保障、能够独立于白人的极少数几个人之一”[⑤]。阿尔弗雷德·威廉姆斯在该市的种族关系中扮演着领导角色。举例而言，他是全国有色人种协进会当地分会的成员，并且是20世纪20年代该市建立第一所黑人中学一事的领导人。他是一个非常骄傲的人物。当一份当地报纸把对该学校的黑人支持者贬为“肮脏而无知”的抗议者时，他和几位同事组织了一次对该报纸的抵制，最终导致了这份报纸的停业[⑥]。马丁·路德·金的父亲，老马丁·路德·金，同样是社区的一位领袖。他同样是一名牧师，是亚特兰大投票者联盟的创建人，是亚特兰大各种青年项目的赞助者，以及摩尔豪斯学院的毕业生和理事[⑦]。所有

---

① 转引自 R. King, *Civil Rights and the Idea of Freedom*, 93。

② Lewis, *King*, 109. 米洛夫同样提到了马丁·路德·金“自大与谦卑这两种截然相反的倾向”。Miroff, *Icons of Democracy*, 308, 314.

③ R. King, *Civil Rights and the Idea of Freedom*, 93.

④ Lewis, *King*, 8.

⑤ 出处同上，4，5。

⑥ 出处同上，5。

⑦ 出处同上。理查德·利斯科尔强调了神职人员在黑人社区中较高的社会地位。他说，一名黑人牧师，特别是在南方，就像是“私域王国里的一位国王”一样，而且社会层级中也会为牧师的儿子预留出一个特殊的位置。Richard Lischer, *The Preacher King* (New

这些成就都是黑人社区中最高地位的标志。老马丁·路德·金浑身散
170 发出托克维尔所颂扬的那种贵族式骄傲——自身的高大感。正因如此，他"时不时地"以他"对种族冒犯的直率反对"而让亚特兰大的白人们"感到震惊"，正如他与亚特兰大一名警官的不期而遇所展示的：

> 那位傲慢的警官打着官腔发话，准备要好好地把他训上一顿。可他刚刚才说出那个传统的称呼："小子"，就马上被金教父不耐烦地打断纠正了，"那才是个小子，"教父指着麦克（即小马丁·路德·金）说道，"而我，是一个成人。"①

在另一个场合中，鞋店的一名白人职员拒绝为老马丁·路德·金及其儿子服务，除非他们挪到店铺的最里头去。老马丁·路德·金一边走出店门，一边回应道："我们要么就坐在这里买鞋，要么就一双鞋都不买。"②

家庭地位以及与其相联系的骄傲预期，给童年的马丁·路德·金留下了深刻的印象。他分享了他家族的骄傲感，并试图延续其在黑人社会中的卓越地位。比如他在和邻居家孩子们打交道时，就展示出一种"优越"感，这种优越感促使他"忍受住较小的侮辱，不和社会地位较低的人打架。你完全没必要跟某些小孩一般见识，跟他们'到草地上比试'之类"③。在他的职业生涯中，他总是有着适当高的目标。在从摩尔豪斯学院获得学士学位，并被浸礼会教堂任命成为一名牧师之后，他本来可以在 1948 年结束自己的正式教育。但是相反，他却决定攻读更高的学位，先是在克劳泽神学院获得了神学学士学位，然后在波士顿大学

York: Oxford University Press, 1995), 25.

① Lewis, *King*, 7.

② 出处同上。

③ 出处同上，14。

获得了哲学博士学位。尽管作为一个成人，他“对物质上的东西表现得无动于衷……并努力向甘地学习”，接受了一份“与他的付出和声望极不相称”的个人收入，但他还是“对富裕人士非常着迷……并且很享受南方基督教领袖会议那些富有的赞助人的陪同”[①]。类似地，他很看重自己赢得的“超过五十项奖励和荣誉学位”，在亚特兰大家里的墙上把它们挂得满满当当[②]。他对自己有着很高的期望，骄傲而有个人野心，尽管并不渴望财富，但明显追逐声望与影响力。

他的骄傲和高昂野心，以及它们所暗含的差异感，对他的某些同族来说是一种鼓舞，但却被另一些同伴所憎恨。当他领导的蒙哥马利巴士抵制运动于 1956 年获得胜利后，他的一位家庭友人和仰慕者写信给
他道：“愿上帝继续保佑你向更高处攀登。你的未来不可限量……在任 171
何教会、宗教团体、大学等等之中，没有一个位置是你不能胜任的。我已经亲手挑选你担任过我们种族中的三个杰出职务。我会很高兴看到自己的眼光得到验证。”[③] 而另一方面，亚特兰大守旧派中的许多人则“把他视为一个炒作起来的暴发户 —— 而且还装出一副道貌岸然的样子”[④]。蒙哥马利当地的牧师们认为他“是在用这场运动来吸引眼球”[⑤]。全国有色人种协进会的成员们指责他“带着一种救世主情结在工作”[⑥]，学生非暴力协调委员会的学生领袖们则谑称他为“丧帝”[⑦]，抱怨他倾向

① Oates, *Trumpet*, 149.

② 出处同上。

③ Williams Holmes Borders, letter to King, 19 December 1956, 载 Martin Luther King, Jr., Collection, Mugar Memorial Library, Boston University。转引自 Oates, *Trumpet*, 104。

④ Oates, *Trumpet*, 150.

⑤ 出处同上，85。

⑥ 出处同上，157。

⑦ 美国小说家罗尔科·布拉德福德在其 1928 年的作品《亚当老头儿和他的孩儿们》中，通篇使用夸张化了的南方黑人口音，以戏谑的方式改写圣经故事。“丧帝”（de Lawd）即为该书中对“上帝”（the Lord）一词的黑人口音化。此书于 1930 年被马克·康纳利改编为戏剧《绿色牧野》，后者又于 1936 年被改编为同名电影上映。“丧帝”的角色也因此

于抢占“所有的公众注意力与荣耀”[①]。蒙哥马利的一位组织领导人语带责备地对他说：“不要绕过（秘书）直接找我谈话。我和你一样是大人物，金。”[②] 正如一位朋友后来说的，“黑人领袖中间对马丁”存在着“许多嫉妒”[③]。

我们在看待马丁·路德·金这些批评者的言论时，必须考虑到伟大总是会招来嫉妒，尤其在民主政体中[④]。尽管他们追求的是民主的目标，比如对自由与平等的扩展，但是像斯坦顿、安东尼、金这样的改革家，仍然通过他们不平凡的野心与能力，把自己从同类中区分了开来。他们阐明了这样一个事实：对以民主权利形式呈现的平等加以捍卫，有时本身就需要远比普通人高出一等的野心、天赋，以及品格。尽管民主改革家们并没有（像孟德斯鸠笔下的“士君子”那样）为自己寻求额外的特权，但他们非凡的行动却显示了他们的这样一种信念：他们远远优越于他们所身处的条件，无论这些条件是多么的常见。马丁·路德·金的抵抗使他鹤立鸡群，也是对他那么多同族默默退缩的姿态的暗暗控诉。佐治亚州西南部的一位民权工作者是这样说的：“当你叫一个人加入你的行列时，你等于是要他承认说，他迄今为止所过的，都是猪狗不如的生活”[⑤]。这也是为什么即便荣誉的民主形式也与骄傲以及差异密

---

为当时人所熟知，成为“黑人口中的上帝”的代名词。—— 译注

① Oates, *Trumpet*, 308, 352. 戴维·加罗记载道，有些人认为马丁·路德·金“抢走了太多人的关注，而且很享受这种关注”，并认为他常常忘了这场运动是一次集体性的努力。Garrow, *Bearing the Cross*, 89.

② 转引自 Oates, *Trumpet*, 127。

③ Oates, *Trumpet*, 127.

④ 这种嫉妒并不完全是件坏事，因为它也可能激发对政治权威的一种健康的怀疑态度，而这对于维持个体自由的荣誉独立性的精神来说是具有核心重要性的。而且正如米洛夫所强调的，公众对政治领袖的偶像化有时候会削弱民主参与的可能性。确实，对民主领袖的过分偶像化本身可能导致公民方面的消极被动。见 Miroff, *Icons of Democracy*, x, 1；另见本书第 22 页注释 ②。

⑤ 转引自 R. King, *Civil Rights and the Idea of Freedom*, 51。

不可分的缘故所在。马丁·路德·金的改革议程不可避免地暗示着对美国黑人和对白人同样的批评。这对早期女性权利活动家来说也是一样的,甚至可以说是所有民主改革家的公共困境。当像伊丽莎白·斯坦顿以及苏珊·安东尼这样的女性站起来要求获得作为“自我主权”与人类尊严的条件的公民权与政治权时,她们的做法本身就构成了对别的所有女性(所有默认了她们被剥夺选举权的传统地位的女性,甚至包括两人自己的母亲和祖母)尊严的暗暗拷问。根本不需要直接这么说出来,她们的行动本身就是在向美国女性宣布:“一直以来的这些安 172
排,对我们而言不够好,所以它们对你们而言应该也不够好才对。”通过这种方式,骄傲和差异感不可避免地在导致社会政治改革(包括追求更大平等的改革)的抵抗举动中扮演了重要角色,所以它们也就经常地招来憎恨。

这种憎恨,正是外表上的谦卑言行对马丁·路德·金而言如此关键的原因之一。不过虽然说对他的批评往往来自憎恨的驱使,但是这些批评者的确也看到了他性格中存在的某种东西:他超乎寻常的野心。事实上,马丁·路德·金将个人野心与有原则的更高目标加以结合的方式,更接近于荣誉,而不是美国神话中常常把他描述成的那种谦卑的利他主义。与本章中考察的其他荣誉榜样一样,马丁·路德·金打破了当代对利益与责任的截然二分。这种二分法错误地把像马丁·路德·金这样的人划入自我贬抑的利他主义者的范畴,理由仅仅是因为,在一个人们已经遗忘了如何将牺牲与个人野心挂钩、将更高目标与自我关切挂钩的年代,这些人展示出了一种伟大牺牲的能力。而比起其他任何品质来说,恐怕荣誉是最能把这两方面挂钩起来的了。

指导马丁·路德·金个人野心的那些原则来自许多不同的源头,其中包括《圣经》,也包括甘地和梭罗的公民不服从信条。他在《伯明翰市狱中来信》中引用了奥古斯丁、阿奎那、马丁·布伯、保罗·田立克、马丁·路德、约翰·班扬、托马斯·杰弗逊、以及 T.S. 艾略特等人的话,并援引苏格拉底和耶稣为榜样——用所有这些来捍卫对不义的法律进行公民不服从行为的道德正当性。但这封信最后还是以直接诉诸美国建国原则而结尾的。民权运动是召唤美国回到其建国基础的一种努力，他说：

> 总有一天，南方会明白，当这些被剥夺了继承权的上帝的孩子在便餐柜台坐下时，他们实际上是为实现美国梦的最高理想、为犹太—基督教传统最神圣的准则而站了起来，从而把整个国家带回到民主的伟大源泉，由建国先辈们在拟定宪法和《独立宣言》时所深深开掘的源泉。[1]

在德克斯特大街浸礼会教堂发起蒙哥马利巴士抵制运动的一次演讲中，马丁·路德·金是这样开场的："我们今天之所以聚集在这里，泛
173 泛地说，首先而且最重要的，是因为我们都是美国公民，而且我们决心在最完全的意义上获得我们的公民身份。"[2]"美国民主的伟大荣耀，"他在蒙哥马利，以及后来在孟菲斯说道，"在于为了权利而抗议的权利。"[3]他在另一个场合指出，这个国家就诞生于这类抗议之中，并举出波士顿倾茶事件与美国革命本身作为例子。他总结道，民权抗议者们正"为了美国传统中最高、最好的那些东西挺身而出"[4]。在对美国公民最全面自由的主张中，抗议者们"迫使这个国家直面在其承诺的理念与南方吉姆·克罗法的现实之间的鸿沟"，并且在这么做时，带来了美国政治体"在政治上的重返青春或者说重生"，一种对"法律的精神"的再造[5]。与

① M. King, "Letter from Birmingham City Jail," 302.

② 转引自 Oates, *Trumpet*, 70。

③ 转引自 R. King, *Civil Rights and the Idea of Freedom*, 103。

④ 转引自 Oates, *Trumpet*, 167。

⑤ R. King, *Civil Rights and the Idea of Freedom*, 202, 203.

美国国父们、林肯、弗雷德里克·道格拉斯，以及早期妇女参政论者们一样，马丁·路德·金对美国式准则的热忱捍卫，不但导致了对侵蚀性权力的抵抗，也造就了实质性的政治改革。

由林肯最早指出的一个事实值得在此处强调：《独立宣言》所阐述的美国式的荣誉准则，其自身就包含着改革的种子。正如后来的一位评论家所说："自然权利的话语已经成为了美国政治生活中最核心的颠覆力量。"[①] 这个事实对美国的荣誉一直具有重要的影响。正是因为《独立宣言》所阐明的这些原则内在的动态性，美国式荣誉才得以在托克维尔所指出的荣誉与民主之间的冲突中生存下来，或者说至少与托克维尔的预期相比更好地生存了下来。这种冲突在于，作为一种性格品质的荣誉要求指导它的准则具有某种一致性，而这似乎与民主社会所带来的社会流动性相违背。《独立宣言》自建国以来便为荣誉提供了一套共同的准则，也是许多代胸怀高昂野心的伟大美国人的引路灯。但它虽然指导、约束、升华了个人野心，却并没有使美国社会变成一个静态社会。这些原则内在的动态性正适应于美国民主的动态性，从而（某种程度上悖论性地）使进步改革的原则一致性得以可能，从整体上造就了这样一个政治体，其中我们原则与实践之间的鸿沟正日益消泯。然而与此同时，只有在这些原则历经不同世代仍然具有权威性的前提下，美国原则的改革潜力才能够得到实现，而且其实现必须通过那些敬畏这些原则的个体来完成。一致性与敬畏打开了改革的可能性。这便解释 174
了为什么林肯既强调美国式信念的进步特征，又同样强调美国公民必须对其保持敬畏。

甘冒生命危险去捍卫自由，这同样是马丁·路德·金的关键特征，也是整个民权运动共同的一种品质。非暴力公民不服从的实践，与从

① Daniel Rodgers, *Contested Truths: Keywords in American Politics since Independence* (New York: Basic Books, 1987), 78. 转引自 R. King, *Civil Rights and the Idea of Freedom*, 30。

作为作战英勇的荣誉到作为政治勇气的荣誉的转变,是相一致的,但与早期妇女参政论者一样,民权运动的领袖们经常援引军事比喻,从而对这类比喻让人想起的那种荣誉加以主张。比如拉尔夫·阿伯纳西把马丁·路德·金称为"和平的战士",而马丁·路德·金自己也"毫不迟疑地把我们的运动称为一支军队"。"但这是一支特别的军队,"马丁·路德·金说,"除了它的真诚之外没有任何军需,除了它的决心之外没有任何军装,除了它的信仰之外没有任何军火,除了它的良心之外没有任何军饷。它是一支不断行进但是秋毫不犯的军队。"① 不过与士兵在战场上的英勇一样,马丁·路德·金的政治勇气也使他甘冒死亡之险。当然,他的信仰对其勇气也有一定的支撑作用,但有荣誉心的骄傲同样扮演着角色。在蒙哥马利巴士抵制运动的高潮期,马丁·路德·金"每天要收到三十到四十封恐吓信",以及(每天二十五个左右的)各种骚扰电话;他家的房子被投掷炸弹,当时他的妻子和刚出生的女儿都在屋里;另有可靠报告表明,当时曾有人计划对他实施暗杀②。马丁·路德·金承认他"害怕得要死"③,但他拒绝缩减他的活动。在他对住在亚特兰大的父母的一次短暂探望中,他的父亲以及几个朋友试图说服他离开蒙哥马利,直到事态恢复平静。他拒绝了,说道:"逃避对我来说将是最大的懦弱。我宁可在监狱里待上十年,也不会现在放弃我的人民。我既然开始了这场斗争,就没有回头路可走。我已经到了无路可退的地步。"④ 和所有有荣誉心的人一样,他害怕懦弱(并且害怕表现出懦弱)甚于死亡。他不但害怕懦弱,而且蔑视懦弱:"尽管我十分看不起暴力,但是还有一种罪恶比暴力更糟糕,那就是懦弱。"⑤ 马丁·路德·金相

---

① Martin Luther King, Jr., *Why We Can't Wait* (New York: Harper and Row, 1964), 59.

② Oates, *Trumpet*, 87.

③ 出处同上。

④ 转引,出处同上,93。

⑤ 转引,出处同上,282。

信,“没有一个怕死的人是自由的”[1]。“如果说我曾经征服过什么恐惧的话,”他后来对朋友们说,“那就是对死亡的恐惧。”[2]

作为一种产生光荣反抗的方式,民权运动整体上试图培养重自由轻生命的偏好,这种偏好在托克维尔那里是与贵族风尚相联系的。在民权运动之前,南方黑人生活在恐惧之中,与《论法的精神》里所描述 175
的专制下的臣民十分相似。专断权力下的生活具有一种内在的风险,而对非暴力公民不服从活动的大规模参与,目的就是要通过使风险变得有意为之,而转化这种风险造成的恐惧。正如一位历史学家所说,“对民权示威的公开参与,即便在大城市中,也让参与者感觉特别容易遭受愤怒白人的口头(更不要说身体上的)攻击。但遭受这种攻击的风险的不同之处在于,它是参与者自己选择的,而不是对宿命的逆来顺受”[3]。通过意志的承担,我们能够克服恐惧,甚至把它转化成为勇气。马丁·路德·金说道,通过非暴力的公民不服从,美国黑人“第一次成了个人物,第一次有了自由的勇气”[4]。于是,对于“成为政治存在对马丁·路德·金(以及该运动的其他参与者)来说意味着什么”这个问题,甘冒生命风险的意志便“成为了理解这一问题的关键所在”[5]。参与非暴力示威,和决斗的功能有许多类似,都为一个人提供了舞台,使其得以向自己、向别人证明他已经征服了恐惧,从而成为了自己的主人。正如约翰·刘易斯所说:“参与可以让你自由……让你把自己看作一个自由的人,一个有能力行动的自由能动者。”[6] 但这种从恐惧到勇气的转变需要“克

① 转引自 R. King, *Civil Rights and the Idea of Freedom*, 93。

② 转引自 Oates, *Trumpet*, 455。加罗记载道,马丁·路德·金曾经说过:“一旦你献身于某种事业,个人安全就不再成为目标了。你的目标比那个更高。”Garrow, *Bearing the Cross*, 84.

③ R. King, *Civil Rights and the Idea of Freedom*, 47.

④ 转引,出处同上,124。

⑤ R. King, *Civil Rights and the Idea of Freedom*, 93.

⑥ 转引,出处同上,57。

服围绕恐惧而组织起来的整个自我感”[1]。作为一个组织团体，民权运动帮助提供了这种转变所需要的配套条件。歌曲和布道，以及各种“自由学校”和教堂委员会，都有助于让美国黑人重新获得“自由思考的习惯，和关于自由社会如何运作的观念”[2]。那些“拒绝在其主人面前退缩，向其战斗到死”的奴隶的故事被津津乐道地一传再传[3]。通过勇气和自愿承担风险而战胜恐惧与屈服，其结果是一种新的自尊，是对弗雷德里克·道格拉斯将其与荣誉举动相联系的“根本尊严”的维护。

尽管对利益的工具性算计在政治中十分普遍，但这种算计却不能为这类极端的冒险提供有说服力的基础[4]。出于这个原因，许多研究民权运动的历史学家就得出结论说，利益的范畴（至少在不把利益范畴扩展到失去解释力的地步的前提下）并不适用于解释民权运动参与者的动机[5]。正如学生非暴力协调委员会的一位工作人员所说，要把黑人组织起来，就必须“让他们坚信，成为一个公民是值得冒上生命风险的事
176 情”[6]，而要做到这一点，仅仅依赖于对自我利益的满足是不够的。自利或许可以是“‘常态’美国政治的驱动力”，但我们通常所理解的自利并不足以解释那些稀少却重要的案例，其中的个体冒着生命危险去捍卫、“振兴”，或者改革现有的政治秩序[7]。为了动员起对个体能动性不同寻常的强烈施展，民权运动强调“一种骄傲感和自尊感”，而两者都是作为

① R. King, *Civil Rights and the Idea of Freedom*, 50.

② 出处同上，56, 57。

③ 出处同上，51。

④ Harris, “Honor and Insurrection,” 238.

⑤ 譬如见 Pat Watters and Reese Cleghorn, *Climbing Jacob's Ladder* (New York: Harcourt, Brace and World, 1967); Pat Watters, *Down to Now* (New York: Pantheon, 1971); David Garrow, *Protest at Selma* (New Haven: Yale University Press, 1978); and Charles Hamilton and Stokely Carmichael, *Black Power* (New York: Vintage, 1967)；所有这些都在 R. King, *Civil Rights and the Idea of Freedom*, 6 中有所引用。

⑥ 转引自 R. King, *Civil Rights and the Idea of Freedom*, 47。

⑦ R. King, *Civil Rights and the Idea of Freedom*, 66, 69.

一种性格品质的荣誉的核心特征①。马丁·路德·金在蒙哥马利巴士抵制运动胜利后,对集会群众发表讲话说,过去“我们坐在巴士的车尾,这是一种缺乏基本自尊的表示。这说明我们自己把自己不当人看”②。作为那个时代的一名美国黑人,面对各种各样容易导致黑人自轻自贱的因素,马丁·路德·金自己,不管是出于天性还是教养还是两者的结合,有着一种程度少见的自尊。他和其他领导人试图在别的黑人身上点燃对自尊的欲求,以作为个体与集体行动的催化剂。出于这个原因,关进监狱就成了荣誉的一枚徽章③。这扭转了“传统上监狱(作为)耻辱之地的那种负面内涵”④。监狱传统上被当作耻辱与“不名誉”的地方,部分原因在于监禁削弱了个体能动性,使公民变成臣民⑤。而监狱变成民权活动家荣誉的徽章,则是因为对他们来说,进监狱恰恰是能动性的展示。它是一个人有原则的野心与勇气的证明,是对一个人的“人类尊严”的维护。荣誉的这枚徽章同样也提供了公共认可,作为外在酬赏,补充了自尊的内在奖励。

与自利相比,对自尊的欲求是能动性更有力的源头,至少在为了捍卫原则而采取艰难的冒险行动的时候,因为就自尊而言,一个人所寻求的好处只需要通过他的行为本身来确保,而并不依赖于他行为的结果。换句话说,由于示威者无法确保能够通过抵制蒙哥马利公交车来满足自己的物质利益,自利(至少根据其最有用的狭义理解)对他们的政治行动来说就成了一个非常薄弱的基础。相反,马丁·路德·金和其他领导人试图让人们坚信,不管抵制的结果如何,示威者仅仅通过参与的举动,就足以赢得自尊这个好东西⑥。通过这种方式,对自尊的欲求为独

---

① R. King, *Civil Rights and the Idea of Freedom*, 14。

② 转引自 Oates, *Trumpet*, 104。

③ Oates, *Trumpet*, 209, 218; and R. King, *Civil Rights and the Idea of Freedom*, 43.

④ R. King, *Civil Rights and the Idea of Freedom*, 43.

⑤ 出处同上。

⑥ 这不等于否认示威者们在示威失败后会感觉很糟糕。但是米洛夫提醒人们注意

立性提供了一个比自利更广大的基础，因为对自利的满足必须依赖于经常超出一个人控制之外的诸多外在因素。

177 在运动的早期，马丁·路德·金与其他领导人出于类似的理由，主要强调的主题是自由，而不仅仅是正义。当然，正义一直都是民权活动家的关切点，也是经常涉及的对象，比如马丁·路德·金就反复地“引用《圣经》里‘正义如水，滚滚奔流’的意象”①。而且在1964年以后，正义在他的言辞中也越来越占据主要地位②。但在运动伊始时，对正义的呼唤只可能是“黑人向白人提出的要求，要求后者采取负责任的行动”③。它并不是企图让美国黑人自己变得更正义，因为他们并非自己所面临的不义的来源。正如一位历史学家所注意到的，对美国黑人自己来说，他们对自己的期望是能够变得更自由，而不是更正义④。作为一般规律，对正义的呼唤，就像当代对认同的诉求一样，其实现总是依赖于别人的所作所为。它们依赖于陌生人（甚至敌人）的好心。这个事实当然不能成为放弃正义诉求的理由，但它确实也指出了正义的一大局限。与正义一样，自由“暗示着潜在或实际的行动能力”⑤。从民权活动家的立场上看，对正义只能去呼吁和期待；而对自由，则能够通过一个人自身的行动来实现，或者开始实现。自由的实现，或者部分实现，可以通过一个人的行为本身，而不必依赖于一个人可能得到的东西。自由的话语因此表达了对更大的能动性力量的光荣企及。当然，民权运动的成就不可能不在某种程度上依赖于陌生人的好心，或者说正义：假如他们抵抗的是一个暴君，也许早就全都被开枪射杀了。法治以及广大公众的道德良心（这是广大公众有可能被说服的基础）对于运动的成功来

---

民主行动的救赎力量，及其与尊严感的联系，见 *Icons of Democracy*, xv。

① R. King, *Civil Rights and the Idea of Freedom*, 15.

② Garrow, *Bearing the Cross*, 430.

③ R. King, *Civil Rights and the Idea of Freedom*, 15.

④ 出处同上。

⑤ 出处同上。

说是至关紧要的。缺少了这些环境，参与者光荣的自我声张有可能毫无成果，有可能致命，也有可能两者皆是[①]。

马丁·路德·金的目标是让美国黑人能够“对自己和对这个世界说：‘我是个人物。我是个人。我是个有尊严有荣誉的人。’”[②]尊严、荣誉与能动性相辅相成，使对自由的热忱捍卫（或声张）变得可能。马丁·路德·金深知，对自尊的欲求，与荣誉一样，可能会“堕落成为为了证明自己的男子气概而故意和敌人发生冲突（结果弄巧成拙）的举动”，而这恰恰是他死后黑人权力运动时不时出现的情况[③]。非暴力的、**公民式的**不服从的信条，与马丁·路德·金在诉诸美国式荣誉准则的共同基础方面的雄辩口才一道，在他生前对民权运动起到了强大的影响，使运动保持节制。在这一点上，他和民权运动都展示了荣誉最佳形式所特有的那种对勇气与节制的平衡。激进派比如马尔科姆·艾克斯[④]等人，指责马丁·路德·金过于绥靖，并过于完全地把美国式荣誉准则接受为自己政治行动宣传的引路灯。但是与林肯一样，马丁·路德·金的节制却能够实现激进的成就，最终转化了美国公众的良心，以及美国的政治、政策和法律。 178

我们在马丁·路德·金身上以及在整个民权运动中看到的与荣誉相联系的品质（高昂而有原则的野心、骄傲、对自尊与公共认可的欲求、对侵蚀性权力的勇敢抵抗、对一个人自身的义务感）全都代表了美国式荣誉内部的连续性。它们与孟德斯鸠笔下荣誉的关键特征，与托克维

---

① 尽管作为能动性的来源，正义有其局限，但作为对荣誉准则内容的制约，以及对荣誉主张泛滥化的制约，正义的标准则是极其重要的。

② 转引自 Oates, *Trumpet*, 424。

③ R. King, Civil Rights and the Idea of Freedom, 119, 155—157.

④ 原名马尔科姆·利特尔，民权运动另一著名领袖，伊斯兰教徒。早期加入激进组织“伊斯兰国”，鼓吹黑人优越论，主张黑人从美国分裂等，1964 年与“伊斯兰国”决裂，并在前往圣地麦加朝觐后抛弃过去的激进主张，寻求不同宗教、不同种族之间的和解。1965 年 2 月被“伊斯兰国”的极端分子暗杀。——译注

尔所描述的贵族式性格,都是相重合的。马丁·路德·金以及其他活动家的荣誉并非他们行动的唯一发条,但它是他们个体能动性的非凡能力(以及甘冒风险为改革而努力的意愿)的关键组成部分。荣誉对民权运动的贡献表明,尽管荣誉与自由民主制之间存在紧张关系,但它在自由民主制中仍有一席之地。它也许不是一种在自由民主政体中不断运作的普遍动机,甚至不是"常态"自由主义政治的主要动机。而且就算在不常见的、召唤伟大荣誉举动出现的运动中,也并不一定需要所有公民都具有荣誉。少数人偶然的伟大荣誉举动,可能就足以阻止自由遭到侵蚀,足以召唤这个国家回到其准则,足以为其构成原则的更完备的实现指明方向。

并非所有荣誉举动都会带来这些非同寻常的效应。前面的这些讨论关注的,是登上了全国舞台的中心并从此后被尊奉在国家的伟人殿堂中的那些人所展现的榜样性的荣誉。但是美国历史那些不受人关注的角落中,当然也生活着许多高贵的生命;而且毫无疑问,今天我们身边也仍然有许多人过着这种有荣誉心而不为人注意的生活。我们无法
179 保证美国历史会奖赏每一个有荣誉心的人;期望每个有荣誉心的人都得到奖赏,这是把公共舆论看得太高了。而且这也过于绝对地把《独立宣言》所阐述的准则当作了美国式荣誉独一无二的基础。尽管这种形式的荣誉在美国历史上相当重要,但它并非唯一一种荣誉形式。就像即便孟德斯鸠笔下旧制度中不服从的贵族们也有着多种多样的、相互之间有所重叠的荣誉标准,美国公民社会一样也包含着许多更加片面的荣誉形式的基础。中介性的社团生活(伴随着它所有的多元性与道德复杂性)可以造就许多不被更大层面文化所注意到的荣誉举动,尽管这些举动在其所兴起的各别社团内部可能会得到奖赏。我们在最后一章中会回到这个主题。

美国荣誉的多样性指出了当代政治研究中所忽略的、却是个体能

动性强有力源泉的一组动机。这些动机把一个人对自己的义务的骄傲认知，与不同一般的高昂野心相结合。这些动机超越了自我利益与对他人的责任之间的截然二分，并提醒我们记得，自由民主制偶尔需要贵族式的性格品质。因为政治根本上关切的是行动，所以对个体能动性的分析构成了政治理论的一个关键领域。然而在当代政治理论中，能动性问题却往往让位于对正义的内涵以及合法性的条件的探讨。政治理论当然有权关注这些规范性问题，但假如让它们掩盖了能动性问题，则政治理论自身将毫无必要地变得片面。对荣誉的研究，通过把能动性问题提上日程，并通过澄清其复杂的结构与多样的来源，有助于弥补当前政治理论的这种不完备性。 180

# 第六章

# 结论：多元主义、能动性，以及民主荣誉的诸多变体

荣誉（甚至民主式的荣誉）都具有不可化约的贵族性，因为尽管它并不必然预设固定的社会层级或者政治不平等，但它却需要某种程度的勇气和野心，而这并非我们每个人都拥有或者能够拥有的。作为一种“自然贵族”的特权，荣誉在美国比在旧制度下更为自然。在这里，荣誉不太是人为强加的社会角色和地位的结果，而更完全地来自个体的行动与性格。它仍然包括外在公共认可的元素，但荣誉越来越变成一种成就，而非一种资格。这就解释了为什么比起孟德斯鸠的荣誉概念，民主式的荣誉与德性有着更为紧密的联系，尽管二者仍然完全不同。而且荣誉越变成一种成就，它就越能够支持个体能动性。讽刺的是，尽管荣誉与民主之间存在着真正的紧张关系，但是与旧制度人为固化的社会相比，荣誉在民主社会中反而可能是更为强有力的能动性来源，甚至可能使自身变得更加完备。本书的中心主题之一便是现代自由民主制继承了某种贵族遗产，其中不但包括荣誉，还包括个体权利、权力分立，以及公民社会的中介性团体，而且倘若不接纳这一遗产，自由民主制便无法自我维系。

尽管荣誉在某种意义上带有不可避免的贵族性，但荣誉的举动并

不总是像前几章所考察的案例那样,在宏大的尺度上表现得超乎寻常。除了受到某种共同的荣誉准则(这种准则由《独立宣言》与宪法所包含的那些原则所构成)指导的榜样式举动之外,我们有时候也可以看到植 181
根于各种各样更为片面的行为准则的荣誉,这些片面的准则各自对美国公民社会与政治社会中各种不同的自愿社团起着规范作用。民主式荣誉的这些更为节制的显现,同样能够有助于制约以多种面貌出现的侵蚀性权力。迈克尔·沃尔泽曾经论证过这种形式的荣誉的重要性。他的荣誉概念把其作为一种性格品质的形式特征,与机会平等的原则、多元主义的原则,以及同意的原则联系到了一起,而这些原则正是美国政治与当代美国公民社会的特征所在。

沃尔泽在其中找到各种民主形式的荣誉的那些自愿社团,是旧制度中的商团体系或中介性团体(荣誉的传统场所)在民主制度下的等价物。它们是支持荣誉的共享身份认同与相互联系的共同体的重要来源。由于这些多样的民主荣誉准则是与不同的社团分别相关联的,它们必定(和支持它们的身份认同以及共同体一样)是多元的、片面的。它们并非完全私人的,但它们的范围也不是普遍的。相反,它们是相对于它们所存在的各别组织与社会制度,并与这些组织与社会制度的具体目的息息相关。除了沃尔泽所强调的职业社团外,我们还可以加上政党、社区协会、倡议性团体,甚至家庭。规范这些不同社团的行为准则为个体野心提供了有原则的限制和导向,从而缓和了民主形式荣誉两方面的倾向:要么变得越来越主观,要么变得越来越普世。但在这么做时,这些行为准则又并不回到固化的世袭制社会秩序或者政治不平等上去。

沃尔泽对荣誉的阐释同样保留了"应得"这个元素。在他看来,一个有荣誉心的人之所以尊重自身,并不仅仅是因为自身的存在(好比罗尔斯的"自许");也不仅仅是因为自身的被接受(好比泰勒的"认同的政治");而是因为自身的良好行为,因为其符合于既有的行为规则和成就标准,而这些规则和标准又构成了一个人的荣誉准则。由此,沃尔泽的荣誉观恢复了被罗尔斯明确拒绝、被泰勒暗暗抛弃的应得概念。沃尔泽认识到应得概念有一种节制性的影响，它立基于一些无法简单化约为具体个体意愿的表达的、从而在某种意义上固定了的标准[①]。他指出，倘若缺少了这种固定标准，则荣誉（或者敬许，或者认同）“就将完全向暴君式的使用敞开。因为我有权力，所以我就能以这样那样为荣
182 誉。我选谁都是无关紧要的，因为没有人真正应得任何荣誉……而我又并不认同在荣誉与任何具体的表现之间存在任何内在的联系”[②]。基于固定标准的应得概念，保护了自尊既免遭专制者的暴政，又免遭公共舆论的暴政。而假如像罗尔斯承认的那样，某种自尊感是对个体自由的捍卫所需要的，那么这种保护就是根本性的了。对个体能动性的强烈感觉，是与基于既定标准的应得概念不可分割地联系在一起的。

在近来的政治理论与经验政治科学中，学者们追随托克维尔的步伐，纷纷指出公民社会对于美国公民身份的价值，如我们已经看到的那样。学者们声称，自愿的中介性社团通过让个体更加具有参与性，而服务于集体自由。通过参与到小型组织的社团生活之中，个体学会了用集体眼光看待事物，并发展出为了共同目标而协同工作的习惯，从而为迎接民主参与的挑战做好了准备。这些社团通过提高集体性而支持了民主；它们建造起了“社会资本”（共享的信念与价值、相互之间以及整体上的信任）的水库，以此为更大范围的政治事业提供动力。不过尽管民主制需要社会资本和一定程度的公民德性，但正如托克维尔所深知的，自由民主同样需要个体野心，虽然野心可能与公民德性的集体主义存在冲突。然而尽管近年来人们对公民社会中培育公民德性的资源做出了诸多阐发，但是公民社会中鼓舞荣誉的资源却并未得到探讨。可

① 所以我所说的“固定标准”并不是指永恒的，或者在整个历史中都固定不变的标准。荣誉准则之为固定，并不是说它们绝对不变，而是说它们并不仅仅是个体意愿的表达。

② Walzer, *Spheres of Justice*, 262.

是它们却极其重要。社会依附,有原则的行为准则、成就的标准、竞争,以及这些社团提供的公共出人头地,都支持着高昂的野心、成就,以及自尊,而这些又促进了个体能动性的强力施展。它们创造的水库不仅容纳有助于政治参与的社会资本,而且容纳了高期望、骄傲,以及托克维尔所谓的"伟大野心",这些都推动着面对高昂风险与不确定收益时的有原则的行动。

沃尔泽笔下民主式荣誉的自我服务性是与此处所探讨的其他荣誉形式相一致的。沃尔泽把挺身捍卫各自准则的医师和工会成员作为当代荣誉的代表,这些人都关心对他们自尊的保存。他们同样可能为了 183
完成其他额外的责任而规范自己的行为。举例来说,一名医师对其病人的热情救治,可能是出于对人性的热爱或者出于宗教承诺,也可能她之所以尽最大努力救治病人,只是因为觉得自己受到与病人的契约关系的约束。但荣誉的概念则指出了另外一种动机,这种动机是以对一个人自身的义务感(而不是以对别人或者对整体的义务感)为基础的。类似地,一名工会成员之所以愿意罢工支持对更优越合同的谈判,可能是因为他被工人的团结感所打动,也可能是因为他想让这个世界变得更好,或者因为他想最大限度地获取个人利益。但假如他的荣誉参与了进来,那么他的罢工支持就同样是为了其自尊的缘故。是荣誉告诉他,"他不应该为了占到一些个人便宜而放低身段",还有"他不应该把自己贱卖了",以及"他不应该容忍这样的冒犯"[1]。沃尔泽的荣誉观因此挑战了我们所熟悉的在利益与责任之间的截然二分,这种二分把利益当作我们为了自己而追求的东西,把责任当作我们应当为他人做的事情。他的荣誉观认识到,我们为了自己而追求的东西不应当仅仅限于利益,而我们为了别人做的事情也并不穷尽我们的责任。沃尔泽看到了荣誉作为一种动机形式的潜在能量,这种动机不能被化约为自我利

① Walzer, *Spheres of Justice*, 274f.

益、公民德性，或者正义感；这种动机立足于一种个人责任感，不过这是对一个人自身的责任，而不是对别人的义务。荣誉涉及到我们的自我关切，这让正确的行动变得值得欲求，从而使荣誉成为一种有力的动机形式，但这种自我关切又超越了最狭隘的利益形式。沃尔泽将其视为个体能动性的一个重要来源，尽管并非唯一来源。

不过就算沃尔泽所描述的自由民主形式的荣誉也不可能得到平等的分配。并不是只有那些最戏剧性的、由奥尔特子爵或者林肯或者斯坦顿这样的人物所展示的荣誉案例，才是异乎寻常的。在私人领域以及公民社会内部的半公共领域所兴起的那些更平淡无奇、更具体各别的荣誉形式，同样代表着对通常行事的例外。并非所有工会成员都会为了荣誉而挺身反抗企业的剥削；并非每名医师都会为了医疗质量的原则而与一味追求利润的医疗行业做斗争。就算这些我们在身边都能找到的荣誉形式，也不是能够平等分配的，因为作为一种性格品质的荣誉，必须通过主动的声张才能实现。只要一个人的自尊是与其行动的
184 价值息息相关的，荣誉就绝不仅仅是一种能够分配的东西。不过虽然荣誉在分配上的困难意味着并非所有人都能具有荣誉，但是这种困难同样加强了荣誉作为能动性来源之一的潜在力量。假如荣誉跟罗尔斯所谓的“自许”或者泰勒所谓的“认同”一样被当作一种能够从某个仁慈的权威或者好意的“他者”那里得到的东西的话，那么荣誉的力量也就会被大大削弱了。一个人的荣誉并不完全依赖于政治权威的仁慈，或者他者的好意。这种独立性使其成为个体能动性的特别重要的资源，使个体能动性能够以对政治权威或其他权威滥用权力加以抵抗的方式表现出来。

只要作为一种性格品质的荣誉必须通过声张才能实现，它就永远不可能被所有人拥有，或者至少不会被所有人平等地拥有。在这种意义上，就算是那些从未登上全国舞台的人们身上所表达出来的更加节制的荣誉，仍然保留着那些更为显赫的荣誉案例中的某种贵族特征。

它在实践中局限于为了实现荣誉而付出过努力的少数人,尽管它向任何这样努力过的人都是敞开的。类似地,以酬赏和奖励的形式存在的各种公共荣誉,只有在**仅仅**奖赏杰出的成就(而非所有成就)的前提下,才能够鼓舞杰出的成就。不过尽管自由民主制的荣誉在这一点上具有内在的贵族性,但它并不一定会违背对平等尊严原则的政治表达。毕竟,美国公民社会中规范各种自愿社团的行为准则,并不与政治权利的平等相冲突。我们以全国节假日的方式把公共荣誉赋予马丁·路德·金,以纪念他伟大的荣誉举动;但假如他活到现在,他也不会因此就得到额外投一张票的资格,或者光凭这些举动就有资格得到一个政治职务。所以说荣誉概念并不一定对应用于基本政治自由的平等理念构成挑战。

值得强调的是,民主式荣誉并不需要成为通常意义上那种连续的、全社会范围的理念。无论民主式荣誉是系于某个独一无二的共同准则,还是系于更片面的准则,个体的荣誉举动都必然是插曲式的成就,而非普遍共享的习惯。荣誉的插曲式特征将其与公民德性以及正义感进一步区分了开来,后两者往往被认为在连续的基础上管理着(或者应当管理)大多数公民的行动。相反,即便荣誉只出现在一小部分人身上、即便其出现的时间间隔非常长,它仍然能够对整个政治生活起到重大的
影响。光荣的行动可以设下先例,然后即便在缺少连续或普遍的荣誉 185
运作的条件下,这些先例仍然可以得到维持甚至扩展。荣誉同样可以容许不同程度的风险和后果。一个有荣誉心的工会成员或医师的动机,可能在强度、准则的普遍性,或者成就的等级上无法与马丁·路德·金或林肯的动机相提并论,但它们在构成上仍然是类似的——骄傲、有原则的野心、对自尊的欲求、杰出感、对公共声望的追逐。

此外,荣誉的准则并不一定要导致整全的或者普遍的行动标准,尽管第四、五章所描述的美国式荣誉的一种形式确实采纳了《独立宣言》的普遍原则作为自己的准则。那两章中所考察的著名荣誉举动,确实

依赖于由普遍原则组成的共同准则。但沃尔泽所描述的更平淡无奇的荣誉案例同样分享了作为一种性格品质的荣誉的形式特征（尽管是在更默默无闻的层面上），却是相对于特定的活动领域、相对于各别社会政治制度的多种不同目标的。由于如今我们大多数人都在不同的情景中扮演着一系列不同的角色，我们每个人都可能受到多种不同的荣誉准则的管束。在这种意义上，荣誉不但与现代多元主义社会的道德复杂性相容，而且是与这种道德复杂性相互协助的。举例而言，如今我们在自己作为家长、朋友、公民的不同角色中，都根据不同的准则而生活；而作为教授、医师、木匠，我们也各自有着其他不同的准则。这种多元性标志着荣誉的现代民主形式与孟德斯鸠笔下荣誉的一个区别，不过这种区别只是程度上的，而非性质上的。尽管孟德斯鸠笔下的“士君子”本身并没有在不同的荣誉准则之间分裂，但孟德斯鸠也承认，现代世界中的荣誉准则有时候会与行为的其他道德标准相冲突，更不用说宗教标准了。孟德斯鸠还认识到，荣誉准则的内容既在不同文化中有所不同，而且在任何特定社会内部也有着诸多变体。作为当代民主社会特征的更高程度的多元主义与碎片化，意味着荣誉的冲突既可以在人与人之间、政体与政体之间产生，也可能在个体内部发生。一个人倘若要让自己的整个人生在道德上有意义、要把自己的各种责任排列组织成一个单一的框架（假如可能的话），则他的视野必须超越荣誉。荣誉太过局限、太过多元，不能够为道德与政治生活提供一个整全的、统一的
186 标准。在民主情景中，没有哪个荣誉准则是具有普遍约束力的，因为每个准则都只规范那些接受其信念、参与到其所管理的活动领域中的人。

所以荣誉的局限性既在于其是插曲式的、相对稀少的，而非联系的、全社会范围的，也在于其并非整全的或者普遍的。荣誉进一步的局限性还在于，它无法为政治能动性或更一般意义上的个体能动性提供一个完备的描述。荣誉不能取代自利、公民德性、团结、信仰、友谊、爱，或者其他许多作为人类能动性来源的动机中的任何一个。它不能取代

它们，但可以为它们作补充。而荣誉在这一点上的局限性恰恰提醒了我们，让我们注意到人类动机的不可化约的多元性。一旦我们试图给出一种统一的动机理论，把真正的多样性变成人为的一元性，我们在对能动性的理解上就丧失了丰富性与深度，更不用说准确性了。

最后，荣誉还受到如下事实的限制：它无法为自身准则的正当性辩护。如我们所看到的，那些有荣誉心的人对其原则的捍卫，是以对原则的忠诚为基础的，而不是以对原则的理性评估为基础的。对荣誉准则的理性评估当然是可能的，但它并不能驱使有荣誉心的人去行动。荣誉的感性特征使其获得了行动性而非沉思性，但它同样使荣誉变得不完备，因为它使荣誉变得无法自我辩护。毕竟荣誉的准则有可能是未经恰当考虑的；有荣誉心的人所捍卫的一系列原则，当从不偏不倚的理性的立场看时，有可能是不理性的，当从独立的道德或政治标准的视角判断时，有可能是不正当的。但是任何人类动机的形式都是有可能犯错的。自利、团结、德性、信仰、友谊，以及其他，全都可能被用来作恶。在这一点上，荣誉并不比其他任何形式的动机更危险，或更不危险。和我们所有的动机一样，荣誉需要不偏不倚的理性的指导。自由主义的荣誉形式尤其需要和自由主义原则相挂钩，需要与自由主义政治制度相结合。在荣誉的实质内容方面，政治结构至关紧要。

所有这些局限都不构成拒绝荣誉的理由，但毫无疑问，对荣誉准则加以辩护的需求为当代自由民主主义者带来了一个紧迫的难题，而且这个问题或许比在旧制度中更加困难。要想获得正当性，自由民主形式的荣誉必须向争论和修正开放，从而必须受到比孟德斯鸠所设想的 187
更为常规化的审查。出于这个原因，旧制度中维持荣誉的那种在敬畏与反身性之间的特定平衡，在新政体中必须有所变化。现代自由民主制中的荣誉必然地包含更少的敬畏和更多的反身性，尽管二者对它而言仍旧都不可或缺。比如沃尔泽所描述的荣誉的职业准则，是向确立这些准则的社团的成员们的审查开放的，但如果这些准则不受任何敬畏，它们就无法有效地激发行动和指导野心。美国宪法同样要受到审查与修正，即便它在对政府与违法的多数人加以限制方面的力量依赖于我们对它的敬畏。更多审查的后果就是，相比于奥尔特子爵对其所继承的准则的敬畏来说，支持民主式荣誉准则的敬畏受到了节制甚至削弱。

倘若走到极端，完全用理性审查取代感性敬畏，便会削弱激发行动的能力，因为这会把公民变成哲学家，把行动的生活换成沉思的生活。但是如果公民们完全不对政治权威加以审查，完全不思考法律和政策事务，自由民主制同样也会无以为继。此外，对政治权威的审查正是荣誉独立性的奠基石，也是使荣誉得以可能的那些公民不服从与有原则抵抗的行动的核心组成部分。而且有荣誉心的改革者不但频繁挑战政治权威，而且频繁挑战主流道德共识的关键特征，而不是对其加以盲目敬畏，尽管他们的主张与荣誉感往往要依赖于这种共识的其他组成部分。理性审查的实践同样可以提高荣誉准则激发行动的能力，因为这样才能让我们确信自己忠诚的正当性。举例而言，一个有荣誉心的美国人对言论自由权的捍卫，可以以“美国宪法确立了这种权利”为基础。我们可以说，言论自由原则是这位美国公民荣誉准则的一部分。她敬畏宪法，而假如她坚信宪法所确立的原则（比如言论自由的权利）是可以得到理性辩护的话，她对宪法的忠诚就会得到加强：她热爱宪法，因为这是**她的**宪法；她仰慕宪法，因为宪法是**正确**的；而她对宪法的仰慕又可以增加她对宪法的热爱。这就像孟德斯鸠在《论法的精神·序言》中所说的，他希望自己的哲学研究能够“为每个人提供新的**理由**去**热爱**
188 他的义务、他的君主、他的祖国，以及他的法律”[①]。所以，对荣誉准则的理性审查可以支持作为一种性格品质的荣誉，不过在敬畏与反身性之间仍然存在着内在与荣誉的不可化约的紧张关系，而现代民主生活无

① 孟德斯鸠，《论法的精神》，序言。强调字体为本书作者所加。

休无止的反身性有可能威胁到民主形式的荣誉，并最终威胁到个体能动性本身。当然，这种不可逃避的紧张关系在自由之中是普遍存在的，而敬畏与反身性之间存在紧张关系这个事实也并不能作为放弃其中任何一者的理由。

尽管荣誉与自由民主制之间的诸种冲突真实存在，它们并不使荣誉在当今变得过时。差异与不服从的政治，在任何严肃看待限制权力问题的政治体中都扮演着重要角色。当代自由主义需要对驱动政治行动的动机加以更丰富的处理。当前在自我利益与对他人的责任之间二分的范畴过于局限，无法捕捉政治能动性的全面复杂性。荣誉提供了一种弥合自我利益与自我牺牲之间鸿沟的动机阐释，这种阐释与对个体自由的捍卫有着天然的和历史的联系。荣誉并不完全是一种德性，但它完成了德性的某些工作。如孟德斯鸠所说，它能够鼓舞起最好的行动，那些导致伟大公共利益的冒险担当。不过荣誉虽然达到了德性的效果，却并不压抑特殊情感或个体野心。事实上，荣誉的许多能量都来自它是一种混合的动机这样一个事实。作为一种对自身的义务，它立基于具体的依附关系和私欲，它们让我们成为我们所是之人，并驱使着我们行动。它疏通并引导个人野心，而不是以整全的公共善或者普遍立场的名义对其加以压抑。它不要求国家培养公民的品格，也不要求用一个同质性的集体身份来湮没多元的身份认同。另外，作为一种“伟大的野心”，荣誉提醒我们记得自己身上拥有的、在“现代人”兴起后存留下来的贵族式能力，并提醒我们记得自由民主制对这些能力的需求。

我们今天不能不感觉到，政治在自利之外还涉及到别的东西，甚至感觉到利益并非自由的充分动力，但我们也拒绝完全由德性来统治。此外，虽然我们看到自主性的原则是抽离于人类身份认同的特殊性之外的，但我们绝不会用我们的选择去交换我们的牵挂，也拒绝让我们的身份认同取代我们的原则，成为美国政治的构成因素。所有这些都是

自由民主制的题中应有之义。不过虽然这些紧张关系反应了现实的复
189 杂性,但它们同样也揭示了我们当前所理解的政治能动性的有限视野。
此外,甚至民主的权威也可能僭越自身的限度,导致多数暴政的危险。
当这种情况发生时,无论是自利,还是公民德性,还是正义感,还是理性
本身,都无法在激发有原则的反对上一直得到信赖。而荣誉在当代的
替代品,不管是尊严、自许,还是认同,都缺少其热忱性与高昂的野心。
所以如果说今天由于我们是民主派,因此要抵制荣誉的某些特征,那么
同样由于我们是自由主义民主派,因此也需要其中的某些特征。对能
动性的强烈感受,对于自由主义政府而言是至关紧要的,只要政治权力
还具有侵蚀性的本质,自由主义就将需要荣誉。直到民主不再面临多
数暴政与权力滥用的威胁之前,美国人都将偶尔地依赖于少数人的荣
誉,依赖于甘冒断头流血之险捍卫其自由的男男女女,挺身而出抵抗侵
190 蚀性的权力。

# 参考文献

## 孟德斯鸠著作

Montesquieu, Charles-Louis de Secondat baron de la Brède et de. *Considerations on the Causes of the Greatness of the Romans and Their Decline.* Translated by David Lowenthal. New York: Free Press, 1965.

—— *De l'esprit des lois.* In vol. Ⅱ of *Oeuvres complètes,* edited by Roger Caillois, 2 vols. Paris: Gallimard, "Bibliothèque de la Pléiade," 1949—1951.

—— *Mes pensées.* In vol. Ⅰ of *Oeuvres complètes,* edited by Roger Caillois, 2 vols. Paris: Gallimard, "Bibliothèque de la Pléiade," 1949—1951.

—— *Persian Letters.* Translated by George R. Healy. Indianapolis: Bobbs-Merrill, 1964.

—— *The Spirit of the Laws.* Translated by Anne M. Cohler, Basia Carolyn Miller, and Harold Samuel Stone. Cambridge: Cambridge University Press, 1989.

## 孟德斯鸠研究

Althusser, Louis. *Politics and History: Montesquieu, Rousseau, Marx.* Translated by Ben Brewster. London: Verso, 1982.

Baker, Keith Michael. *Inventing the French Revolution.* Cambridge: Cambridge University Press, 1990.

—— *The Old Regime and the French Revolution.* Chicago: University of Chicago Press, 1987.

Barrière, Pierre. *Un grand provincial: Charles-Louis de Secondat, baron de La Brède et de Montesquieu.* Bordeaux: Delmas, 1946.

Baum, John Alan. *Montesquieu and Social Theory.* Oxford: Pergamon, 1979.

Behdad, Ali. "The Eroticized Orient: Images of the Harem in Montesquieu and His Precursors." *Stanford French Review,* 13, nos. 2—3 (Fall—Winter 1989): 109—126.

Benrekassa, Georges. "Kant, la question du droit et Montesquieu." In *Lectures de Montesquieu,* edited by Edgar Mass, 11—23. Naples: Liguoir Editore, 1993.

—— *Montesquieu: La liberté et l'histoire.* Paris: Librairie Générale Française, 1987.

Berlin, Isaiah. "Montesquieu." In *Against the Current.* New York: Viking Press, 1980.

Bertière, A. "Montesquieu, lecteur de Machiavel." *Actes du congrès Montesquieu réuni à Bordeaux du 23 au 26 mai 1955 pour comémorer la deuxième centenair de la mort de Montesquieu,* 141—158. Bordeaux: Impriméries Delmas, 1956.

Beyer, Charles Jacques. "Montesquieu et l'esprit Cartésien." *Actes du congrès Montesquieu réuni à Bordeaux du 23 au 26 mai 1955 pour comémorer la deuxième centenair de la mort de Montesquieu,* 159—173. Bordeaux: Impriméries Delmas, 1956.

Bianchi, Lorenzo. "Nécessité de la religion et de la tolérance chez Montesquieu." In *Lectures de Montesquieu,* edited by Edgar Mass, 25—40. Naples: Liguoir Editore, 1993.

Boesche, Roger. "Fearing Monarchs and Merchants: Montesquieu's Two Theories of Despotism." *Western Political Quarterly,* 43, no. 4 (December 1990): 741—762.

Callot, Emile. *La philosophie de la vie au XVIIIe siècle.* Paris: éditions Marcel Rivière, 1965.

Carcassone, E. "La Chine dans *L'esprit des lois.*" In *Revue d'histoire littéraire de la France,* 193—205. Paris: Librairie Armand Colin, 1924.

—— *Montesquieu et le problème de la constitution française au XVIIIe siècle.* Paris: Les Presses Universitaires, 1926.

Carrese, Paul. "Montesquieu's Moderate Constitutionalism." Paper presented at the annual meeting of the American Political Science Association, Atlanta, Georgia, 1999.

Carrithers, David. "Introduction" to *The Spirit of the Laws.* Berkeley: University of California Press, 1977.

—— "Montesquieu's Philosophy of History." *Journal of the History of Ideas,* 47, no. 1 (1986): 61—80.

—— "Montesquieu's Philosophy of Punishment." *History of Political Thought,* 19, no. 2 (Summer 1998): 213—240.

—— "Not So Virtuous Republics: Montesquieu, Venice, and the Theory of Aristocratic Republicanism." *Journal of the History of Ideas,* 52, no. 2 (June 1991): 245—268.

Chevallier, J. J. "Montesquieu ou le libéralisme aristocratique." *Revue Internationale de la Philosophie,* 9 (1955): 330—345.

Cohler, Anne M. *Montesquieu's Comparative Politics and the Spirit of American Constitutionalism.* Lawrence: University Press of Kansas, 1988.

Conroy, Peter V., Jr. *Montesquieu Revisited.* New York: Twayne Publishers, 1992.

Cotta, A. "L'idée de parti dans la philosophie politique de Montesquieu." *Actes du congrès Montesquieu réuni à Bordeaux du 23 au 26 mai 1955 pour comémorer la deuxième centenair de la mort de Montesquieu,* 257—263. Bordeaux: Impriméries Delmas, 1956.

Courtney, C. P. *Montesquieu and Burke.* Oxford: Basil Blackwell, 1963.

—— "Montesquieu and Revolution." In *Lectures de Montesquieu,* edited by Edgar Mass, 41—62. Naples: Liguoir Editore, 1993.

Cox, Iris. *Montesquieu and the History of French Laws.* Oxford: Voltaire Foundation, 1983.

Dalat, Jean. *Montesquieu magistrat.* Paris: Minard, 1971.

Dargan, Edwin. *The Aesthetic Doctrine of Montesquieu.* Baltimore: J. H. Furst Co., 1907.

Dedieu, J. *Montesquieu et la tradition politique anglaise en France.* New York: Burt Franklin, 1909.

Desgraves, Louis. *Montesquieu.* Paris: Maxarine, 1986.

de Tracy, Destutt. *A Commentary and Review of Montesquieu's "Spirit of the Laws."* Translated by Thomas Jefferson. New York: Burt Franklin, 1969.

Devletoglou, Nicos. *Montesquieu and the Wealth of Nations.* Athens: Constantinides and Mihalos, 1963.

Dodds, Muriel. *Les recits de voyages: Sources de L'esprit des lois de Montesquieu.* Paris: Les Presses Modernes, 1929.

Doyle, William. *The Parlement of Bordeaux and the End of the Old Regime, 1771—1790.* New York: St. Martin's Press, 1974.

Duconseil, Marc. *Machiavel et Montesquieu: Recherche sur un principle d'autorité.* Paris: Les éditions Denoël, 1943.

Durkheim, Emile. *Montesquieu and Rousseau: Forerunners of Sociology.* Translated by Ralph Manheim. Ann Arbor: University of Michigan Press, 1960.

Egret, Jean. *Louis XV et l'opposition parlementaire, 1715—1774.* Paris: Armand Colin, 1970.

Ehrard, Jean. "Presentation." In *Politique de Montesquieu.* Edited by Jean Ehrard. Paris: Armand Colin, 1965.

Eisenmann, Charles. "*L'esprit des lois* et la séparation des pouvoirs." *Cahiers de philosophie politique.* Reims: Université de Reims, 1985.

Faguet, Emile. *La politique comparée de Montesquieu, Rousseau, et Voltaire.* Paris: Société Française d'Imprimerie et de Librairie, 1902.

Fletcher, F. T. H. *Montesquieu and English Politics.* London: Edward Arnold, 1939.

Ford, Franklin. *Robe and Sword: The Regrouping of the French Aristocracy after Louis XIV.* Cambridge: Harvard University Press, 1953.

Fricaud, Solange. "Pour qui est écrit *L'esprit des lois?*" In *Analyses et réflexions sur Montesquieu,* edited by Joel Askenazi et al., 180—188. Paris: Edition Marketing, 1987.

Furet, François. "Révolution française et tradition jacobine." In *The French Revolution and the Creation of Modern Political Culture,* vol. 2, 329—339. Oxford: Pergamon, 1988.

Gay, Peter. *The Enlightenment: An Interpretation.* Vol. 2. New York: Alfred A. Knopf, 1969.

Gilbert, Alan. "'Internal Restlessness': Individuality and Community in Montesquieu." *Political Theory,* 22, no. 1 (February 1994): 45—70.

Goyard-Fabre, Simone. *Montesquieu: La nature, les lois, la liberté.* Paris: Presses Universitaires de France, 1993.

—— *Montesquieu adversaire de Hobbes.* Paris: Lettres Modernes, 1980.

—— *La philosophie du droit de Montesquieu.* Paris: Librairie C. Klincksieck, 1973.

Granpre Molière, Jean Jacques. *Theorie de la constitution anglaise Montesquieu.* Leyde: Presse Universitaire, 1972.

Green, F. C. *Eighteenth-Century France.* London: J. M. Dent & Sons, 1929.

Grosrichard, *Structure du sérail: La fiction du despotisme asiatique dans l'occident classique.* Paris: éditions du Seuil, 1979.

Gwyn,W. B. *The Meaning of the Separation of Powers.* The Hague: Nijhoff, 1965.

Hampson, Norman. *Will and Circumstance: Montesquieu, Rousseau and the French Revolution.* London: Duckworth, 1983.

Hearnshaw, F. J. C. *The Social and Political Ideas of Some Great French Thinkers of the Age of Reason.* New York: Barnes and Noble, 1931.

Hirschman, Albert O. *The Passions and the Interests.* Princeton: Princeton University Press, 1977.

Hulliung, Mark. *Montesquieu and the Old Regime.* Berkeley: University of California Press, 1976.

Hundert, E. J., and Paul Nelles. "Liberty and Theatrical Space in Montesquieu's Political Theory: The Poetics of Public Life in *'The Persian Letters.'* " *Political Theory* 17, no. 2 (May 1989): 223—246.

Ilbert, Courtenay. *Montesquieu.* Oxford: Clarendon Press, 1904.

Joly, Maurice. *Dialogue aux enfers entre Machiavel et Montesquieu, ou, La politique de Machiavel au XIXe siècle.* Brussells: Imprimerie de A. Mertens et Fils, 1864.

Jones, Robert Alun. "Ambivalent Cartesians: Durkheim, Montesquieu and Method." *American Journal of Sociology,* 100, no. 1 (July 1994): 1—39.

Kassem, Badreddine. *Décadence et absolutisme dans l'oeuvre de Montesquieu.* Paris: Librairie Minard, 1960.

Keohane, Nannerl O. *Philosophy and the State in France.* Princeton: Princeton

University Press, 1980.

—— "Virtuous Republics and Glorious Monarchies: Two Models in Montesquieu's Political Thought." *Political Studies,* 20, no. 4 (December 1972): 383—396.

Kessler, Sanford. "Religion and Liberalism in Montesquieu's *Persian Letters.*" *Polity,* 15 (Spring 1983): 380—396.

Kingston, Rebecca. *Montesquieu and the Parlement of Bordeaux.* Geneva: Librairie Droz, 1996.

Knee, Philip. "La question de l'appartenance: Montesquieu, Rousseau, et la Révolution française." *Canadian Journal of Political Science,* 22, no. 2 (June 1989): 285—311.

Koebner, R. "Despot and Despotism: Vicissitudes of a Political Term." *Journal of the Warburg and Courtauld Institutes,* 14 nos. 1—2 (1951): 275—302.

Kra, Pauline. "Montesquieu and Women." In *French Women and the Age of Enlightenment,* edited by Samia Spencer. Bloomington: Indiana University Press, 1984.

Krause, Sharon. "Despotism in *The Spirit of Laws.*" In *Montesquieu's Science of Politics,* edited by David Carrithers, Michael Mosher, and Paul Rahe. Lanham, Md.: Rowman & Littlefield, 2001.

Larrère, Catherine. "Les typologies des gouvernments chez Montesquieu." *études sur le XVIIIe siècle.* Clermont, 1979.

Levin, Lawrence M. *The Political Doctrine of Montesquieu's Esprit des Lois: Its Classical Background.* New York: Columbia University Press, 1936.

Loirette, Gabriel. "Montesquieu et le problème, en France, du bon gouvernement." *Actes du congrès Montesquieu réuni à Bordeaux du 23 au 26 mai 1955 pour comémorer la deuxième centenair de la mort de Montesquieu,* 219—239. Bordeaux: Impriméries Delmas, 1956.

Lowenthal, David. "Introduction" to Montesquieu, *Considerations on the Causes of the Greatness of the Romans and Their Decline.* New York: Free Press, 1965.

Lynch, Andrew J. "Montesquieu and the Ecclesiastical Critics of *L'esprit des lois.*" *Journal of the History of Ideas,* 38, no. 3 (July—September 1977): 487—500.

Manent, Pierre. *The City of Man.* Translated by Marc A. LePain. Princeton: Princeton University Press, 1998.

—— "Montesquieu and the Modern Experience." *Government and Opposition,* 29, no. 3 (Summer 1994): 378—391.

Mansfield, Harvey C., Jr. *Taming the Prince: The Ambivalence of Modern Executive Power.* Baltimore: Johns Hopkins University Press, 1989.

Martin, Kingsley. *French Liberal Thought in the Eighteenth Century.* London: Turnstile Press, 1984.

Mason, Sheila M. *Montesquieu's Idea of Justice.* The Hague: Martinus Nijhoff, 1975.

Mathiez, A. "La place de Montesquieu dans l'histoire des doctrines politiques du XVIIIe siècle." In *Annales historiques de la Révolution française,* vol. 7, 97—112. Paris: Dawson-France, 1930.

McLelland, Jane. "Metaphor in Montesquieu's Theoretical Writings." *Studies on Voltaire and the Eighteenth Century,* 199 (1981): 205—224.

Merry, Henry J. *Montesquieu's System of Natural Government.* West Lafayette, Ind.: Purdue Research Foundation, 1970.

Michel, Emmanuel. *Biographie du parlement de Metz.* Metz: Nouvian, 1853.

Mosher, Michael A. "The Judgmental Gaze of European Women: Gender, Sexuality, and the Critique of Republican Rule." *Political Theory,* 22, no. 1 (February 1994): 25—44.

—— "Monarchy's Paradox: Honor in the Face of Sovereign Power." In *Montesquieu's Science of Politics,* edited by David Carrithers, Michael Mosher, and Paul Rahe. Lanham, Md.: Rowman & Littlefield, 2001.

—— "The Particulars of a Universal Politics: Hegel's Adaptation of Montesquieu's Typology." *American Political Science Review,* 78, no. 1 (March 1984): 179—188.

Myers, Richard. "Christianity and Politics in Montesquieu's *Greatness and Decline of the Romans.*" *Interpretation,* 17, no. 2 (Winter 1989—1990): 223—238.

Neumann, Franz. "Montesquieu." Introduction to *The Spirit of the Laws.* New York: Hafner Press, 1949.

Oake, Roger B. "Montesquieu's Analysis of Roman History." *Journal of the History of Ideas,* 16 (1955): 44—59.

Pangle, Thomas L. *Montesquieu's Philosophy of Liberalism: A Commentary on*

"*The Spirit of the Laws.*" Chicago: University of Chicago Press, 1973.

Plamenatz, John. *Man and Society.* Vol. 1. New York: McGraw-Hill, 1963.

Rahe, Paul. "Forms of Government: Structure, Principle, Object, and Aim." In *Montesquieu's Science of Politics,* edited by David Carrithers, Michael Mosher, and Paul Rahe. Lanham, Md.: Rowman & Littlefield, 2001.

—— *Republics Ancient and Modern.* Chapel Hill: University of North Carolina Press, 1992.

Richter, Melvin. "Montesquieu's Comparative Analysis of Europe and Asia: Intended and Unintended Consequences." In *L'Europe de Montesquieu: Actes du Colloque de Genes (26—29 mai 1993) organisé par la Société Montesquieu, la Societa italiana di studi sul secolo XVIII, l'Istituto italiano per gli studi filosofici, et le Centro di Studi sull'Eta Moderna,* réunis par Alberto Postigliola et Maria Grazia Battaro Paulumbo. Naples: Liguori Editore, 1995; Oxford: Voltaire Foundation, 1995.

—— *The Political Theory of Montesquieu.* Cambridge: Cambridge University Press, 1977.

Riley, Patrick. *The General Will before Rousseau.* Princeton: Princeton University Press, 1986.

Rosso, Corrado. *Montesquieu moraliste.* Bordeaux: Ducros, 1971.

Sainte-Beuve, Charles-Augustin. *Portraits of the Eighteenth Century: Historic and Literary.* Vol. 1. Translated by Katherine P. Wormeley. New York: G. P. Putnam's Sons, 1905.

Saintsbury, George. *French Literature and Its Masters.* Edited by Huntington Cairns. New York: Alfred A. Knopf, 1946.

Schaub, Diana. *Erotic Liberalism: Women and Revolution in Montesquieu's "Persian Letters.*" Lanham, Md.: Rowman & Littlefield, 1995.

Shackleton, Robert. "Asia as Seen by the French Enlightenment." In *Essays on Montesqueiu and on the Enlightenment,* edited by David Gilson and Martin Smith. Oxford: Voltaire Foundation, 1988.

—— *Montesquieu: A Critical Biography.* London: Oxford University Press, 1961.

—— "Montesquieu and Machiavelli: A Reappraisal." *Comparative Literature Studies,* 1, no. 1 (1964): 1—13.

—— "Les mots 'despote' et 'despotisme.' " In *Essays on Montesquieu and on the Enlightenment,* edited by David Gilson and Martin Smith. Oxford: Voltaire Foundation, 1988.

Shklar, Judith. "General Will." In *Dictionary of the History of Ideas,* edited by Philip P. Wiener, vol. Ⅱ, 275. New York: Scribner, 1973—1974.

—— *Montesquieu.* Oxford: Oxford University Press, 1987.

—— *Ordinary Vices.* Cambridge: Harvard University Press, 1984.

Sorel, Albert. *Montesquieu.* Translated by Melville B. Anderson and Edward Playfair Anderson. Chicago: A. C. McClurg & Co., 1888.

Spitz, David. "Montesquieu's Theory of Freedom." In *Essays in the Liberal Idea of Freedom.* Tucson: University of Arizona Press, 1964.

Starobinski, Jean. *Montesquieu.* Paris: Seuil, 1994.

Venturi, Franco. "Oriental Despotism." *Journal of the History of Ideas,* 24, no. 1 (January—March 1963): 133—142.

Vernière, Paul. *Montesquieu et L'esprit des lois ou la raison impure.* Paris: Société d'édition d'Enseignement Supérieur, 1977.

—— *Spinoza et la pensée française.* Paris: Presses Universitaires de France, 1954.

Vile, M. J. C. *Constitutionalism and the Separation of Powers.* Oxford: Clarendon Press, 1967.

Vlachos, G. C. *La politique de Montesquieu.* Paris: éditions Montchretien, 1974.

Volpilhac-Auger, Catherine. *Tacite et Montesquieu.* Oxford: Oxford University Press, 1985.

Waddicor, Mark. *Montesquieu and the Philosophy of Natural Law.* The Hague: Martinus Nijhoff, 1970.

Wade, Ira. *The Clandestine Organization and Diffusion of Philosophic Ideas in France from 1700 to 1750.* Princeton: Princeton University Press, 1938.

Weil, Françoise. "Montesquieu et le despotisme." *Actes du congrès Montesquieu réuni à Bordeaux du 23 au 26 mai 1955 pour comémorer la deuxième centenair de la mort de Montesquieu,* 191—215. Bordeaux: Impriméries Delmas, 1956.

Wood, Neal. "The Value of Asocial Sociability: Contributions of Machiavelli, Sidney, and Montesquieu." In *Machiavelli and the Nature of Political*

*Thought,* edited by Martin Fleisher. New York: Atheneum, 1972.

Young, David. "Montesquieu's View of Despotism and His Use of Travel Literature." *Review of Politics,* 40, no. 3 (1978): 392—405.

Zuckert, Michael. "Natural Law, Natural Rights, and Classical Liberalism: On Montesquieu's Critique of Hobbes." *Social Philosophy and Policy,* 18, no. 1 (2001): 227—251.

## 托克维尔著作

Tocqueville, Alexis de. *L'ancien régime et la révolution* (3 vols.). In vol. Ⅱ of *Oeuvres complètes d'Alexis de Tocqueville,* edited by J. P. Mayer, 13 vols. Paris: Gallimard, 1951.

—— *La démocratie en Amérique* (2 vols.). In vol. Ⅰ of *Oeuvres complètes d'Alexis de Tocqueville,* edited by J. P. Mayer, 13 vols. Paris: Gallimard, 1951.

## 托克维尔研究

Aron, Raymond. *Main Currents in Sociological Thought.* New York: Transaction, 1998.

Banfield, Edward C. "The Illiberal Tocqueville," In *Interpreting Tocqueville's "Democracy in America,"* edited by Ken Masugi. Lanham, Md.: Rowman & Littlefield, 1991.

Bastid, Paul. "Tocqueville et la doctrine constitutionelle." In *Alexis de Tocqueville: Livre du centenaire, 1859—1959.* Paris: éditions du Centre National de la Recherche Scientifique, 1960.

Beloff, Max. "Tocqueville et l'Angleterre." In *Alexis de Tocqueville: Livre du centenaire, 1859—1959.* Paris: éditions du Centre National de la Recherche Scientifique, 1960.

Birnbaum, Pierre. *Sociologie de Tocqueville.* Paris: Presses Universitaires de France, 1970.

Boesche, Roger. *The Strange Liberalism of Alexis de Tocqueville.* Ithaca, N.Y.: Cornell University Press, 1987.

Carrese, Paul O. "Judicial Statesmanship, the Jurisprudence of Individualism, and Tocqueville's Common Law Spirit." *Review of Politics,* 60, no. 3 (Summer

1998): 465—496.

Ceaser, James. "Alexis de Tocqueville on Political Science, Political Culture, and the Role of the Intellectual." *American Political Science Review,* 79, no. 3 (September 1985): 656—672.

—— *Liberal Democracy and Political Science.* Baltimore: Johns Hopkins University Press, 1990.

—— "Political Science, Political Culture, and the Role of the Intellectual." In *Interpreting Tocqueville's "Democracy in America,"* edited by Ken Masugi. Lanham, Md.: Rowman & Littlefield, 1991.

Drescher, Seymour. *Dilemmas of Democracy: Tocqueville and Modernization.* Pittsburgh: University of Pittsburgh Press, 1968.

—— "Tocqueville's Two Democracies." *Journal of the History of Ideas,* 25, no. 2 (1964): 201—216.

—— "More than America: Comparison and Synthesis in *Democracy in America.*" In *Reconsidering Tocqueville's "Democracy in America,"* edited by Abraham S. Eisenstadt. New Brunswick, N.J.: Rutgers University Press, 1988.

—— *Tocqueville and England.* Cambridge: Harvard University Press, 1964.

Eichthal, Eugène de. *Alexis de Tocqueville et la démocratie libérale.* Paris: Librairie Nouvelle, 1897.

Furet, François. *Interpreting the French Revolution.* Translated by Elborg Forster. Cambridge: Cambridge University Press, 1981.

—— "Naissance d'un paradigme: Tocqueville et le voyage en Amérique (1825—1831)." *Annales économies, Sociétés, Civilisations,* 39, no. 2 (March—April 1984): 225—239.

—— "Tocqueville est-il un historien de la Révolution française?" *Annales économies, Sociétés, Civilisations,* 25, no. 2 (March—April 1970): 434—450.

Galston, William A. "Tocqueville on Liberalism and Religion." *Social Research,* 54, no. 3 (Autumn 1987): 499—518.

Hereth, Michael. *Alexis de Tocqueville: Threats to Freedom in Democracy.* Translated by George Bogardus. Durham: Duke University Press, 1986.

Jardin, André. *Alexis de Tocqueville, 1825—1859.* Paris: Hachette, 1984.

Kim, Sung Ho. "'In Affirming Them, He Affirms Himself': Max Weber's Politics of Civil Society." *Political Theory,* 28, no. 2 (April 2000).

Kraynak, Robert P. "Tocqueville's Constitutionalism." *American Political Science Review,* 81, no. 4 (December 1987): 1175—1195.

Lamberti, Jean-Claude. *Tocqueville and the Two Democracies.* Translated by Arthur Goldhammer. Cambridge: Harvard University Press, 1989.

—— "Two Ways of Conceiving the Republic." In *Interpreting Tocqueville's "Democracy in America,"* edited by Ken Masugi. Lanham, Md.: Rowman & Littlefield, 1991.

Lawler, Peter Augustine. *The Restless Mind.* Lanham, Md.: Rowman & Littlefield, 1993.

Lawler, Peter Augustine, and Joseph Alulis, eds. *Tocqueville's Defense of Human Liberty.* New York: Garland, 1993.

Lefebvre, Georges. "A propos de Tocqueville." *Annales historiques de la Révolution française,* 27 (1955): 313—323.

Lively, Jack. *The Social and Political Thought of Alexis de Tocqueville.* Oxford: Clarendon, 1965.

Mahoney, Daniel J. "Tocqueville and Socialism." In *Tocqueville's Defense of Human Liberty,* edited by Peter Augustine Lawler and Joseph Alulis. New York: Garland, 1993.

Manent, Pierre. *Tocqueville and the Nature of Democracy.* Translated by John Waggoner. Princeton: Princeton University Press, 1996.

Mansfield, Harvey, and Delba Winthrop. "Introduction" to *Democracy in America.* Chicago: University of Chicago Press, 2000.

Marcel, R. Pierre. *Essai politique sur Alexis de Tocqueville.* Paris: Félix Alcan, 1910.

Mayer, J. P. *Alexis de Tocqueville.* Translated by M. M. Bozman and C. Hahn. New York: Viking, 1940.

Mélonio, Françoise. "La religion selon Tocquville: Ordre moral ou esprit de liberté?" *études,* 360, no. 1 (January—June 1984): 73—89.

Mitchell, Joshua. *The Fragility of Freedom: Tocqueville on Religion, Democracy, and the American Future.* Chicago: University of Chicago Press, 1995.

Pierson, George Wilson. "Le 'second voyage' de Tocqueville en Amérique." In

*Alexis de Tocqueville: Livre du centenaire, 1859—1959,* 71—85. Paris: éditions du Centre National de la Recherche Scientifique, 1960.

Richter, Melvin. "The Uses of Theory: Tocqueville's Adaptation of Montesquieu." In *Essays in Theory and History,* edited by Melvin Richter. Cambridge: Harvard University Press, 1970.

Salomon, Albert. "Tocqueville's Philosophy of Freedom." *Review of Politics,* 1, no. 4 (October 1939): 400—431.

Schleifer, James T. *The Making of Tocqueville's "Democracy in America."* Chapel Hill: University of North Carolina Press, 1980.

Schlesinger, Arthur. "Individualism and Apathy in Tocqueville's *Democracy in America.*" In *Reconsidering Tocqueville's "Democracy in America,"* edited by Abraham S. Eisenstadt. New Brunswick, N.J.: Rutgers University Press, 1988.

Siedentop, Larry. *Tocqueville.* Oxford: Oxford University Press, 1994.

Winthrop, Delba. "Rights: A Point of Honor." In *Interpreting Tocqueville's "Democracy in America,"* edited by Ken Masugi. Lanham, Md.: Rowman & Littlefield, 1991.

Zetterbaum, Marvin. *Tocqueville and the Problem of Democracy.* Stanford: Stanford University Press, 1967.

Zuckert, Catherine. "Not by Preaching: Tocqueville on the Role of Religion in American Democracy." *Review of Politics,* 43, no. 2 (April 1981): 259—280.

## 其他参考文献

Adair, Douglass. *Fame and the Founding Fathers.* New York: Norton, 1974.

Adams, John. *Discourses on Davila.* New York: DeCapo Press, 1973.

Andrews, William L. *Critical Essays on Frederick Douglass.* Boston: G. K. Hall, 1991.

Arendt, Hannah. *The Human Condition.* Chicago: University of Chicago Press, 1958.

Aristotle. *Nicomachean Ethics.* Translated by Hippocrates G. Apostle. Grinnell, Iowa: Peripatetic Press, 1984.

—— *The Politics.* Translated by Carnes Lord. Chicago: University of Chicago

Press, 1984.

Augustine. *City of God.* Translated by Henry Bettenson. New York: Penguin, 1984.

Bailyn, Bernard. *The Ideological Origins of the American Revolution.* Cambridge: Harvard University Press, 1967.

Banning, Lance. "James Madison: Memory, Service, and Fame." In *The Noblest Minds: Fame, Honor, and the American Founding,* edited by Peter McNamara. Lanham, Md.: Rowman & Littlefield, 1999.

—— *The Jeffersonian Persuasion: Evolution of a Party Ideology.* Ithaca, N.Y.: Cornell University Press, 1978.

Barry, Brian. *Justice as Impartiality.* New York: Oxford University Press, 1995.

Bayle, Pierre. *Various Thoughts on the Occasion of a Comet.* Translated by Robert C. Bartlett. Albany: SUNY Press, 1997.

Beard, Charles. *An Economic Interpretation of the Constitution of the United States.* New York: Free Press, 1986.

Beiner, Ronald, ed. *Theorizing Citizenship.* Albany: SUNY Press, 1995.

Bellah, Robert, et al. *Habits of the Heart: Idealism and Commitment in American Public Life.* Berkeley: University of California Press, 1985.

Benhabib, Seyla. *Critique, Norm, and Utopia.* New York: Columbia University Press, 1986.

Bennett, William J. *Our Sacred Honor.* New York: Simon and Schuster, 1997.

Berger, Peter. "On the Obsolescence of the Concept of Honor." In *Liberalism and Its Critics,* edited by Michael J. Sandel. New York: New York University Press, 1984.

Berkowitz, Peter. *Virtue and the Making of Modern Liberalism.* Princeton: Princeton University Press, 1999.

Bien, David. "Old Regime Origins of Democratic Liberty." In *The French Idea of Freedom: The Old Regime and the Declaration of the Rights of 1789,* edited by Dale Van Kley. Stanford: Stanford University Press, 1994.

Blight, David W. *Frederick Douglass' Civil War: Keeping Faith in Jubilee.* Baton Rouge: Louisiana State University Press, 1989.

Bloch, Marc. *Feudal Society.* 2 vols. Translated by L. A. Manyon. Chicago: University of Chicago Press, 1961.

Bradley, Martin, et al. *Churches and Church Membership in the United States.* Atlanta: Glenmary Research Center, 1992.

Brookhiser, Richard. *Founding Father.* New York: Free Press, 1996.

Brotz, Howard, ed. *African-American Social and Political Thought.* New Brunswick, N.J.: Transactions, 1995.

Burlingame, Michael. *The Inner World of Abraham Lincoln.* Urbana: University of Illinois Press, 1994.

Bush, M. L. *Noble Privilege.* Manchester: Manchester University Press, 1983.

Byrd, Robert C. *The Senate of the Roman Republic: Addresses on the History of Roman Constitutionalism.* Washington, D.C.: U.S. Government Printing Office, 1995.

Ceaser, James W. "Fame and the Federalist." In *The Noblest Minds: Fame, Honor, and the American Founding,* edited by Peter McNamara. Lanham, Md.: Rowman & Littlefield, 1999.

Charnwood, Lord. *Abraham Lincoln.* Garden City, N.Y.: Garden City Pub. Co., 1938.

Chaussinand-Nogaret, Guy. *La noblesse au XVIIIe siècle: De la féodalité aux lumières.* Paris: Librairie Hachette, 1976.

Chong, Dennis. *Collective Action and the Civil Rights Movement.* Chicago: University of Chicago Press, 1991.

Dewald, Jonathan. *The European Nobility, 1400—1800.* Cambridge: Cambridge University Press, 1996.

Digeser, Peter. *Our Politics, Our Selves?* Princeton: Princeton University Press, 1995.

Donald, David Herbert. *Lincoln.* New York: Touchstone, 1995.

Douglass, Frederick. *Frederick Douglass: Selected Speeches and Writings.* Edited by Philip S. Foner. Chicago: Lawrence Hill, 1999.

—— *The Frederick Douglass Papers.* Edited by John Blassingame. New Haven: Yale University Press, 1979—1992.

—— *The Life and Writing of Frederick Douglass.* Edited by Philip S. Foner. New York: International, 1975.

—— *My Bondage and My Freedom.* New York: Dover, 1969.

—— *Narrative of the Life of Frederick Douglass*. New York: Dolphin, 1963.

DuBois, Ellen Carol. *Elizabeth Cady Stanton, Susan B. Anthony: Correspondence, Writings, Speeches*. New York: Schocken, 1981.

Du Bois, W. E. B. *The Souls of Black Folk*. New York: Bantam, 1989.

Elshtain, Jean. *Democracy on Trial*. New York: Basic Books, 1995.

Epstein, David F. *The Political Theory of "The Federalist."* Chicago: University of Chicago Press, 1984.

Etzioni, Amitai. *The Spirit of Community: Rights, Responsibilities, and the Communitarian Agenda*. New York: Crown, 1993.

Fehrenbacher, Don E. *Prelude to Greatness: Lincoln in the 1850's*. Stanford: Stanford University Press, 1962.

Friedman, Jeffrey, ed. *The Rational Choice Controversy*. New Haven: Yale University Press, 1996.

Fukuyama, Francis. *Trust: The Social Virtues and the Creation of Prosperity*. London: Penguin, 1996.

Galston, William. *Liberal Purposes: Goods, Virtues, and Diversity in the Liberal State*. Cambridge: Cambridge University Press, 1991.

Garrow, David J. *Bearing the Cross*. New York: Quill, 1986.

Genicot, Léopold. *La noblesse dans l'Occident médiéval*. London: Variorum Reprints, 1982.

Glendon, Mary Ann, and David Blankenhorn, eds. *Seedbeds of Virtue: Sources of Competence, Character, and Citizenship in American Society*. Lanham, Md.: Madison Books, 1995.

Greenberg, Kenneth S. *Masters and Statesmen*. Baltimore: Johns Hopkins University Press, 1985.

—— *Honor and Slavery*. Princeton: Princeton University Press, 1996.

Griffin, Elizabeth. *In Her Own Right*. New York: Oxford University Press, 1984.

Hamilton, Alexander, James Madison, and John Jay. *The Federalist Papers*. Edited by Clinton Rossiter. New York: Mentor, 1961.

Hegel, G. W. F. *Philosophy of Right*. Translated by T. M. Knox. Oxford: Oxford University Press, 1967.

Hobbes, Thomas. *Leviathan*. Edited by Edwin Curley. Indianapolis: Hackett, 1994.

Ignatieff, Michael. *The Warrior's Honor: Ethnic War and the Modern Conscience.* New York: Henry Holt, 1997.

Jaffa, Harry V. *Crisis of the House Divided.* Garden City, N.Y.: Doubleday, 1959.

Johnson, Lyman L., and Sonya Lipsett-Rivera. *The Faces of Honor: Sex, Shame, and Violence in Colonial Latin America.* Albuquerque: University of New Mexico Press, 1998.

Kennedy, John F. *Profiles in Courage.* New York: Harper & Row, 1964.

Kesler, Charles R., ed. *Saving the Revolution.* New York: Free Press, 1987.

King, Martin Luther, Jr. *Testament of Hope: The Essential Writings and Speeches of Martin Luther King, Jr.* Edited by James M. Washington. New York: Harper-Collins, 1986.

—— *Why We Can't Wait.* New York: Harper & Row, 1964.

King, Richard H. *Civil Rights and the Idea of Freedom.* New York: Oxford University Press, 1992.

Kinneging, Andreas A. M. *Aristocracy, Antiquity, and History.* New Brunswick, N.J.: Transactions, 1997.

Kitto, H. D. F. *The Greeks.* Baltimore: Penguin, 1966.

Krause, Sharon. "Partial Justice." *Political Theory* 29, no. 3 (June 2001): 316—336.

Kristol,William. "Ambition and the Separation of Powers." In *Saving the Revolution,* edited by Charles Kesler. New York: Free Press, 1987.

Kunhardt, Philip B., et al. *The American President.* New York: Riverhead Books, 1999.

Labatut, Jean-Pierre. *Les noblesses européennes de la fin du XVe siècle à la fin du XVIIIe siècle.* Paris: Presses Universitaires de France, 1978.

Larmore, Charles. *The Morals of Modernity.* Cambridge: Cambridge University Press, 1996.

Lawson, Bill E., and Frank M. Kirkland, eds. *Frederick Douglass: A Critical Reader.* Oxford: Blackwell, 1999.

Lerner, Gerda, ed. *The Female Experience: An American Documentary.* Indianapolis: Bobbs-Merrill, 1977.

Lewis, David L. *King: A Critical Biography.* New York: Praeger, 1970.

Liebman, Robert C., and Robert Wuthnow, eds. *The New Christian Right.* New

York: Aldine, 1983.

Lincoln, Abraham. *Abraham Lincoln: Speeches and Writings, 1832—1858.* Edited by Don E. Fehrenbacher. New York: Library of America, 1989.

—— *Speeches and Writings, 1859—1865.* Edited by Don E. Fehrenbacher. New York: Library of America, 1989.

Lischer, Richard. *The Preacher King.* New York: Oxford University Press, 1995.

Locke, John. *Two Treatises of Government.* Edited by Peter Laslett. Cambridge: Cambridge University Press, 1960.

Macedo, Stephen. *Liberal Virtues: Citizenship, Virtue, and Community in Liberal Constitutionalism.* Oxford: Clarendon Press, 1991.

Machiavelli, Niccolò. *Discourses on Livy.* Translated by Harvey C. Mansfield, Jr., and Nathan Tarcov. Chicago: University of Chicago Press, 1996.

—— *The Prince.* Translated by Harvey C. Mansfield, Jr. Chicago: University of Chicago Press, 1985.

MacIntyre, Alasdair. *After Virtue.* Notre Dame: University of Notre Dame Press, 1984.

Mansfield, Harvey C., Jr. *America's Constitutional Soul.* Baltimore: Johns Hopkins University Press, 1991.

Martin, Waldo E., Jr. *The Mind of Frederick Douglass.* Chapel Hill: University of North Carolina Press, 1984.

McNamara, Peter, ed. *The Noblest Minds: Fame, Honor, and the American Founding.* Lanham, Md.: Rowman & Littlefield, 1999.

McPherson, James M. *Abraham Lincoln and the Second American Revolution.* New York: Oxford University Press, 1990.

—— *For Causes and Comrades: Why Men Fought in the Civil War.* New York: Oxford University Press, 1997.

Meyer, Jean. *La noblesse française à l'époque moderne (XVIe—XVIIIe siècle).* Paris: Presses Universitaires de France, 1991.

Mills, Charles W. "Whose Fourth of July? Frederick Douglass and 'Original Intent.'" In *Frederick Douglass: A Critical Reader,* edited by Bill E. Lawson and Frank M. Kirkland. Oxford: Blackwell Publishers, 1999.

Miroff, Bruce. *Icons of Democracy.* Lawrence: University Press of Kansas, 2000.

Moore, J. M., trans. *Aristotle and Xenophon on Democracy and Oligarchy.* Berkeley: University of California Press, 1975.

Moses, William. "Where Honor Is Due: Frederick Douglass as Representative Black Man." *Prospects,* 17 (1992): 177—189.

Myers, Peter C. *Our Only Star and Compass: Locke and the Struggle for Political Rationality.* Lanham, Md.: Rowman & Littlefield, 1998.

Nagel, Thomas. *The View from Nowhere.* Oxford: Oxford University Press, 1986.

Neely, Mark. *The Last Best Hope of Earth.* Cambridge: Harvard University Press, 1993.

Nehemas, Alexander. *Nietzsche: Life as Literature.* Cambridge: Harvard University Press, 1985.

Nussbaum, Martha. *Aristotle's De Motu Animalium.* Princeton: Princeton University Press, 1985.

Nye, Robert A. *Masculinity and Male Codes of Honor in Modern France.* New York: Oxford University Press, 1993.

Oates, Stephen B. *Abraham Lincoln: The Man behind the Myths.* New York: Harper & Row, 1984.

—— *Let the Trumpet Sound: A Life of Martin Luther King, Jr.* New York: HarperPerennial, 1994.

—— *Our Fiery Trial.* Amherst: University of Massachusetts Press, 1979.

—— *With Malice toward None: A Life of Abraham Lincoln.* New York: HarperPerennial, 1994.

Pangle, Lorraine Smith, and Thomas L. Pangle. *The Learning of Liberty: The Educational Ideas of the American Founders.* Lawrence: University Press of Kansas, 1993.

—— "George Washington and the Life of Honor." In *The Noblest Minds: Fame, Honor, and the American Founding,* edited by Peter McNamara. Lanham, Md.: Rowman & Littlefield, 1999.

Pangle, Thomas L. "The Political Psychology of Religion in Plato's *Laws.*" *American Political Science Review,* 70, no. 4 (December 1976): 1059—1077.

—— "Classical and Modern Liberal Understandings of Honor." In *The Noblest Minds: Fame, Honor, and the American Founding,* edited by Peter McNamara.

Lanham, Md.: Rowman & Littlefield, 1999.
Peristiany, J. G. *Honor and Shame.* Chicago: University of Chicago Press, 1966.
Pitkin, Hanna. "Justice: On Relating Private and Public," *Political Theory,* 9, no. 3 (August 1981): 327—352.
Plato. *Republic.* Translated by Allan Bloom. New York: Basic Books, 1968.
Plutarch. *Lives of the Noble Greeks and Romans.* Translated by John Dryden. New York: Modern Library, 1932.
Putnam, Robert. "Bowling Alone: America's Declining Social Capital." *Journal of Democracy,* 6 (January 1995): 65—78.
Rahe, Paul A. "Famous Founders and the Idea of Founding." In *The Noblest Minds: Fame, Honor, and the American Founding,* edited by Peter McNamara. Lanham, Md.: Rowman & Littlefield, 1999.
—— *Republics Ancient and Modern.* Chapel Hill: University of North Carolina Press, 1992.
Rawls, John. *A Theory of Justice.* Cambridge: Harvard University Press, 1971.
—— *Political Liberalism.* New York: Columbia University Press, 1993.
Richelet, R., ed. *Dictionnaire Français.* Geneva: Jean Herman Widerhold, 1680.
Roof, Wade Clark, and William McKinney. *American Mainline Religion: Its Changing Shape and Future.* New Brunswick, N.J.: Rutgers University Press, 1987.
Rousseau, Jean-Jacques. *The First and Second Discourses.* Translated by Victor Gourevitch. New York: Harper & Row, 1986.
Sabl, Andrew. *Ruling Passions: Political Offices and Democratic Ethics.* Princeton: Princeton University Press, 2002.
Sandel, Michael J. *Democracy's Discontent: America in Search of a Public Philosophy.* Cambridge: Harvard University Press, 1996.
—— *Liberalism and the Limits of Justice.* Cambridge: Cambridge University Press, 1982.
Scanlon, T. M. *What We Owe to Each Other.* Cambridge: Harvard University Press, 1998.
Schaub, Diana. "Frederick Douglass's Constitution." In *The American Experiment: Essays on the Theory and Practice of Liberty,* edited by Peter Augustine

Lawler and Robert Martin Schaefer. Lanham, Md.: Rowman & Littlefield, 1994.

Schrader, David E. "Natural Law in the Constitutional Thought of Frederick Douglas." In *Frederick Douglass: A Critical Reader,* edited by Bill E. Lawson and Frank M. Kirkland. Oxford: Blackwell Publishers, 1999.

Shibley, Mark A. *Resurgent Evangelicalism in the United States.* Columbia: University of South Carolina Press, 1996.

Sinopoli, Richard C., ed. *From Many One: Readings in American Political and Social Thought.* Washington, D.C.: Georgetown University Press, 1997.

Stanton, Elizabeth Cady. *Eighty Years and More: Reminiscences, 1815—1897.* New York: T. Fischer Unwin, 1898.

—— *The Woman's Bible.* Boston: Northeastern University Press, 1993.

Stevens, William Oliver. *Pistols at Ten Paces: The Story of the Code of Honor in America.* Boston: Houghton Mifflin, 1940.

Stewart, Frank Henderson. *Honor.* Chicago: University of Chicago Press, 1994.

Storing, Herbert. "Frederick Douglass." In *American Political Thought,* edited by Morton Frisch and Richard Stevens. Itasca, Ill.: F. E. Peacock, 1983.

Taylor, Charles. "The Politics of Recognition." In *Multiculturalism,* edited by Amy Gutmann. Princeton: Princeton University Press, 1994.

—— *Sources of the Self.* Cambridge: Harvard University Press, 1989.

—— "What Is Human Agency?" In *Human Agency and Language.* Cambridge: Cambridge University Press, 1985.

Tessitore, Aristide. *Reading Aristotlel's Ethics.* Albany: SUNY Press, 1996.

Thompson, C. Bradley. "John Adams and the Quest for Fame." In *The Noblest Minds: Fame, Honor, and the American Founding,* edited by Peter McNamara. Lanham, Md.: Rowman & Littlefield, 1999.

Van Kley, Dale. *The French Idea of Freedom: The Old Regime and the Declaration of the Rights of 1789.* Stanford: Stanford University Press, 1994.

Walzer, Michael. *Obligations.* Cambridge: Harvard University Press, 1970.

—— *Spheres of Justice.* New York: Basic Books, 1983.

Watters, Pat. *Down to Now.* New York: Pantheon, 1971.

White, Leonard. *The Federalist.* New York: Macmillan, 1948.

Will, George F. *Statecraft as Soulcraft.* New York: Simon and Schuster, 1983.

Wilson, Douglas L. *Honor's Voice.* New York: Knopf, 1998.

Winthrop, Delba. "Aristotle and Theories of Justice." *American Political Science Review,* 72 (1978): 1201—1216.

Wood, Gordon S. *The Creation of the American Republic, 1776—1787.* Chapel Hill: University of North Carolina Press, 1969.

Wyatt-Brown, Bertram. *Southern Honor: Ethics and Behavior in the Old South.* Oxford: Oxford University Press, 1982.

—— *Yankee Saints and Southern Sinners.* Baton Rouge: Louisiana State University Press, 1985.

Yack, Bernard. "Natural Right and Aristotle's Understanding of Justice." *Political Theory,* 18, no. 2 (May 1990): 216—237.

Yarbrough, Jean. *American Virtues: Thomas Jefferson on the Character of a Free People.* Lawrence: University Press of Kansas, 1998.

# 索　引

（条目后的页码为原书页码，见本书边码）

# 人文与社会译丛

## 第一批书目

1.《政治自由主义》(增订版),[美]J. 罗尔斯著,万俊人译　48.00 元
2.《文化的解释》,[美]C. 格尔茨著,韩莉译　89.00 元
3.《技术与时间:1. 爱比米修斯的过失》,[法]B. 斯蒂格勒著,裴程译　62.00 元
4.《依附性积累与不发达》,[德]A. G. 弗兰克著,高铦等译　13.60 元
5.《身处欧美的波兰农民》,[美]F. 兹纳涅茨基、W. I. 托马斯著,张友云译　9.20 元
6.《现代性的后果》,[英]A. 吉登斯著,田禾译　45.00 元
7.《消费文化与后现代主义》,[英]M. 费瑟斯通著,刘精明译　14.20 元
8.《英国工人阶级的形成》(上、下册),[英]E. P. 汤普森著,钱乘旦等译　168.00 元
9.《知识人的社会角色》,[美]F. 兹纳涅茨基著,郏斌祥译　26.00 元

## 第二批书目

10.《文化生产:媒体与都市艺术》,[美]D. 克兰著,赵国新译　29.00 元
11.《现代社会中的法律》,[美]R. M. 昂格尔著,吴玉章等译　39.00 元
12.《后形而上学思想》,[德]J. 哈贝马斯著,曹卫东等译　35.00 元
13.《自由主义与正义的局限》,[美]M. 桑德尔著,万俊人等译　30.00 元

14.《临床医学的诞生》,[法]M. 福柯著,刘北成译　25.00 元

15.《农民的道义经济学》,[美]J. C. 斯科特著,程立显等译　42.00 元

16.《俄国思想家》,[英]I. 伯林著,彭淮栋译　35.00 元

17.《自我的根源:现代认同的形成》,[加]C. 泰勒著,韩震等译　88.00 元

18.《霍布斯的政治哲学》,[美]L. 施特劳斯著,申彤译　29.00 元

19.《现代性与大屠杀》,[英]Z. 鲍曼著,杨渝东等译　59.00 元

## 第三批书目

20.《新功能主义及其后》,[美]J. C. 亚历山大著,彭牧等译　15.80 元

21.《自由史论》,[英]J. 阿克顿著,胡传胜等译　58.00 元

22.《伯林谈话录》,[伊朗]R. 贾汉贝格鲁等著,杨祯钦译　23.00 元

23.《阶级斗争》,[法]R. 阿隆著,周以光译　13.50 元

24.《正义诸领域:为多元主义与平等一辩》,[美]M. 沃尔泽著,褚松燕等译　24.80 元

25.《大萧条的孩子们》,[美]G. H. 埃尔德著,田禾等译　27.30 元

26.《黑格尔》,[加]C. 泰勒著,张国清等译　118.00 元

27.《反潮流》,[英]I. 伯林著,冯克利译　48.00 元

28.《统治阶级》,[意]G. 莫斯卡著,贾鹤鹏译　98.00 元

29.《现代性的哲学话语》,[德]J. 哈贝马斯著,曹卫东等译　78.00 元

## 第四批书目

30.《自由论》(修订版),[英]I. 伯林著,胡传胜译　69.00 元

31.《保守主义》,[德]K. 曼海姆著,李朝晖、牟建君译　16.00 元

32.《科学的反革命》(修订版),[英]F. 哈耶克著,冯克利译　58.00 元

33.《实践感》,[法]P. 布迪厄著,蒋梓骅译 52.00元
34.《风险社会》,[德]U. 贝克著,何博闻译 17.70元
35.《社会行动的结构》,[美]T. 帕森斯著,彭刚等译 80.00元
36.《个体的社会》,[德]N. 埃利亚斯著,翟三江、陆兴华译 15.30元
37.《传统的发明》,[英]E. 霍布斯鲍姆等著,顾杭、庞冠群译 21.20元
38.《关于马基雅维里的思考》,[美]L. 施特劳斯著,申彤译 78.00元
39.《追寻美德》,[美]A. 麦金太尔著,宋继杰译 35.00元

## 第五批书目

40.《现实感》,[英]I. 伯林著,潘荣荣、林茂译 30.00元
41.《启蒙的时代》,[英]I. 伯林著,孙尚扬、杨深译 35.00元
42.《元史学》,[美]H. 怀特著,陈新译 89.00元
43.《意识形态与现代文化》,[英]J. B. 汤普森著,高铦等译 68.00元
44.《美国大城市的死与生》,[加]J. 雅各布斯著,金衡山译 29.50元
45.《社会理论和社会结构》,[美]R. K. 默顿著,唐少杰等译 128.00元
46.《黑皮肤,白面具》,[法]F. 法农著,万冰译 14.00元
47.《德国的历史观》,[美]G. 伊格尔斯著,彭刚、顾杭译 58.00元
48.《全世界受苦的人》,[法]F. 法农著,万冰译 17.80元
49.《知识分子的鸦片》,[法]R. 阿隆著,吕一民、顾杭译 45.00元

## 第六批书目

50.《驯化君主》,[美]H. C. 曼斯菲尔德著,冯克利译 68.00元
51.《黑格尔导读》,[法]A. 科耶夫著,姜志辉译 45.00元
52.《象征交换与死亡》,[法]J. 波德里亚著,车槿山译 45.00元
53.《自由及其背叛》,[英]I. 伯林著,赵国新译 48.00元

54.《启蒙的三个批评者》,[英]I. 伯林著,马寅卯、郑想译 48.00 元
55.《运动中的力量》,[美]S. 塔罗著,吴庆宏译 23.50 元
56.《斗争的动力》,[美]D. 麦克亚当、S. 塔罗、C. 蒂利著,李义中等译 31.50 元
57.《善的脆弱性》,[美]M. 纳斯鲍姆著,徐向东、陆萌译 55.00 元
58.《弱者的武器》,[美]J. C. 斯科特著,郑广怀等译 42.00 元
59.《图绘》,[美]S. 弗里德曼著,陈丽译 49.00 元

## 第七批书目

60.《现代悲剧》,[英]R. 威廉斯著,丁尔苏译 45.00 元
61.《论革命》,[美]H. 阿伦特著,陈周旺译 59.00 元
62.《美国精神的封闭》,[美]A. 布卢姆著,战旭英译,冯克利校 68.00 元
63.《浪漫主义的根源》,[英]I. 伯林著,吕梁等译 28.00 元
64.《扭曲的人性之材》,[英]I. 伯林著,岳秀坤译 22.00 元
65.《民族主义思想与殖民地世界》,[美]P. 查特吉著,范慕尤、杨曦译 18.00 元
66.《现代性社会学》,[法]D. 马尔图切利著,姜志辉译 32.00 元
67.《社会政治理论的重构》,[美]R. J. 伯恩斯坦著,黄瑞祺译 25.00 元
68.《以色列与启示》,[美]E. 沃格林著,霍伟岸、叶颖译 48.00 元
69.《城邦的世界》,[美]E. 沃格林著,陈周旺译 85.00 元
70.《历史主义的兴起》,[德]F. 梅尼克著,陆月宏译 48.00 元

## 第八批书目

71.《环境与历史》,[英]W. 贝纳特、P. 科茨著,包茂红译 25.00 元
72.《人类与自然世界》,[英]K. 托马斯著,宋丽丽译 35.00 元

73.《卢梭问题》,[德]E. 卡西勒著,王春华译 15.00 元
74.《男性气概》,[美]H. C. 曼斯菲尔德著,刘玮译 28.00 元
75.《战争与和平的权利》,[美]R. 塔克著,罗炯等译 25.00 元
76.《谁统治美国》,[美]W. 多姆霍夫著,吕鹏、闻翔译 35.00 元
77.《健康与社会》,[法]M. 德吕勒著,王鲲译 35.00 元
78.《读柏拉图》,[德]T. A. 斯勒扎克著,程炜译 28.00 元
79.《苏联的心灵》,[英]I. 伯林著,潘永强、刘北成译 59.00 元
80.《个人印象》,[英]I. 伯林著,林振义、王洁译 35.00 元

## 第九批书目

81.《技术与时间:2. 迷失方向》,[法]B. 斯蒂格勒著,赵和平、印螺译 59.00 元
82.《抗争政治》,[美]C. 蒂利、S. 塔罗著,李义中译 28.00 元
83.《亚当·斯密的政治学》,[英]D. 温奇著,褚平译 21.00 元
84.《怀旧的未来》,[美]S. 博伊姆著,杨德友译 38.00 元
85.《妇女在经济发展中的角色》,[丹]E. 博斯拉普著,陈慧平译 30.00 元
86.《风景与认同》,[美]W. J. 达比著,张箭飞、赵红英译 68.00 元
87.《过去与未来之间》,[美]H. 阿伦特著,王寅丽、张立立译 58.00 元
88.《大西洋的跨越》,[美]D. T. 罗杰斯著,吴万伟译 108.00 元
89.《资本主义的新精神》,[法]L. 博尔坦斯基、E. 希亚佩洛著,高铦译 58.00 元
90.《比较的幽灵》,[美]B. 安德森著,甘会斌译 48.00 元

## 第十批书目

91.《灾异手记》,[美]E. 科尔伯特著,何恬译 25.00 元

92.《技术与时间:3. 电影的时间与存在之痛的问题》,
[法]B. 斯蒂格勒著,方尔平译 65.00 元
93.《马克思主义与历史学》,[英]S. H. 里格比著,吴英译 78.00 元
94.《学做工》,[英]P. 威利斯著,秘舒、凌旻华译 68.00 元
95.《哲学与治术:1572—1651》,[美]R. 塔克著,韩潮译 45.00 元
96.《认同伦理学》,[美]K. A. 阿皮亚著,张容南译 45.00 元
97.《风景与记忆》,[英]S. 沙玛著,胡淑陈、冯樨译 78.00 元
98.《马基雅维里时刻》,[英]J. G. A. 波考克著,冯克利、傅乾译 108.00 元
99.《未完的对话》,[英]I. 伯林、[波]B. P. -塞古尔斯卡著,
杨德友译 65.00 元
100.《后殖民理性批判》,[印]G. C. 斯皮瓦克著,严蓓雯译 58.00 元

## 第十一批书目

101.《现代社会想象》,[加]C. 泰勒著,林曼红译 45.00 元
102.《柏拉图与亚里士多德》,[美]E. 沃格林著,刘曙辉译 54.00 元
103.《论个体主义》,[法]L. 迪蒙著,桂裕芳译 30.00 元
104.《根本恶》,[美]R. J. 伯恩斯坦著,王钦、朱康译 78.00 元
105.《这受难的国度》,[美]D. G. 福斯特著,孙宏哲、张聚国译 39.00 元
106.《公民的激情》,[美]S. 克劳斯著,谭安奎译 49.00 元
107.《美国生活中的同化》,[美]M. M. 戈登著,马戎译 35.00 元
108.《风景与权力》,[美]W. J. T. 米切尔著,杨丽、万信琼译 45.00 元
109.《第二人称观点》,[美]S. 达沃尔著,章晟译 69.00 元
110.《性的起源》,[英] F. 达伯霍瓦拉著,杨朗译 58.00 元

## 第十二批书目

111.《希腊民主的问题》,[法]J. 罗米伊著,高煜译　48.00 元
112.《论人权》,[英]J. 格里芬著,徐向东、刘明译　62.00 元
113.《柏拉图的伦理学》,[英]T. 厄温著,陈玮、刘玮译(即出)
114.《自由主义与荣誉》,[美]S. 克劳斯著,林垚译　62.00 元
115.《法国大革命的文化起源》,[法]R. 夏蒂埃著,洪庆明译　38.00 元
116.《对知识的恐惧》,[美]P. 博格西昂著,刘鹏博译　38.00 元
117.《修辞术的诞生》,[英]R. 沃迪著,何博超译　48.00 元
118.《历史表现中的真理、意义和指称》,[荷]F. 安克斯密特著,周建漳译　45.00 元
119.《天下时代》,[美]E. 沃格林著,叶颖译　78.00 元
120.《求索秩序》,[美]E. 沃格林著,徐志跃译　48.00 元

## 第十三批书目

121.《美德伦理学》,[新西兰]R. 赫斯特豪斯著,李义天译　55.00 元
122.《同情的启蒙》,[美]M. 弗雷泽著,胡靖译　48.00 元
123.《图绘暹罗》,[美]T. 威尼差恭著,袁剑译　58.00 元
124.《道德的演化》,[新西兰]R. 乔伊斯著,刘鹏博、黄素珍译　65.00 元
125.《大屠杀与集体记忆》,[美]P. 诺维克著,王志华译　78.00 元
126.《帝国之眼》,[美]M. L. 普拉特著,方杰、方宸译　68.00 元
127.《帝国之河》,[美]D. 沃斯特著,侯深译　76.00 元
128.《从道德到美德》,[美]M. 斯洛特著,周亮译　58.00 元
129.《源自动机的道德》,[美]M. 斯洛特著,韩辰锴译　58.00 元
130.《种族与文化少数群体》,[美]G. E. 辛普森、[美]J. M. 英格尔著,马戎、王凡妹译(即出)

## 第十四批书目

131.《城邦与灵魂：费拉里〈理想国〉论集》，[美]G. R. F. 费拉里著，刘玮编译 58.00 元

132.《人民主权与德国宪法危机》，[美]P. C. 考威尔著，曹晗蓉、虞维华译 58.00 元

133.《16 和 17 世纪英格兰大众信仰研究》，[英]K. 托马斯著，芮传明、梅剑华译 168.00 元

134.《民族认同》，[英]A. D. 史密斯著，王娟译 55.00 元

135.《世俗主义之乐：我们当下如何生活》，[英]G. 莱文编，赵元译 58.00 元

136.《国王或人民》，[美]R. 本迪克斯著，褚平译（即出）

137.《哲学解释》，[美]R. 诺齐克著，林南、乐小军译（即出）

138.《自由与多元论：以赛亚·伯林思想研究》，[英]G. 克劳德著，应奇等译 58.00 元

139.《暴力：思无所限》，[美]R. J. 伯恩斯坦著，李元来译 59.00 元

140.《中心与边缘：宏观社会学论集》，[美]E. 希尔斯著，甘会斌、余昕译 88.00 元

有关“人文与社会译丛”及本社其他资讯，欢迎点击 www. yilin. com 浏览，对本丛书的意见和建议请反馈至新浪微博@译林人文社科。